René Pahud de Mortanges / Hansjörg Schmid / Irene Becci

Spitalseelsorge in einer vielfältigen Schweiz

FVRR
Freiburger Veröffentlichungen zum Religionsrecht

Herausgegeben von
René Pahud de Mortanges
Professor an der Universität Freiburg Schweiz

35

René Pahud de Mortanges
Hansjörg Schmid
Irene Becci

Spitalseelsorge
in einer vielfältigen Schweiz

Interreligiöse, rechtliche und
praktische Herausforderungen

Schulthess § 2018

Bibliografische Information der Deutschen Nationalbibliothek
Die Deutsche Nationalbibliothek verzeichnet diese Publikation in der Deutschen National-
bibliografie; detaillierte bibliografische Daten sind im Internet über http://dnb.d-nb.de abrufbar.

Alle Rechte, auch die des Nachdrucks von Auszügen, vorbehalten. Jede Verwertung ist ohne
Zustimmung des Verlages unzulässig. Dies gilt insbesondere für Vervielfältigungen, Übersetzungen,
Mikroverfilmungen und die Einspeicherung und Verarbeitung in elektronische Systeme.

© Schulthess Juristische Medien AG, Zürich · Basel · Genf 2018
 ISBN 978-3-7255-7809-2

www.schulthess.com

Inhaltsübersicht

Einführung IX
René Pahud de Mortanges/Hansjörg Schmid/Irene Becci

Autorenverzeichnis XVII

TEIL A
SOZIOLOGISCHE, THEOLOGISCHE UND MEDIZINISCHE REFLEXIONEN

Religionsvielfalt und Spiritual Care im Spital 3
Irene Becci

Spitalseelsorge und Spiritual Care im Schweizer Gesundheitswesen 29
Analyse eines aktuellen Transformationsprozesses
Simon Peng-Keller

Seelsorge im Islam – am Beispiel der Spitalseelsorge 57
Tarek Badawia/Abdelmalek Hibaoui

Spitalseelsorge aus jüdischer Sicht 75
Marcel Yair Ebel

La prise en charge de la spiritualité de personnes atteintes d'une maladie grave par une équipe interprofessionnelle 83
Fatoumata Diawara/Geneviève Spring

TEIL B
KONZEPTE, PROJEKTE, ERFAHRUNGEN

Muslimisch-religiöse Begleitung in Institutionen   99
Pascal Mösli

Das Projekt „Muslimische Notfallseelsorge" im Kanton Zürich   113
Muris Begović

L'aumônerie musulmane de Genève   125
Entretien avec Dia Khadam
Baptiste Brodard

Le « soin spirituel » pratiqué à l'hôpital   135
Un regard en néonatologie
Entretien avec Isaline Chammartin, infirmière
Paola Juan/Irene Becci

Hinduistische Spitalseelsorge   147
Interview mit Sasikumar Tharmalingam
Burim Ramaj

TEIL C
RECHTLICHE ENTWICKLUNGEN

Die rechtliche Regelung der Spitalseelsorge – eine Übersicht   153
René Pahud de Mortanges

Die Spitalseelsorge im Kanton Aargau   179
Zur Umsetzung der neuen gesetzlichen Regelung der Spitalseelsorge
Tanja Sczuka

Spitalseelsorge im Kanton St. Gallen   191
Rechtliche Grundlagen und Rechtsentwicklung
Claudius Luterbacher-Maineri

ANHANG

Dokumentation der kantonalen Rechtsgrundlagen im Bereich der Spitalseelsorge / Documentation des bases légales cantonales dans le domaine de l'aumônerie d'hôpital   205
Burim Ramaj

Einführung

René Pahud de Mortanges/Hansjörg Schmid/Irene Becci

1 Spitalseelsorge angesichts gegenwärtiger Transformationsprozesse

Die Seelsorge in Spitälern ist seit einigen Jahrzehnten einem starken Wandel unterworfen: Während früher der örtliche Pfarrer regelmässig ins Spital kam, um mehr oder weniger ungefragt, „seine" Patienten zu besuchen und ihnen – sofern die Beteiligten katholisch waren – die Sakramente zu spenden, ist die Seelsorge heute, jedenfalls in den grösseren Spitälern, zu einem eigenen Dienst innerhalb der Institution geworden. Die Mitarbeiterinnen und Mitarbeiter der zumeist überkonfessionell zusammengesetzten Spitalseelsorgeteams sind nur zum Teil ordinierte Amtsträger ihrer Kirche; sie haben aber meistens spezifische, für diese Arbeit qualifizierende Ausbildungen durchlaufen. Sie werden zwar von den Glaubensgemeinschaften mandatiert, aber mancherorts vom Staat angestellt und finanziert. Ihr in Zusammenarbeit mit staatlichen Stellen definiertes Aufgabenfeld ist erheblich breiter geworden. Daher sind sie grundsätzlich für alle Menschen im Spital zuständig und beraten diese, neben der eigentlichen Seelsorge und Ritualpraxis, auch in ethischen Fragen.

Wenn sich damit bereits eine erhebliche Veränderung dokumentiert, so rückten in den letzten Jahren verstärkt zwei Fragen in den Vordergrund, welche die Spitalseelsorge sehr wahrscheinlich weiter transformieren werden:

- Welche Konsequenzen hat die verstärkte *religiöse Pluralisierung*, die in der Schweizer Gesellschaft gegenwärtig wahrgenommen wird und parallel zur Säkularisierung verläuft? Wie sollen die – zumeist von den beiden christlichen Grosskirchen mandatierten – Seelsorger mit religionslosen Patienten oder mit Patienten aus anderen Religionen umgehen und wie gestaltet sich die Zusammenarbeit mit den Amtsträgern der Letzteren? Inwieweit können sie den Patienten Begleitung und Unterstützung gewährleisten und dabei gleichzeitig die autonomen Räume anderer Religionen achten? Können Seelsorgeteams interreligiös erweitert werden und inwiefern entspricht dies – in Zeiten verstärkter Säkularisierung – auch den Bedürfnissen der Patienten? Welche Vorstellungen liegen dem jüdischen, islamischen und hinduistischen Verständnis von Seelsorge zugrunde und wie passen diese zum vorherrschenden Konzept? Ist das zumeist kantonale Spitalseelsorgerecht auf diesen Wandel ausgerichtet und falls nicht: wie sind die rechtlichen Rahmenbedingungen zu gestalten, damit eine solche interreligiöse Seelsorge realisiert werden kann?

- Welche Konsequenzen hat sodann die Diskussion um die Integration der „spirituellen Dimension" in die Gesundheitsversorgung, die durch den Leitbegriff *„Spiritual Care"* angezeigt wird? Wie verändert sich hier das Mandat der Spitalseelsorge; wie und in welchem Umfang werden Seelsorgerinnen und Seelsorger nun Teil eines neuen, interprofessionellen Gesundheitsgefüges, das eigenen Logiken und Dynamiken folgt? Wo Spitalseelsorge bisher kleinräumig, für einzelne Spitäler durch Konventionen oder kantonales Recht geregelt wurde, wird sie zunehmend durch auf nationaler Ebene formulierte Strategien im Bereich der Spiritual Care mitbeeinflusst. So wurde etwa im Rahmen der „Nationalen Strategie Palliative Care" von Bund und Kantonen das „Rahmenkonzept Palliative Care Schweiz" erarbeitet, in dem nicht nur körperliche, psychische und soziale, sondern durchgehend auch spirituelle Bedürfnisse von Patientinnen und Patienten berücksichtigt werden. In Entsprechung zu diesem ganzheitlichen Ansatz soll laut diesem Konzept die palliative Versorgung von interprofessionellen Teams erbracht werden, denen auch Seelsorgerinnen und Seelsorger angehören.

Die vorliegende Publikation möchte die beschriebenen Wandlungsprozesse und ihre Konsequenzen aus soziologischer, theologischer, medizinischer und rechtlicher Sicht analysieren und reflektieren. Vorgestellt werden sodann jüdische, islamische und hinduistische Konzepte und Projekte der (Spital-)Seelsorge, aber auch praktische Erfahrungen im Umgang mit diesen. In der aktuellen Diskussion steht oft die islamische Seelsorge im Zentrum. Dabei geht es einerseits um die Frage, ob und wie sich Seelsorge aus einer muslimischen Perspektive heraus begründen und konzipieren lässt. Andererseits stellt sich die Frage, wie sich ein muslimischer Seelsorgedienst in einer Situation institutionalisieren lässt, in der es noch keine anerkannten Standards islamischer Seelsorge gibt. Die Aushandlungsprozesse um islamische Seelsorge stehen aber in einem breiteren Zusammenhang und sind entscheidend davon geprägt, wie die etablierten Träger von Seelsorge zu einer Öffnung bereit sind und wie sich der Stellenwert von Seelsorge im Gesundheitssystem insgesamt weiterentwickelt. Somit spielt die Diskussion um islamische Seelsorge im vorliegenden Band eine wichtige Rolle, ist aber in breitere Zusammenhänge eingeordnet.

Das Buch ist aus einer Tagung im Mai 2016 hervorgegangen, die vom Schweizerischen Zentrum für Islam und Gesellschaft und vom Institut für Religionsrecht der Universität Freiburg sowie vom Institut de sciences sociales des religions der Universität Lausanne veranstaltet wurde. Zusätzlich zu den Tagungsreferaten konnten noch einige weitere Beiträge gewonnen bzw. auf der Grundlage von Interviews mit Mitwirkenden an der Tagung verschriftlicht werden.

Wenn es hier um Spitalseelsorge geht, beziehen sich die Überlegungen natürlich zunächst auf die institutionellen Zusammenhänge im Bereich der Gesundheitsversorgung. Es handelt sich um ein Beispiel von Seelsorge in öffentlichen Institutionen, die aufgrund eines veränderten Bedarfs Prozesse interreligiöser Öffnung durchläuft. Ähnliche Fragen stellen sich aber auch in Alters- und Pflegeheimen, in psychiatrischen Kliniken, in Strafanstalten, in Asylzentren sowie in der Armee. Daher kann das Erfahrungsfeld Spitalseelsorge als paradigmatisch für die aktuelle Situation der Anstaltsseelsorge angesehen werden, sodass die Beiträge des vorliegenden Bandes auch in diesen weiteren Bereichen von Nutzen sein können.

2   Zu den einzelnen Beiträgen

Der vorliegende Band umfasst drei Teile: Zunächst geht es um Grundlagenreflexionen aus der Sicht unterschiedlicher Disziplinen (2.1). In Bezug auf die theologischen Beiträge zeigt sich hier bereits eine Pluralisierung mit je einem Beitrag aus einer christlichen, muslimischen und jüdischen Perspektive. Es schliesst sich ein praxisbezogener Teil „Konzepte, Projekte, Erfahrungen" an (2.2). Die in der Regel aus einem konkreten Bedarf entstandenen Projektbeispiele zeigen jeweils Möglichkeiten und Grenzen auf, die noch einer vertieften Reflexion im Rahmen der unterschiedlichen Disziplinen bedürfen. Hier zeigt sich auch ein Spektrum unterschiedlicher Wege für die Weiterentwicklung von Spitalseelsorge in einer pluralen Gesellschaft. Rechtliche Entwicklungen werden in einem eigenen dritten Teil behandelt (2.3). Auch hier wird eine Vielfalt kantonaler Regelungen sichtbar, die Anknüpfungspunkte für die Klärung noch ungelöster Fragen bieten. Die Fortentwicklung des geltenden Rechts hat sich an einer veränderten gesellschaftlichen Situation und an Praxiserfahrungen zu orientieren.

2.1 Soziologische, theologische und medizinische Reflexionen

Irene Becci blickt in ihrem Beitrag „Religionsvielfalt und Spiritual Care im Spital. Soziologische Betrachtungen" zunächst auf gesellschaftliche Veränderungen und ihre Auswirkungen auf ein sehr vielfältiges spirituelles Feld. Spitalseelsorge ist in der Konsequenz mit ganz unterschiedlichen spirituellen Biographien und Identitäten konfrontiert. Damit kommt es zu einer Verschiebung von einer konfessionellen Seelsorge hin zu einer stark kontextualisierten religiösen Begleitung. Diese findet im Spital statt, das von unterschiedlichen religiösen Symbolen, aber auch von der religiösen Vielfalt nicht nur der Patientinnen und Patienten sondern auch der Mitarbeitenden wie der Besucherinnen und Besucher geprägt ist.

Der Beitrag von *Simon Peng-Keller* zum Thema „Spitalseelsorge und Spiritual Care im Schweizer Gesundheitswesen. Analyse eines aktuellen Transformationsprozesses" zeichnet zunächst den Wandel der Spitalseelsorge in den letzten Jahrzehnten nach, der mit Spiritual Care zusammenhängt. Damit stellt sich verstärkt die Frage nach der Einbindung von Seelsorge in die interprofessionelle Zusammenarbeit einerseits und nach deren religiöser Identität andererseits. In einem multireligiösen Kontext kann die Seelsorge entweder stellvertretend von einer Religion oder von verschiedenen Religionen oder transreligiös wahrgenommen werden. Wie sich die Spitalseelsorge in der Schweiz im Kontext der verschiedenen Parameter weiterentwickeln wird, bleibt eine offene Frage.

Tarek Badawia und *Abdelmalek Hiboaui* stellen in ihrem Beitrag „Seelsorge im Islam – am Beispiel der Spitalseelsorge" zunächst historische und theologisch-anthropologische Grundlagen einer islamischen Seelsorge dar. Sie verstehen darunter ein professionelles, religiös motiviertes Angebot zur Selbsthilfe in Notsituationen und betrachten Seelsorge als grundlegenden Bestandteil des Islams. Dabei geht es nicht um Belehrung sondern um eine Auseinandersetzung mit der existentiellen Spannung zwischen Nähe und Distanz des Menschen zu Gott. Anhand von einem Fallbeispiel wird aufgezeigt, worin die spezifisch religiöse Funktion der Spitalseelsorge im Unterschied zu anderen Diensten besteht und wie dieser auch eine Vermittlungsfunktion im Blick auf die Familie und das medizinische Personal zukommt.

Darauf folgt ein Beitrag zur „Spitalseelsorge aus jüdischer Sicht" von Rabbiner *Marcel Yair Ebel*. Spitalseelsorge wird anknüpfend an biblische und rabbinische Texte als Dienst am Menschen in Notsituationen dargestellt, der neue Perspektiven aufzeigt und Hoffnung vermittelt. Seelsorge ist so eine von Empathie getragene Begegnung. Daneben spielen das Gebet sowie Kult- und Speisevorschriften eine zentrale Rolle. Der Autor weist schliesslich darauf hin, dass die seelsorgerliche Begleitung nicht im Spital enden, sondern als „Nachbehandlung" weitergeführt werden sollte.

Im von *Fatoumata Diawara* und *Geneviève Spring* verfassten Beitrag „La prise en charge de la spiritualité de personnes atteintes d'une maladie grave par une équipe interprofessionnelle" geht es um eine palliativmedizinische Perspektive auf Spiritualität. Anhand von zwei Fallbeispielen wird dargestellt, wie eine Anamnese in Bezug auf Spiritualität durchgeführt wird und wie die interprofessionelle Zusammenarbeit daraufhin erfolgt, um den individuellen Bedürfnissen der Patientinnen und Patienten möglichst adäquat Rechnung zu tragen. Dabei wird deutlich, wie Spiritualität einerseits notlindernd wirken, andererseits aber auch Schwierigkeiten verstärken kann.

2.2 Konzepte, Projekte, Erfahrungen

In einem ersten Beitrag „Muslimisch-religiöse Begleitung in Institutionen. Praxiserfahrungen und Zukunftsmodelle" stellt *Pascal Mösli* mit Blick auf den Kanton Bern dar, wie in den letzten Jahren in Gesundheitseinrichtungen zunehmend die religiösen Bedürfnisse von Muslimen wahrgenommen wurden. Zur Erfüllung ihres universalen Auftrags ist die Seelsorge auf die Zusammenarbeit mit Imamen angewiesen, die bislang punktuell hinzugezogen werden. Daran anknüpfend entwirft der Beitrag unterschiedliche Szenarien, wie sich muslimische Seelsorge weiterentwickeln kann, die von einer verbindlichen Ehrenamtlichkeit bis zu einer vollumfänglichen Integration in die Spitalseelsorge mit ihren professionellen Standards reichen.

Muris Begovic behandelt unter dem Titel „Das Projekt ‚Muslimische Notfallseelsorge' im Kanton Zürich" die Entstehung und Entwicklung dieses schweizweit einzigartigen Projekts. Dabei spielt die Zusammenarbeit mit den Notfalldiensten und die Ausbildung der muslimischen Seelsorgerinnen und Seelsorger eine zentrale Rolle. Der Beitrag zeigt auf, welche Schwierigkeiten im Blick auf die strukturelle Einbindung muslimischer Seelsorge bestehen und wie sich diese in Zukunft lösen lassen. Auch wenn das Projekt eine Notfallseelsorge aufbaute, fungierte es insgesamt als Träger islamischer Seelsorge und wurde auch von Spitälern und anderen Einrichtungen in Anspruch genommen.

In einem Interview mit *Baptiste Brodard* berichtet *Dia Khadam* über muslimische Seelsorge in Genf („L'aumônerie musulmane de Genève") und ihre persönlichen Erfahrungen als Spitalseelsorgerin. Der muslimische Seelsorgedienst wird im Universitätsspital in Genf von einem Verein erbracht, mit dem das Spital eine Konvention abgeschlossen hat. Die Seelsorgerinnen und Seelsorger arbeiten ehrenamtlich, sind aber in die Strukturen und Abläufe des Spitals integriert. In dem Beitrag kommen unterschiedliche Seelsorgesituationen mit Menschen zur Sprache, die teils religiös, teils aber auch religionsdistanziert sind, aber dennoch gerne den Dienst der Seelsorgerin in Anspruch nehmen.

Der von *Irene Becci* und *Paola Juan* verfasste Beitrag „Le ‚soin spirituel' pratiqué à l'hôpital. Un regard en néonatologie" basiert auf einem Interview mit der in der Neonatologie tätigen Krankenschwester *Isaline Chammartin*, deren Aussagen mit unterschiedlichen Definitionen von Spiritualität in Zusammenhang gebracht werden. Spiritualität erweist sich als vielschichtig und hängt eng mit der individuellen Identität zusammen. Im Blick auf unterschiedliche Beispiele wird gezeigt, wie auch das Pflegepersonal einen Beitrag zur spirituellen Begleitung leistet und wie die Kooperation mit den Seelsorgerinnen und Seelsorgern gestaltet werden kann.

Im Beitrag „Hinduistische Spitalseelsorge", der auf einem von *Burim Ramaj* mit dem Hindupriester *Sasikumar Tharmalingam* geführten Interview beruht, geht es um dessen ehrenamtliche Seelsorgetätigkeit im Berner Inselspital. Die Seelsorge erstreckt sich nicht nur auf Patientinnen und Patienten, sondern auch auf deren Angehörige. Anhand von Beispielen wird deutlich, inwieweit dieser Seelsorgedienst auf Abruf bereits in das Spital integriert ist, wo aber auch noch strukturelle Hindernisse bestehen.

2.3 Rechtliche Entwicklungen

Im Beitrag „Die rechtliche Regelung der Spitalseelsorge – ein Überblick" zeigt *René Pahud de Mortanges* auf, wie und wo das kantonale Recht die Spitalseelsorge regelt und welche Ansprüche Patienten, Seelsorger und Glaubensgemeinschaften - gestützt auf kantonales Recht und die grundrechtlichen Vorgaben der Bundesverfassung - haben. Dem Recht der Patienten auf Seelsorge entspricht eine Pflicht des Spitals zur Duldung derselben und zu administrativen Hilfestellungen. Thematisiert werden auch die datenschutzrechtlichen Vorgaben für die Informationsweitergabe und die internen Normen der Kirchen bezüglich Seelsorge.

Diese allgemeinen Ausführungen werden anhand von zwei kantonalen Beiträgen illustriert. Im Aufsatz „Spitalseelsorge im Kanton St. Gallen: rechtliche Grundlagen und Rechtsentwicklung" erläutert *Claudius Luterbacher-Maineri* die Inhalte der Vereinbarung, welche die St. Galler Spitalverbunde 2016 gestützt auf die kantonale Spitalorganisationsvereinbarung mit der Römisch-katholischen und der Evangelisch-reformierten Kirche geschlossen haben, ebenso die Möglichkeiten und Herausforderungen, diese auf andere Glaubensgemeinschaften auszudehnen. Der Autor zeigt auch auf, dass das kantonale Datenschutzgesetz einer Revision bedürfen würde, sollte das Datum der Hospitalisierung einer Person auch ohne deren ausdrücklichen Einwilligung an Seelsorger weitergegeben werden können.

Tanja Sczuka legt in ihrem Beitrag „Die Spitalseelsorge im Kanton Aargau" dar, wie eine solche automatische Datenweitergabe konkret funktioniert. Mit einer entsprechenden Bestimmung im 2016 revidierten Gesundheitsgesetz des Kantons Aargau wurden die beiden kantonalen Spitäler ermächtigt, den drei anerkannten Landeskirchen die Namen von jenen Patienten bekannt zu geben, welche bei Spitaleintritt dieser Weitergabe nicht widersprochen hatten. Das führt, wie die Autorin zeigt, zu einer deutlich erhöhten Zahl von Patientennamen auf den Listen, welche den Seelsorgern zur Verfügung gestellt werden.

Im Anhang findet sich eine von *Burim Ramaj* erstellte Dokumentation der kantonalen Rechtsnormen im Bereich der Spitalseelsorge. Wie auch sonst in der föderalen Schweiz besteht hier eine sehr grosse Vielfalt unter den Kantonen. Regelungen finden sich in den jeweiligen Kantonsverfassungen, oft aber auch in Gesundheitsgesetzen und Verordnungen oder in Reglementen. Mancherorts wurden mit den Beteiligten Verträge erarbeitet oder Vereinbarungen getroffen. Die Dokumentation soll aufzeigen, welche Rechte und Pflichten die Patientinnen und Patienten haben und wie die Zuständigkeiten und organisatorische Fragen geregelt sind.

3   Danksagung

Die Herausgeber möchten den Autorinnen und Autoren ebenso wie den Interviewpartnerinnen und -partnern aufrichtigen Dank für ihre Mitwirkung aussprechen. Es sind ihre Sachkompetenz und Erfahrung, welche es uns ermöglichen, in diesem Band die verschiedenen Facetten des Themas Spitalseelsorge und den aktuellen Stand der Diskussion aufzuzeigen.

Die vorliegende Publikation wäre ohne die Mitarbeit Vieler nicht zustande gekommen. Danken möchten wir namentlich Frau Daniela Nyffenegger MLaw, Frau Andrea Rotzetter, Frau Eveline Spicher und Herrn Christian Reber M.A., die am Lehrstuhl für Rechtsgeschichte und Kirchenrecht der Universität Freiburg mit Sorgfalt und Geduld die Beiträge korrekturgelesen und das Layout erstellt haben. Burim Ramaj MLaw vom Institut für Religionsrecht und Esma Isis-Arnautovic M.A., Valérie Benghezal, Dr. Serdar Kurnaz und Dr. Mallory Schneuwly Purdie vom Schweizerischen Zentrum für Islam und Gesellschaft haben die Vorbereitung und Durchführung der Tagung auf vielfältige Weise unterstützt. Auch ihnen sei herzlich gedankt.

Autorenverzeichnis

Badawia, Tarek

*1966; Studium der Islamischen Religionspädagogik in Kuwait und Ägypten, Studium der Erziehungswissenschaft, Psychologie und Publizistik in Mainz, Inhaber des Lehrstuhls für Islamisch-Religiöse Studien mit Schwerpunkt Islamische Religionspädagogik/Religionslehre; Arbeitsschwerpunkte: Jugendforschung, Islam und Bildung, sozialpädagogische Familienhilfe.

Becci, Irene

Professeure à l'institut de sciences sociales des religions contemporaines, Faculté de théologie et sciences des religions de l'Université de Lausanne depuis 2012. Elle a fait ses études de sociologie et d'anthropologie d'abord à Lausanne et à Rome (B.A. et MA), ensuite à l'Institut Universitaire Européen de Florence, à la New York University, et à l'Institut Max-Planck d'ethnologie sociale à Halle/Saale (Allemagne). Entre 2007 et 2012 elle a enseigné aux Universités de Halle/Saale, Bielefeld et Potsdam (Allemagne). Ses champs de recherches concernent la diversité religieuse dans les institutions publiques et les espaces urbains, ainsi que l'émergence de nouvelles spiritualités autour d'enjeux contemporains comme l'action écologique.

Brodard, Baptiste

*1986; seit 2016 Doktorand am Schweizerischen Zentrum für Islam und Gesellschaft. Dort arbeitet er an einer Dissertation über die „islamische" Sozialarbeit. Vorher hat er Soziologie und Politikwissenschaft in Frankreich studiert und 2011 einen Master in Sozialarbeit an der Universität Freiburg i. Ue. erworben. Danach hat er als Sozialarbeiter in Schweizer Gefängnissen und mit der UNO im Entwicklungsbereich in Algerien gearbeitet. Er hat auch Feldstudien über islamische Gemeinschaften gemacht und darüber Artikel verfasst.

Begović, Muris

Geboren in Bosnien-Herzegowina und aufgewachsen in Wattwil (SG). Nach seiner Imamausbildung in Sarajevo hat er in Bern Islamwissenschaften und Interreligiöse Studien studiert. Das Masterstudium „Interreligiöser Dialog: Begegnung von Juden, Christen und Muslimen" hat er an der Donau-Universität Krems absolviert. In seiner Masterarbeit hat er sich mit islamischer Seelsorge im interreligiösen Kontext am Beispiel der Muslimischen Notfallseelsorge Zürich beschäftigt. Er hat als Imam und Sekretär im „Dzemat der Islamischen Gemeinschaft Bosniens Zürich" in Schlieren gearbeitet. Derzeit ist er als Geschäftsführer und Projektleiter der „Muslimischen Notfallseelsorge Zürich" bei der „Vereinigung der Islamischen Organisationen Zürich" (VIOZ) tätig. Daneben ist er bei der Etablierung der muslimischen Spital-, Asyl- und Gefängnisseelsorge im Kanton Zürich aktiv und Mitglied der Kommission für Gefängnisseelsorge im Kanton Zürich.

Diawara, Fatoumata

Docteur en médecine ; 1999 certificat de synthèse clinique et thérapeutique à l'Université de Bordeaux II ; 2009 - 2010 diplôme interuniversitaire de soins palliatifs à l'Université de Bordeaux II ; de 2007 à juin 2011 praticien hospitalier attaché au service d'accompagnement et de soins palliatifs du centre hospitalier universitaire de Bordeaux, de juin 2011 à janvier 2013 médecin chef de clinique au pôle de soins palliatifs de l'Hôpital de Martigny ; de décembre 2012 à août 2014 médecin chef de clinique au service de soins palliatifs du CHUV Lausanne ; depuis septembre 2014 médecin cadre responsable de l'équipe mobile extra-hospitalière de soins palliatifs CHUV-RSRL.

Ebel, Marcel Yair

Seit 1992 Rabbiner für die Israelitische Cultusgemeinde Zürich tätig, zuerst als Religionslehrer und Spitalseelsorger und ab 2001 als Rabbiner. 2006 erfolgte seine Wahl zum Gemeinderabbiner. Seine Ausbildung zum Rabbiner hat er in den USA absolviert und seine klinische Seelsorgerausbildung (KSA) in Deutschland. 2002 erschien „Elu Dvarim. Ein Leitfaden durch die Zeit der Trauer".

Hibaoui, Abdelmalek

*1967; Jun.-Prof. Dr.; er hat Islamwissenschaften, Theologie und Arabistik an der Universität Meknes, Fes und Ra-bat/Marokko studiert und an der Uni Rabat/Marokko promoviert. Lehrstuhl für Praktische Islamische Theologie für Seelsorge und Soziale Arbeit am Zentrum für Islamische Theologie (ZITH) der Universität Tübingen. Vorstandsmitglied des International Association of Spiritual Care (IASC) Universität Bern, Mitglied des wissenschaftlichen Beirats des Avicenna-Studienwerks Osnabrück, Beiratsmitglied „Kultur-Bildung-Religion" der evang. Akademie Bad Boll, 2010–2017 Mitglied der Deutschen Islamkonferenz (DIK).

Juan, Paola

*1994 ; diplômée d'un Bachelor en Ethnologie (Université de Neuchâtel) et Histoire et Sciences des Religions (Université de Lausanne). Elle suit actuellement un Master en Anthropologie Sociale à la London School of Economics and Political Science. Elle est présidente de l'association Atlas du Quotidien, qui vise à organiser annuellement un festival d'anthropologie pour un public large. Elle est aussi impliquée dans le projet « La Courroie de Transmission. Outil de partage intergénérationnel » avec FBI Prod.

Khadam, Dia

Depuis 2000 travail à la morgue de la mosquée pour les lavages rituels des femmes et des enfants ; depuis 2009 engagements au sein de l'aumônerie musulmane des HUG Genève ; 2009 à 2012 formation de relation d'aide de « horizon 9 » avec Jacques Poujol ; 2011 à 2014 formation crise de couple ; 2012 création de l'Association de médiation Nadwah (aide à l'intégration des personnes migrantes) où on organise des sessions de développement personnel ; depuis 2015 travail en lien avec l'Hospice général pour accompagner les personnes nouvellement arrivées en Suisse.

Luterbacher-Maineri, Claudius

Studium der Theologie und Wirtschaftswissenschaften in Freiburg i. Ue., Doktorat in Wirtschaftsethik an den Universitäten Freiburg i. Ue. und St. Gallen, Studium des Kirchenrechts und vergleichenden europäischen Religionsrechts an der Universität Strasbourg; Kanzler und Ökonom des Bistums St. Gallen; Lehrbeauftragter am Istituto internazionale di diritto canonico e diritto comparato delle religioni der Universität Lugano.

Mösli, Pascal

Studium der evangelischen Theologie in Tübingen, Bern und Madurai (Indien); MAS Supervision und Coaching; Berufserfahrung als Pfarrer in der reformierten Kirchgemeinde Thun-Strättligen sowie als Co-Leiter der Seelsorge am Inselspital Bern; derzeit Beauftragter für Spezialseelsorge und Palliative Care der Reformierten Kirchen Bern-Jura-Solothurn sowie freiberuflich tätig als Coach, Dozent und Publizist.

Pahud de Mortanges, René

Professor für Rechtsgeschichte und Kirchenrecht an der Rechtsfakultät der Universität Freiburg i. Ue. und Direktor des dortigen Institutes für Religionsrecht. Rechtsstudium an der Universität Freiburg i. Ue., 1986 Promotion; Forschungsaufenthalte an der Universität Tübingen, am Max-Planck-Institut für Strafrecht in Freiburg i. Br. und am Institute for Medieval Canon Law in Berkeley/USA; Beratungstätigkeit für staatliche Behörden und Kirchen in der Schweiz; Publikationen im Bereich des Religionsrechts, Herausgeber der Reihe „Freiburger Veröffentlichungen zum Religionsrecht".

Peng-Keller, Simon

Professor für Spiritual Care an der Universität Zürich und Seelsorger am Kompetenzzentrum Palliative Care des Universitätsspitals Zürich. Schriftleiter der Zeitschrift „Spiritual Care" (zusammen mit E. Frick) und wissenschaftlicher Koordinator des interdisziplinären SNF-Forschungsprojekts „Hermeneutik des Vertrauens am Lebensende" (NFP 67). Promotion und Habilitation an der Universität Freiburg i. Ue. in den Fächern Fundamentaltheologie und Theologie der Spiritualität. Seit 2009 mitverantwortlich für den MAS-Lehrgang „Christliche Spiritualität. Quellen, Geschichte und heutige Praxis" (Universität Freiburg/Lassalle Haus).

Ramaj, Burim

*1988; 2008 Maturität in Freiburg (Kollegium St. Michael); Studium der Rechtswissenschaften an der Universität Freiburg i. Ue., 2014 MLaw mit dem Zusatz beider Rechte, Mag. utr. iur.; seit 2014 Diplomassistent bei Prof. René Pahud de Mortanges am Institut für Religionsrecht an der Universität Freiburg i. Ue. und gleichzeitige Forschung zum Dissertationsprojekt „Rechtspluralismus anhand des albanischen Kanun – zwischen Gewohnheits- und Staatsrecht".

Sczuka, Tanja

1991–1996 Studium der Rechtswissenschaften an den Universitäten Münster und Bremen (Deutschland); 1995–1999 Assistentin an der Universität Bremen; 1999–2000 Rechtsanwältin in Bremen; 2000 Umzug in die Schweiz; seit 2004 Reformierte Landeskirche Aargau, Leiterin Rechtsdienst; 2012 Anwaltspatent des Kantons Aargau; 2016 CAS Führen in NPO (FHNW Olten); seit 2012 Vorstandsmitglied der Schweizerischen Vereinigung für Evangelisches Kirchenrecht; seit 2013 Doktorandin an der Universität Freiburg i. Ue.

Schmid, Hansjörg

*1972 in Donaueschingen nahe Schaffhausen. Er ist Sozialethiker und Theologe. Seine Forschungsschwerpunkte liegen im Bereich politischer Ethik in interreligiöser Perspektive und von Muslimen in Europa und in der Schweiz. Seit 2015 ist er Direktor des Schweizerischen Zentrums für Islam und Gesellschaft an der Universität Freiburg und seit 2017 dort auch Professor für Interreligiöse Ethik. Zuvor lehrte und forschte er an den Universitäten Freiburg/Breisgau, München und Salzburg. Von 2003 bis 2014 koordinierte er das erste Forschungsnetzwerk von muslimischen und christlichen Theologen im deutschsprachigen Raum.

Spring-Häsler, Geneviève

*1965 ; accompagnante spirituelle au CHUV depuis 2011. Diacre dans l'église évangélique réformée du canton de Vaud. Intervenante en dépendances et aumônier. Superviseure et formatrice pastorales CPT/FPEC. Formée en analyse transactionnelle au centre de formation AT Genève, certifiée en 2016 comme PTSTA-C. En 2017, diplôme fédéral de conseillère psychosociale avec, comme axe spécifique, la spiritualité. Aujourd'hui, elle poursuit son exploration de l'intégration d'un accompagnant spirituel dans une équipe de soins palliatifs à domicile (EMSP) et apprécie la recherche clinique et les enjeux de l'inter-professionnalité.

TEIL A

SOZIOLOGISCHE, THEOLOGISCHE UND MEDIZINISCHE REFLEXIONEN

Religionsvielfalt und Spiritual Care im Spital
Soziologische Betrachtungen

Irene Becci

Inhaltsverzeichnis

1	Einleitung	3
2	**Religion und Spiritualität in der heutigen Gesellschaft**	**4**
	2.1 Eine Begriffsklärung	4
	2.2 Populäre Spiritualität und subjektivierte Religion	7
	2.3 Religiöse Pluralisierung in der Schweiz	8
3	**Veränderungen der Religion und Spiritualität im Spitalbereich**	**14**
	3.1 Die Religionsvielfalt der Menschen im Spital	16
	3.2 Raum und Religionsvielfalt im Spital	20
	3.3 Vielfalt der Symbole im Spital	21
4	Schlusswort	22
	Literaturverzeichnis	24

1 Einleitung

Die gegenwärtigen Entwicklungen, welche zur Etablierung der *spiritual care* in Schweizer Spitälern führen, finden in einem besonderen gesellschaftlich-religiösen Rahmen statt. In der Schweiz, wie auch in den meisten ihrer Nachbarländern bemerken wir seit etwa zwei Generationen eine starke Säkularisierung und Pluralisierung in Bezug auf Religion. Säkularisierung bezieht sich hier insbesondere auf die immer grössere Unabhängigkeit des gesellschaftlichen Alltags von religiösen Orientierungen, und niedrigere religiöse Beteiligung der Menschen in den institutionalisierten kirchlichen Abläufen. Es stellt sich die Frage, wie die Entwicklungen im Gesundheitssystem damit und mit der gleichzeitig stattfindenden religiösen Pluralisierung in Verbindung stehen und wie die Einrichtung Spital als solche mit dieser neuen Lage zurechtkommt. Die Menschen, die in

Spitälern arbeiten oder sich darin aufhalten, bringen ganz unterschiedliche kulturelle und religiöse Bezüge in das Spitalleben mit und verändern es dadurch. In diesem Beitrag geht es darum, die religionsbezogenen Veränderungen aus soziologischer Perspektive zu beleuchten und mit einer anderen aktuellen, eher institutionellen Entwicklung in Verbindung zu setzen, nämlich derjenigen der *spiritual care*. Letztere sollte die ärztliche Krankenpflege ergänzen und zugleich den heutigen gesellschaftlichen Bedingungen in Bezug auf Religion angepasst sein. Ob dies der Fall ist, soll in diesem Beitrag untersucht werden. Dabei wird der skizzierte Themenkomplex auseinandergefächert. Zunächst werden die aktuellen Transformationsprozesse, die in der Schweiz in Bezug auf Religion und Spiritualität stattfinden, aus soziologischer Perspektive beleuchtet, wobei auch die konzeptuelle Unterscheidung der Begriffe Religion und Spiritualität geklärt wird. Der zweite Teil bespricht die Entwicklungen bezüglich Religionsvielfalt und spiritual care[1] im Spital aus drei Blickwinkeln: in Bezug auf die Menschen, die es beleben, seine räumliche und materielle Gestaltung und seine symbolische Selbstdarstellung und Organisation. Religion spielt auf jeder dieser Ebenen eine wichtige Rolle. Indem sie gesondert dargestellt werden, soll es möglich werden, existierende Diskrepanzen sowie breitere soziale Zusammenhänge zu erkennen und einen Überblick zu gewinnen. In einem kurzen Schlusswort geht der Beitrag auf die Herausforderungen ein, die sich angesichts der institutionellen und gesellschaftlichen Wandlungen stellen.

2 Religion und Spiritualität in der heutigen Gesellschaft

2.1 Eine Begriffsklärung

Die Wörter *Religion* und *Spiritualität* werden sowohl in der Alltagssprache wie auch in der soziologischen Fachsprache benutzt, haben aber beiderorts jeweils eine andere Bedeutung. Im alltäglichen Diskurs ist es heute üblich, Religion mit Tradition, Lehre oder sogar Doktrin, Moral und Institution gleichzusetzen, während Spiritualität als ein ausserinstitutionelles, persönliches Erlebnis betrachtet wird. Interessanterweise liegt eine ähnliche Unterscheidung auch dem Ansatz der *spiritual care*

---

[1] *Spiritual care* wird hier als ein interdisziplinäres und wissenschaftliches Feld verstanden, das eine ganzheitliche Krankenbetreuung thematisiert (vgl. ROSER, S. 6–9).

zugrunde². Darin wird argumentiert, dass die spirituelle Dimension eine Grundeigenschaft, gar eine anthropologische Komponente der menschlichen Natur ist und als solche in die medizinische Krankenpflege integriert werden soll. Diese Ansicht stützt sich auf wissenschaftliche, mehrheitlich psychologische und klinische Studien, die einen Konnex zwischen persönlicher Spiritualität, Gesundheitszustand und Heilungsprozess festgestellt haben. Wenn man diese scheinbar selbstverständlichen Ideen aus einer soziologischen Perspektive hinterfragt, wird aber deutlich, dass sie gesellschaftlich bedingt sind. Diese Art, Religion von Spiritualität zu unterscheiden, ist nicht das Ergebnis „natürlicher" sondern historischer Prozesse. Statt beim weit zurückliegenden etymologischen Ursprung der beiden Begriffe Religion und Spiritualität anzusetzen, möchte ich zunächst einige soziologische Befunde aufzeigen. In der Soziologie gibt es hier keinen eindeutigen Konsens in Bezug auf den Religionsbegriff, aber doch eine klare Tendenz dazu, Religion als „a social construct" zu betrachten, „that varies in meaning across time and place […] an interpretative category that human beings apply to a wide variety of phenomena, most of which have to do with notions of ultimate meaning or value"³. Soziologisch muss dieses Verständnis von Religion dasjenige der Spiritualität nicht ausschliessen, sondern kann es beinhalten. Wie STREIB und HOOD schreiben, kann Religion durchaus als „a general and comprehensive concept, of which de-institutionalized ‚spirituality' is a subdivision"⁴ gesehen werden. In verschiedenen Studien wurden Menschen zum Spiritualitätsbegriff befragt (2003, Greenwald und Harder, La Cour, Ausker und Hvidt 2012). Dabei klafften die individuell verstandenen Bedeutungsinhalte von Transzendenz, Altruismus, Religiosität, Wohlbefinden, etc. weit auseinander. Die heute übliche Trennung der Spiritualität von Religion ist im liberalen Diskurs der 1960er und 1970er Jahren entstanden und hat in gegenkulturellen Bewegungen, wie der *New Age*, einen gewissen Erfolg erzielt. Im Weltbild vieler *New Age* Autoren kann das Individuum seine persönliche Spiritualität am besten in institutioneller Unabhängigkeit entwickeln, wo es keinen festen religiösen Dogmen folgt. Aus einer historisch-christlichen Sichtweise wurde aber Spiritualität schon im 17. Jahrhundert innerhalb der römisch-katholischen monastischen Tradition als persönlich erlebte Religiosität verstanden.

---

[2] Vgl. zum Beispiel ROCHAT. Oder auch ROSER und HAUSCHILDT, S. 6–9.
[3] BECKFORD, S. 4, 7.
[4] STREIB/HOOD, Spirituality, S. 435.

Diese zwei unterschiedlichen Bedeutungsursprünge entsprechen auch zwei sprachlich-kulturellen Kreisen: die monastische Tradition der romanisch christlichen Kultur und die der gegenkulturellen Bewegung eines transnationalen anglophonen Selbstverständnisses. Internationale Studien[5] belegen dabei, dass die Selbstdefinition als „spirituell aber nicht religiös" nicht in allen Sprachregionen Europas gleich vorgenommen wird. Auch in der Schweiz sind das Interesse und die Teilnahme an verschiedenen spirituellen Tätigkeiten nach Sprachgebiet unterschiedlich, wie die

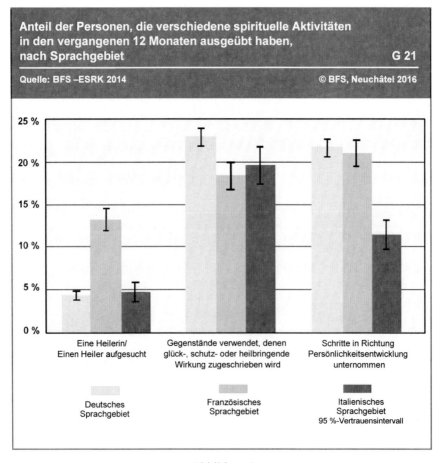

Abbildung 1

---

[5] Siehe dazu SIEGERS, S. 176.

folgende Abbildung des Schweizer Bundesamts für Statistik[6] belegt. Heiler sind zum Beispiel beliebter im italienischen Sprachgebiet, während in der deutschsprachigen Schweiz Schutz- oder Glücksbringer eher in Anspruch genommen werden, was auf kulturell unterschiedliche Bezüge zur Spiritualität hindeutet (Abbildung 1 – G21).

2.2 Populäre Spiritualität und subjektivierte Religion

Der Bedeutungswandel des Begriffs der Spiritualität von einer religiösen Gebundenheit hin zum losgelösten subjektiven Empfinden, findet gleichzeitig mit einer anderen gesellschaftlichen Entwicklung statt, die von Sozialwissenschaftlern als „Subjektivierung"[7] bezeichnet wird. Darunter wird einerseits der Erfolg eines holistischen Milieus[8] gezählt, andererseits aber auch ein einflussgewinnender personenzentrierter Diskurs innerhalb der monotheistischen Religionen.[9] Durch die territoriale und kulturelle Mobilität der Menschen und die Individualisierung ihres Bezugs zur Religion hat sich die heutige Vorstellung von Religion einerseits vervielfältigt und ist andererseits ein individualisierter sowie identitätsstiftender Faktor geworden. Dazu kommt, dass neue Formen einer „populären Spiritualität"[10] in den Vordergrund rücken. Viele Glaubenseinstellungen und Glaubensinhalte sowie Handlungen, die noch vor einem Jahrhundert als geheim angesehen wurden, weil sie nur eingeweihten und für unkonventionelle Lehren offenen Menschen als erreichbar galten, sind nun auch durch Bewegungen wie das „New Age zu einem breit zugänglichen Wissen"[11] geworden.[12] In dieser populären Form der Spiritualität ist die Dogmatik „unscharf"[13], wie KNOBLAUCH schreibt. Was eher zählt, ist die Wichtigkeit des Subjekts und seiner Transformation hin zu einem erwarteten Besseren. Dieser Akzent

---

[6] BUNDESAMT FÜR STATISTIK. Vgl. https://www.bfs.admin.ch/bfs/de/home/statistiken/bevoelkerung/sprachen-religionen/religionen.html, besucht am 22. Februar 2017. Alle weiteren Darstellungen in diesem Kapitel kommen aus dieser Studie.
[7] HEELAS/WOODHEAD/SEEL/SZERSZYNSKI/TUSTING, S. 67.
[8] Dazu werden ganzheitliche Körper-, Selbsterfahrungs- und Heilpraktiken wie etwa Yoga, Astrologie, Feng Shui, Reiki oder Schamanismus, gezählt. Vgl. HÖLLINGER/TRIPOLD und GARNOUSSI.
[9] MAHMOOD.
[10] Beispiele dafür sind die Wanderungen auf dem Jakobsweg, Halloweenfeiern, Feng-Shui oder Engelskulte. Vgl. KNOBLAUCH, New Age.
[11] KNOBLAUCH, New Age, S. 155.
[12] Dabei spielen Medien eine entscheidende Rolle.
[13] KNOBLAUCH, New Age, S. 158.

auf Transformation könnte einer der Gründe sein, warum eine solche Spiritualität gerade bei Pflege- und Heilberufen sehr verbreitet ist.[14]

2.3 Religiöse Pluralisierung in der Schweiz

Gemäss den statistischen Angaben zur Religionszugehörigkeit in der Schweiz hat sich die Gesellschaft in den letzten etwa 50 Jahren (Abbildung 2) gleichzeitig säkularisiert und pluralisiert.[15] Die Kategorie der Konfessionslosen und diejenige „anderer" Religionszugehörigkeiten wächst dabei stark an. Neben Mitglieder aller sogenannter Weltreligionen (Christentum, Judentum, Islam, Buddhismus, Hindu-Traditionen, Bahá'í) leben nun auch Anhänger neuer religiöser Bewegungen (Orisha, Mahikari, Soka Gakai etc.) im Land, wenn auch eher in urbanen als in ländlichen Gegenden. Auch das Christentum hat sich durch die Ankunft vieler christlicher Migranten und den proaktiven Einsatz evangelikaler Gemeinschaften vervielfältigt.

Die Anzahl Religionszugehörigkeiten ist aber nicht der einzige Faktor, der sich in Bezug auf Religion vervielfacht. Nach Angaben einer kürzlich veröffentlichten Studie[16] variieren die Antworten der Menschen auch immer stärker in Bezug auf ihr Verständnis von Religion, ihre Interpretation der Diskurse und ihre religiösen Handlungen. Religionszugehörigkeit, Glaubenseinstellungen und rituelle Handlungen stehen nur noch in relativem Zusammenhang. „Spirituelle" und „religiöse" Selbstdefinitionen haben komplexe, situationsbedingte Bezüge zueinander. DAVIE hatte schon in den 1990er Jahre bemerkt, dass Zugehörigkeit und Glaubensinhalte immer weiter auseinanderfallen,[17] da letztere von autoritativen Vorgaben freier werden. So entsteht ein komplexes Bild, in dem die heutige Religionsvielfalt mit einer ganzen Reihe unterschiedlicher nichtreligiöser Faktoren wie das Alter, das Geschlecht, das kulturelle Kapital und die Biographie zusammenhängt. Die Angehörigen der Religionsgemeinschaften unterscheiden sich besonders nach der Staatsbürgerschaft und dem Alter[18]. Angehörige der Reformierten Kirche sind zum Beispiel

---

[14] Siehe dazu für den englischen Fall GILLIAT-RAY, Nursing, S. 339.
[15] Vgl. auch STOLZ/BAUMANN; HERO/KRECH; PACE.
[16] STOLZ/KÖNEMANN/SCHNEUWLY PURDIE/ENGELBERGER/KRÜGGELER.
[17] Dazu DAVIE.
[18] BUNDESAMT FÜR STATISTIK, S. 7.

deutlich ältere Schweizer/innen, während über 90% der Muslime jüngere Migranten der ersten Generation sind.

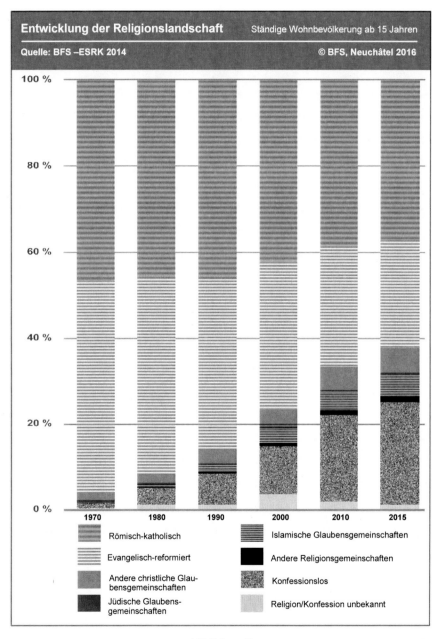

Abbildung 2

Auch unterscheiden sich Religionsbezüge nach Geschlecht wie die nächsten Abbildungen des Bundesamts für Statistik zeigt (Abbildung 3 – G20 und Abbildung 4 – G13). Frauen weisen ein allgemein höheres Interesse für Religion und Spiritualität auf und sind in dieser Hinsicht aktiver.

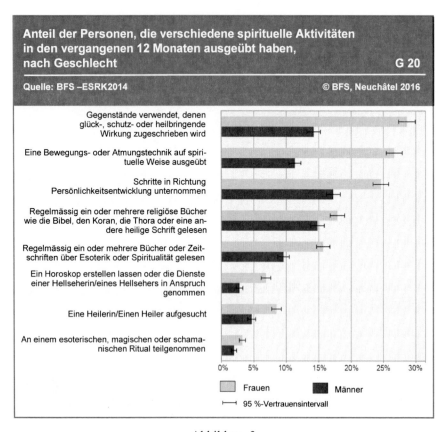

Abbildung 3

Religionsvielfalt und Spiritual Care im Spital 11

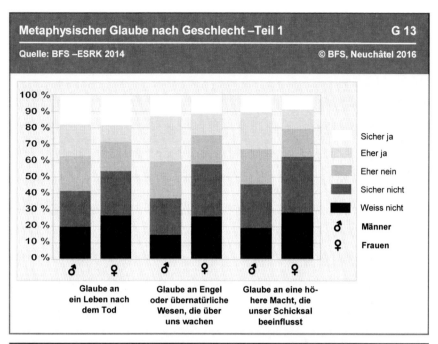

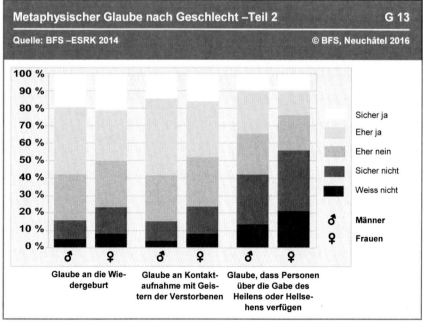

Abbildung 4

Religionsvielfalt ist auch innerhalb eines Lebenslaufs auffindbar, da dieser heute globaler gestaltet wird als noch vor zwei Generationen. Während es bis in den 1980er Jahre üblich war, dass verheiratete Paare derselben Konfession angehörten, hat seitdem sowohl die Anzahl unverheirateter Paare als auch ihre religiöse Heterogenität zugenommen[19]. Heute kann es also durchaus vorkommen, dass ein Kind in der Schweiz in einer Familie mit einem jüdischen Vater und einer atheistischen Mutter aufwächst, später als Erwachsener mit einer katholischen Person eine Familie gründet und wiederum mit den eigenen Kindern Yoga betreibt. Solche Biographien treffen Spitalangestellte in ihrem Arbeitsalltag an. Andererseits spielen Spitäler auch eine wichtige Rolle für die biographische Entstehung einer menschlichen Identität.[20] Die Erfahrung eines Spitalaufenthalts prägt das Selbstverständnis der Menschen. Nach Angaben internationaler Umfragen, wie die *World Value Survey*[21], bezeichnen sich seit 1990 immer mehr Menschen als „eher spirituell als religiös"[22].

In der Schweiz sieht das Bild etwas anders aus, wie in der Studie des Bundesamts für Statistk herausgefunden wurde. Es sind nicht die Konfessionslosen, sondern die Mitglieder kleinerer religiösen Gemeinschaften, die sich am ehesten als spirituell identifizieren (Abbildung 5 – G11). Da sich diese aber gleichzeitig selber auch als religiös bezeichnen, kann man diesem Fall nicht eindeutig entnehmen, welche Bezeichnung, Religion oder Spiritualität, passender ist. Anders ausgedrückt scheint von vielen Menschen, wenn nicht gar von den meisten, Spiritualität von der Religion als nicht getrennt wahrgenommen zu werden.

---

[19] Siehe dazu BOVAY.
[20] HOERNING/CORSTEN, S. 17.
[21] Vgl. AUPERS/HOUTMAN, S. 310.
[22] Siehe dazu SIEGERS.

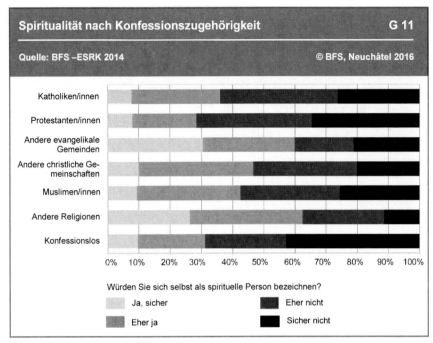

Abbildung 5

Wie sieht die Lage nun innerhalb der Spitäler in Bezug auf die Entwicklungen aus, die wir eben geschildert haben? Was bedeuten diese Entwicklungen heute für das Spital und die Einführung der spiritual care? In den nächsten Abschnitten werden Antworten auf diese Fragen gesucht.

3 Veränderungen der Religion und Spiritualität im Spitalbereich

Die Bundesamtstudie belegt, dass im Alltag für etwa die Hälfte der Befragten „Religion oder Spiritualität" eine eher wichtige oder sehr wichtige Rolle spielt, wenn sie sich in schwierigen Situationen befinden, dies oft auch im Falle einer Erkrankung oder bei einem Unfall (Abbildung 6 – G23).

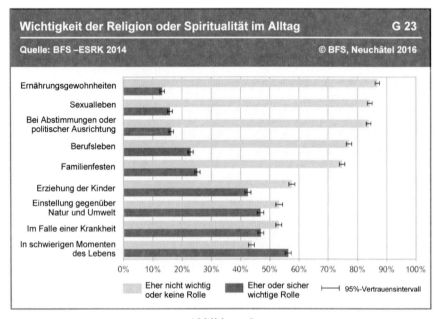

Abbildung 6

Wenn wir die Konfessionszugehörigkeiten einzeln betrachten, steigt der Anteil derjenigen Menschen, denen Religion und Spiritualität wichtig ist, teilweise bis über 80%. Nur Konfessionslose scheinen weder Religion noch Spiritualität im Falle einer Krankheit als wichtig zu empfinden. Dieser Befund hat eine gewisse Bedeutung für Überlegungen welche zur Einführung der *spiritual care* führen. Der Spiritualitätsbegriff, auf den sich die *spiritual care* stützt, wurzelt in einem religionsübergreifenden und vor allem ausserinstitutionellen Verständnis. *Spiritual care* soll also vor allem diese Kategorie von Menschen ansprechen, die aber dafür scheinbar kaum Anknüpfungspunkte aufweisen. Dieses Verständnis der

Spiritualität in der *spiritual care* unterscheidet sich also von demjenigen der befragten Menschen (Abbildung 7 – G27).

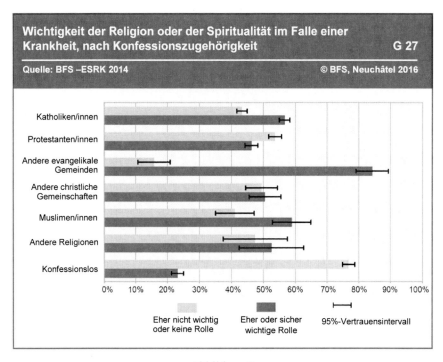

Abbildung 7

In der Schweiz ist das Spitalwesen historisch stark an die christlichen Kirchen gebunden[23], hat sich aber im Laufe des 20. Jahrhunderts weitgehend aus diesem Kontext gelöst und versteht sich heute als säkulare medizinische Einrichtung. Durch ihre Dienstleistung sind kantonale Spitäler auch Orte geworden, in denen exemplarisch Säkularität, Wissenschaft und Religionsfreiheit respektiert werden. Dafür wird zwischen einer privaten und einer öffentlichen Sphäre unterschieden. So vertritt ein Spital öffentlich keine religiöse Moral, kann aber auf gewisse religiöse Anfragen der Patienten eingehen.[24] Prinzipiell sind im Spital arbeitende Seelsorgende, die den öffentlich-rechtlich anerkannten Religionsgemeinschaf-

---

[23] Wie auch andere staatlichen Einrichtungen, vgl. BECCI.
[24] Das ist rechtlich geregelt, wie RENÉ PAHUD DE MORTANGES in seinem Beitrag S. 153 ff. ausführlich beschreibt.

ten angehören, dafür zuständig. Eine solche Regelung der Seelsorge stösst aber angesichts der *religiösen Vielfalt*, welche heute sowohl unter den Patienten wie auch den Angestellten im Spital anzutreffen ist, an ihre Grenzen. Vermehrt werden deshalb nun auch Vertreter anderer religiösen Traditionen hinzugezogen; zudem wird Raum geschaffen für alternative spirituelle Praktiken. Auf diese Aspekte wird im folgenden systematisch eingegangen. Der Themenkomplex *spiritual care* und Religionsvielfalt wird nun aus drei zwar verbundenen aber doch unterschiedlichen Blickwinkel betrachtet: aus dem Blickwinkel der Menschen, die sich im Spital aufhalten, demjenigen der Räumlichkeiten und Gegenständen, aus denen das Spital materiell besteht, und demjenigen der Symbole, auf die sich das Spital im Diskurs und in den Regeln stützt.

3.1 Die Religionsvielfalt der Menschen im Spital

Religionsvielfalt und subjektivierte Spiritualität sind sowohl unter den Menschen, die im Spital arbeiten, wie auch unter den Patienten und Besuchern zu finden, aber auf je spezifische Art. Zu den Spitalangestellten in der Schweiz gibt es bis heute keine genauen, wissenschaftlich belegten Angaben in Bezug auf ihre Religionszugehörigkeiten oder Glaubensauffassungen. Forschungen belegen aber, dass Wissenschaftler – auch im Gesundheitswesen – sich tendentiell als nicht religiös betrachten und das Wort „Spiritualität" demjenigen der „Religion" bevorzugen.[25] Wie soeben gezeigt, unterscheiden sich Religionsbezüge auch nach anderen Faktoren wie dem Migrationsstatus und dem Geschlecht. Diese zwei Faktoren spielen zum Beispiel in der beruflichen Verteilung im Spital eine sehr wichtige Rolle. Während viel mehr Frauen als Männer im Pflegebereich tätig sind, ist es bei den Ärzten umgekehrt.[26] Nach PLUESS und ZELLWEGER[27] sind etwa 43% der über 5'000 Angestellten des Baslers Universitätsspitals Bürger ausländischer Herkunft (meist Nachbarländer), sowie 39% der Patienten. In Solothurn und Aargau haben zwischen 17% und 30% der gesamthaft 7'000 Angestellten eine ausländische Herkunft, sowie ca. 20% der Patienten. Im Kantons- und Universitätsspital Genf gehören gemäss Jahresbericht 2007 51% der Patienten 180 verschiedenen

---

[25] SHAFRANSKE, S. 153.
[26] Vgl. ROSENDE.
[27] PLUESS/ZELLWEGER, S. 4.

Drittländern an, und 50% der Angestellten 88 verschiedenen Drittländern. Die Internetseite des Kantons- und Universitätsspitals in Lausanne (CHUV[28]) zeigt an, dass 2015 die über 10'000 Angestellte 113 verschiedene Nationalitäten aufwiesen und über zwei Drittel davon Frauen sind. Die Berufsgruppen im Spital sind auch hierarchisch geordnet, was mit der Struktur der Einrichtung verbunden ist. So erzählte während einer Diskussion in einem westschweizerischer Kantonspital eine Ärztin, dass sie sich zwar für die Spiritualität der Patienten und Patientinnen interessieren würde, das Thema aber nie anspreche, weil dies für sie kulturell zu Missverständnissen führen könnte. Aufgrund der starken, geschichtlich geprägten Trennung zwischen Wissenschaft und Religion, wird von den Ärzten erwartet, dass sie ihre spezialisierte Rolle auf die medizinische Komponente der Krankheit beschränken. Es kommt vor, dass diese Ärztin z. B. eine Krankenschwester als Vermittlerin einsetzt, um an Informationen zur Spiritualität oder Religion der Patienten zu gelangen. Andererseits stellen Patienten Ärzten oder Pflegenden eher religiöse Fragen, wenn diese ähnliche kulturell-religiöse Bezüge haben. Spitalangestellte, die also kulturell und religiös mehrsprachig sind, spielen in stark hierarchisch strukturierten Einrichtungen, wie den Spitälern, deswegen eine sehr wichtige Rolle für den alltäglichen Ablauf. Ein weiteres Beispiel ist das Reinigungspersonal, das zum Beispiel aufgrund einer ähnlichen Herkunft erkennt, wie wichtig gewisse religiöse Symbole für einige Patienten oder deren Angehörige sind, und sie deswegen nicht entfernt. Die Einführung der *spiritual care* hat Folgen, die mehrere Berufsgruppen betreffen[29]. Sie kann teilweise auch die sozio-normative Gewichtung dieser Berufsgruppen neu definieren. Daher ist es wichtig, das unterschiedliche Verständnis des Spiritualitätsbegriffs mit der Entwicklung der *spiritual care* in Bezug zu stellen.[30] Die Patienten gehören zu der Gruppe von Menschen im Spital, die GOFFMAN *inmates* nannte.[31] GOFFMAN stellte fest, dass sich die Menschen in einer totalen Institution – wie man Spitäler auch heute noch ideal-typisch betrachten kann – ihren Aufenthalt als sehr intensiv erleben und sich schrittweise an die vorgegebenen Erwartungen anpassen, dies z. B. in Bezug auf ihre Ausdrucksweise, ihre Er-

---

[28] http://www.chuv.ch/chuv_home/le-chuv-en-bref/chuv-enbref-chiffres.htm, besucht am 19. Februar 2017.
[29] Zum Einfluss auf den Arztberuf siehe: BORRASIO.
[30] Dazu besonders deutlich: JOBIN.
[31] Vgl. GOFFMAN.

nährung, ihre Kleidung oder Körperpflege. Dies ermöglicht es der Einrichtung, den Tagesablauf für viele Menschen zu regeln und die Genesung zu planen. In dieser Hinsicht ist der aktuelle Spiritualitätsbegriff sehr passend. Er hebt nämlich auch hervor, dass Spiritualität den Transformationsprozess des Individuums hin zur Genesung begleiten kann. In den meisten Spitälern der Schweiz kann die Patientin oder der Patient beim Eintritt die eigene Religionszugehörigkeit angeben. Diese Daten wurden aber noch nie gesammelt und systematisch analysiert, teilweise weil das rechtlich heikel wäre.[32] Im Rahmen des Nationalforschungsprogramms 58 hat eine Forschungsgruppe, geleitet von MARTIN, eine Studie zu „Religion und Gesundheitsverhalten im Alter" durchgeführt. Eines der Ergebnisse zeigt, dass im Alter die meisten Menschen ein grösseres Interesse an religiösen Fragen aufweisen, sie darüber aber mit dem Pflegepersonal in Pflegeheimen kaum reden können, da dieses darauf nicht vorbereitet ist.[33] Es geht dabei nicht um die Religiosität der Pflegenden, sondern um deren Umgang mit Religion. Die festgestellte Kommunikationsschwierigkeit zwischen Pflegenden und Heimbewohnern kann durchaus auch im Spital zwischen Patienten, Pflegepersonal und Ärzten existieren und eventuell Spannungen verursachen. Für Religion sind in Schweizer Spitälern traditionell Seelsorgende zuständig. Die genaue Gestaltung der Seelsorge bestimmen die Kantone. Geschichtlich und heute immer noch mehrheitlich sind dies Spitalseelsorger und Seelsorgerinnen der römisch-katholischen, evangelisch-reformierten und christkatholischen Konfession. Teilweise gibt es inzwischen seit über einem Jahrzehnt auch jüdische, muslimische, hinduistische und evangelikale Seelsorger, die zwar oft ehrenamtlich arbeiten, aber doch einen sehr geschätzten Dienst erweisen.[34] Vielfalt existiert also auch in der Seelsorge, die wiederum durch die religiöse Heterogenität im Spital vor immer neuen Herausforderungen steht. Europaweit haben viele Spitäler die Seelsorge der neuen Religionsvielfalt angepasst. In einigen europäischen Ländern gibt es nunmehr neben römisch-katholischen und evangelisch-reformierten auch muslimische, orthodoxe, jüdische, anglikanische, oder nicht-konfessionelle Seelsorgende. In England arbeiten anglikanische und römisch-katholische Seelsorgende mit muslimischen, humanistischen, freikirchlichen, sikhischen und hindu-

---

[32] Genaueres dazu im Beitrag von RENÉ PAHUD DE MORTANGES in diesem Buch, S. 153 ff.
[33] Vgl. MARTIN.
[34] Vgl. die Beiträge dazu in diesem Buch.

istischen Seelsorgenden zusammen. In den Niederlanden wird der Bezug zu Religion institutionell als sehr subjektiv betrachtet, da nicht nach der Religionszugehörigkeit der Patientinnen und Patienten gefragt wird, sondern nach deren religiösen Präferenz wonach sich das Seelsorgeangebot richtet. In den USA wiederum ist die Seelsorge in staatlichen Spitälern gar nicht mehr auf die Religions- und Konfessionszugehörigkeiten der Patienten abgestimmt. Es wird davon ausgegangen, dass jeder Seelsorgende im Prinzip auf jede Nachfrage in einem ersten Kontakt durch religionsübergreifende diskursive Strategien kompetent eingehen sollte.[35] Auch in der Schweiz hängen die Einsatzmöglichkeit und die Reichweite der Seelsorgenden davon ab, wie viele religiöse „Sprachen" sie beherrschen. Selbst wenn sie nicht jedes religiöse Ritual ausführen können, sind sie in der Lage, gewisse Bedürfnisse zu erkennen und eventuelle Lösungen zu suchen. Patienten können auch ihr Recht ausüben, eine Seelsorge von einem Verantwortlichen ihrer Religionsgemeinschaft zu erhalten. Es stellt sich die Frage, welche Ressourcen (finanziell, materiell, sprachlich, symbolisch) diese haben und ihnen vom Spital zur Verfügung gestellt werden. Heute steht die Spitalseelsorge also vor vielen neuen professionellen Herausforderungen. Einerseits werden Seelsorgende dazu angehalten, allgemein religionskompetente Akteure zu werden, andererseits sind auch sie von der gesellschaftlichen Tendenz der Individualisierung betroffen. Nicht zuletzt stellt sich heute die Frage, wie Seelsorgende in die *spiritual care* integriert werden können und wie sie diese als interdisziplinär verstehen. Ihre Aufgabe verschiebt sich somit von der konfessionellen Seelenführung nach institutionellen Vorgaben hin zur begleitenden Seelsorge. In der *spiritual care* positioniert sich die Seelsorge damit sogar als komplementär zur Medizin.

Neben der Seelsorge tragen im Spital überdies die Besucher zur Religionsvielfalt bei. Auch mit ihnen können Patienten religiöse Erfahrungen erleben, sei dies durch gemeinsame Gebete oder Geschenke, die symbolischen Wert haben. Solche religiösen Momente sind nicht formalisiert und hinterlassen keine institutionellen Spuren. Sie finden an verschiedenen Orten im Spital statt: Spitalkapellen, Gebetsräumen, aber auch im Patientenzimmer oder in den Fluren. Der räumlichen und materiellen Dimension der Religionsvielfalt im Spital widmet sich nun der zweite Blickwinkel.

---

[35] CADGE und SIGALOW haben dabei vor allem zwei Strategien beobachtet. Die Seelsorgenden wechseln ihre Sprache, was sie „code-switch" nennen oder neutralisieren, „neutralize", religiöse Unterschiede S. 148.

3.2 Raum und Religionsvielfalt im Spital

Spitäler bestehen auf materieller Ebene aus Gebäuden, Wänden, Maschinen etc.[36] Meistens ist für religiöse Besinnung ein Raum vorgesehen, der ursprünglich eine Kapelle für Gottesdienste war. Durch die Art und Weise, wie Räume im Spital ausgeschildert oder genannt werden, ist Religionsvielfalt mehr oder weniger sichtbar. Die *spiritual care* verändert auf der räumlichen und materiellen Ebene im Spital erstmal wenig. In den letzten Jahren haben aber einige Spitäler als Antwort auf die religiöse Pluralisierung ihre Räumlichkeiten verändert und angepasst.[37] In Genf zum Beispiel hat das Kantons- und Universitätsspital (HUG) im Jahr 2012 die Kapelle geschlossen und einen religiös multifunktionalen Raum eröffnet, der auch für Meditationszwecke gebraucht werden kann.[38] Dabei fanden Verhandlungen mit unterschiedlichen säkularen und religiösen Interessenten statt. NAGEL weist in seiner Studie in Spitälern des Ruhrgebiets auf grundsätzlich vier Modelle hin. Ein Raum kann zum ersten so leer wie möglich gestaltet werden, und diese Leere soll eine Öffnung für unterschiedliche Formen der Religion und Spiritualität symbolisieren. Zweitens kann man den Raum mit universell verstandenen Symbolen wie Kreisen schmücken, um zu bekunden, dass er sich nicht auf eine spezifische Religion beschränkt. Drittens können in dem einen Raum die als religiös konnotierten und erkennbaren Gegenstände und Symbole ausgetauscht, manchmal ausgeblendet werden, je nach Bedarf und Gebrauch. Die letzte Variante ist die Nebeneinanderstellung der Altäre oder Symbole, die dann wie Parzellen bilden. Nagels Modelle beschreiben über die räumliche Ebene hinaus institutionelle Strategien in Bezug auf Religionsvielfalt. Darüber hinaus ist es aus einer soziologischen Perspektive besonders wichtig zu verstehen, welchen konkreten Umgang die Menschen mit den Räumlichkeiten haben. Auch in nicht dafür bestimmten Räumen – wie Treppenhäuser, Flure, Abstellplätze – können Menschen religiöse

---

[36] Der Bezug zu Räumen, Maschinen, technischen Geräten und Gegenständen, vor allem solche, die den Körper berühren, unterscheidet sich stark von einer Religion zur anderen. Diese umfassende Thematik ist nicht der Schwerpunkt dieses Textes und soll hier nur angedeutet werden. Siehe z. B. den 2005 gedruckten Leitfaden des Bürgerspitals Solothurn zur Begleitung terminaler Patienten und ihrer Angehörigen. Vgl. GILLIAT-RAY, The use of und GILLIAT-RAY, Sacralising.

[37] Siehe für Deutschland: NAGEL.

[38] Diese Umstrukturierung ist noch nicht beendet und Gegenstand der Doktorarbeit Jeremy Dunons, die er seit 2015 an den Universitäten Lausanne und Laval (Kanada) durchführt.

Handlungen ausführen. Beispiele dafür sind Blumen, die man zu Füssen einer Statue oder einem Heiligenbild hinlegt, die sich im Eingangsbereich befinden, oder ein Gebetsteppich, der in einer ruhigen Zimmerecke zu bestimmten Zeiten ausgerollt wird, um einen speziellen Ort des Gebetes zu kreieren. Auch GOFFMAN unterscheidet in seiner Studie zur Asylpsychiatrie zwischen den von der Einrichtung eingeplanten Orten und den Räumen, die relational durch menschlichen Umgang entstehen. Diese Räume sind weder deutlich religiös noch deutlich säkular. Man könnte sie als eine Zwischenfigur betrachten, als graue Zonen, die in keine schwarz-weisse Kategorie passen.[39]

3.3 Vielfalt der Symbole im Spital

Der vierte und letzte Blick auf die Religionsvielfalt betrifft die Symbole im Spital. Im Spital verändert sich für Patienten die Bedeutung der Gegenstände, da sie nicht mehr in ihrem alltäglichen Umfeld sind. Was sie sonst täglich berühren, tragen oder sehen ist nicht mehr da, oder nur noch auf einer symbolischen Ebene. So vergrössert sich die Bedeutung eines Kleidungstückes, eines Fotos oder eines Spielzeugs, oder eben eines religiösen Buches oder Gegenstandes umso mehr, da sie stellvertretend für abwesende Beziehungen da sind. In einigen Gesprächen mit Mitarbeitenden der Neonatologie in einer westschweizer Universitätsklinik ist deutlich geworden, dass viele Angehörige die Möglichkeit gerne nutzen, Gegenstände in den Inkubator zum Baby hinzulegen, was als sehr symbolisch und spirituell erlebt wird. Teilweise erstreckt sich das Aufgabenfeld der Seelsorgenden bereits auf dieser räumlich-materiellen Ebene. Oft kommt sie aber in der Thematisierung der *spiritual care* zu kurz und Spiritualität wird stark auf der diskursiven Ebene erfasst.

In der Schweiz ist in den Spitälern einerseits das christliche Erbe symbolisch sehr präsent, andererseits verbindet man die Spitäler mit wissenschaftlicher Professionalität. Diese zwei symbolischen Leitlinien werden in den Regelungen, Gesetzgebungen, Organigrammen, in der Anstaltskleidung, in den Broschüren, im Webauftritt, im Ernährungsangebot etc. unterschiedlich eingesetzt. Durch all diese Texte entsteht eine offizielle Selbstdarstellung des Spitals, die Religion und Säkularität deutlich voneinander trennt und sie institutionell verortet.

---

[39] Zur Idee der *grauen Zone* siehe BECCI/KNOBEL.

Eine Anerkennung der Religionsvielfalt kann auf symbolischer Ebene ganz fehlen oder aber hervorgehoben werden. In den öffentlichen Diskussionen um die *Palliative care*, Sterbehilfe, um Schwerverbrannte oder um die Organspende wird Religion und Religionsvielfalt z. B. oft erwähnt, während sie bei der Thematisierung anderer Themen wie Krebskrankheiten kaum vorkommt.

All diese Faktoren beeinflussen den Bezug zur Religion und Religionsvielfalt im Spital. Wenn es der vom Spital gegebene symbolische Rahmen erlaubt, kann Religion oder Spiritualität im Heilungsprozess eine wichtige Rolle spielen. Die Tendenz, Spiritualität in den medizinischen Heilungsprozess zu integrieren, zielt in diese Richtung und fordert damit den rational-technisch medizinischen Ansatz auch in symbolischer Hinsicht heraus. Die Soziologinnen CADGE[40] und GILLIAT-RAY[41] haben schon vor einigen Jahren in ihren Studien zu Spitälern in den USA und in England festgestellt, dass solche Einrichtungen auf symbolischer Ebene ihren „areligious secularism" progressiv ablegen und sich einem "spiritual secularism" zuwenden. Die von KNOBLAUCH angesprochene Popularisierung der Spiritualität scheint also auch die Spitäler zu betreffen[42]. Inwieweit diese Wandlung auch den Inhalt der Spiritualität betrifft, ist noch unklar. Ganzheitlichkeit ist zum Beispiel schon ein weit verbreiteter Begriff im Spitalwesen.[43] Er verweist je nach gesellschaftlichem Rahmen auf unterschiedliche Ideen: subjektiv authentische Selbstsuche, ethische Sinngebung, Frömmigkeit, individuelles oder soziales Wohlbefinden.

4 Schlusswort

Der institutionelle und gesellschaftliche Wandel von Religion und Spiritualität stellt neue Herausforderungen an die Spitäler. Wenn man sich mit der religiösen Pluralisierung der Gesellschaft und mit der Entwicklung der *spiritual care* befasst, merkt man schnell, dass beide Prozesse den Spiritualitätsbegriff ins Spiel bringen. Dabei wird aber der Begriff auf sehr verschiedene Art und Weise gedeutet.

---

[40] CADGE.
[41] GILLIAT-RAY, Nursing.
[42] KNOBLAUCH, Religion.
[43] Siehe z. B. das Selbstbild der Frauenklinik des Kantonspitals Aargau, abrufbar unter https://www.ksa.ch/zentren-kliniken/frauenklinik, besucht am 20. Februar 2017.

Am Ende dieser Ausführungen zur aktuellen Religionsvielfalt und zur Einführung der spiritual care lassen sich vier Feststellungen formulieren. Erstens lässt sich beobachten, dass die Institutionalisierung der *spiritual care* im Spital ein top-down Prozess ist. Der Spiritualitätsbegriff wird in den Pflege- und Medizinwissenschaften als religionsumfassend definiert. Im Alltagsdiskurs ist der Begriff dagegen vieldeutig und er kann sich auch auf bestimmte Religionen beschränken. Während in den Diskursen der *spiritual care* der Spiritualitätsbegriff als getrennt von der institutionellen Religion definiert wird, bezeichnen sich institutionell religiöse Menschen eher als spirituell als konfessionslose Menschen. Zweitens hängen der Bezug zu Spiritualität und die Verbindung zwischen Religion, bzw. Spiritualität und Krankheit davon ab, ob Menschen einer Religion angehören oder nicht. Bei den letzteren finden wir schwächere Werte, was den persönlichen Stellenwert der Spiritualität anbelangt. Drittens ist Religionsvielfalt im Spital auf der symbolischen und räumlichen Ebene nicht sehr ausgeprägt. Religionsvielfalt auf dieser Ebene einzuschliessen bedarf fast keiner rechtlichen Veränderung. Viertens kann der Bezug zu Religion und Spiritualität während des Spitalaufenthalts besonders intensiv sein, wird aber nicht unbedingt nur innerhalb den von der Einrichtung vorgegebenen Mustern ausgelebt. Es gibt sogenannte „graue Zonen", die relativ wichtig, aber kurzlebig sind für die Menschen im Spital.

Der Hinweis auf die Spiritualität im Begriff der spiritual care scheint heute also vor allem eine performative Rolle zu spielen. Er lässt den Eindruck eines Kompromisses entstehen. Es stellt sich die Frage, ob ein solcher Begriff überhaupt universalisiert werden kann und dann als solcher für verschiedene (oder keine) Religionszugehörigkeiten gleich angewendet werden kann. Eine solche Universalisierung impliziert oft eine Tendenz, die Spiritualität als positiv und heilfördernd zu verstehen, besonders in Bezug auf den Körper. Individuell und prinzipiell muss das aber nicht der Fall sein, für manche stimmt sogar das Gegenteil. Asketen und Eremiten zum Beispiel kann man bestimmt als spirituell betrachten. Darüber, ob sie auch nach heutigen medizinisch festgelegten Kriterien ein gesundes Leben führen, lässt sich zumindest streiten.[44]

---

[44] Siehe dazu aus theologischer Sicht: KOHLI REICHENBACH.

Literaturverzeichnis

AUPERS, STEF/HOUTMAN, DICK
- The Spiritual Turn and the Decline of Tradition: The Spread of Post-Christian Spirituality in 14 Western Countries, 1981–2000, in: Journal for the Scientific Study of Religion 46:3 (2007), S. 305–320.

BORRASIO, GIANDOMENICO
- Spiritualité et soins palliatifs: le rôle du médecin, in: Brandt, Pierre-Yves/Besson, Jacques (Hrsg.), Spiritualité en milieu hospitalier, Genf 2016, S. 125–139.

BOVAY, CLAUDE
- Texte destiné à un exposé oral lors de la journée de réflexion du 3 septembre 2002: Reconnaissance juridique des communautés religieuses. Commission fédérale contre le racisme – CFR, abrufbar unter http://www.ekr.admin.ch/pdf/referat_anerkennung1_fr565d.pdf, besucht am 20. Februar 2017.

BECCI, IRENE
- Religion und Sozialisation - bildungspolitische Herausforderungen, in: Bochinger, Christoph et al. (Hrsg.), Religionen, Staat und Gesellschaft, Die Schweiz zwischen Säkularisierung und religiöser Vielfalt, Zürich 2012, S. 175–208.

BECCI, IRENE/KNOBEL, BRIGITTE
- La diversité religieuse en prison: entre modèles de régulation et émergence de zones grises (Suisse, Italie et Allemagne), in: Lamine, Anne-Sophie (Hrsg.), Quand le religieux fait conflit. Désaccord, négociations ou arrangements, Rennes 2013, S. 109–121.

BECKFORD, JAMES A.
- Social Theory and Religion, Cambridge 2003.

BUNDESAMT FÜR STATISTIK SCHWEIZ
- Religiöse und spirituelle Praktiken und Glaubensformen in der Schweiz. Erste Ergebnisse der Erhebung zur Sprache, Religion und Kultur 2014, Neuchâtel 2016.

CADGE, WENDY
- Paging God: Religion in the Halls of Medicine, Chicago 2012.

CADGE, WENDY/SIGALOW, EMILY
- Negotiating Religious Differences: The Strategies of Interfaith Chaplains in Healthcare, in: Journal for the Scientific Study of Religion 52:1 (2013), S. 146–158.

DAVIE, GRACE
- Believing without Belonging. A Liverpool Case Study, in: Archives de sciences sociales des religions 81 (1993), S. 79–89.

GARNOUSSI, NADIA
- Des glissements du spirituel au « psy » Entre quête de sens et quête de santé dans le contexte de la sécularisation avancée, in: Archives de sciences sociales des religions 163 (2013), S. 63–82.

GILLIAT-RAY, SOPHIE
- Nursing, Professionalism and Spirituality, in: Journal of Contemporary Religion 18:3 (2003), S. 335–349 (zit.: Nursing).
- The use of "sacred" space in public institutions: a case study of worship facilities at the Millennium Dome, in: Culture and Religion 6:2 (2005), S. 281–302 (zit.: The use of).
- 'Sacralising' sacred space in public institutions: a case study of the Prayer Space at the Millennium Dome, in: Journal of Contemporary Religion 20:3 (2005), S. 357–372 (zit.: Sacralising).

GOFFMAN, ERVING
- Asylum. Essays on the Social Situation of Mental patients and Other Inmates, New York 1961.

HAUSCHILDT, EBERHARD
- Zum Verhältnis von Spiritual Care und kirchlicher Seelsorge – ein Diskussionsbeitrag aus Deutschland, in: palliative ch 4 (2013), S. 6–9.

HEELAS, PAUL/ WOODHEAD, LINDA/ SEEL, BENJAMIN/ SZERSZYNSKI, BRONISLAW/TUSTING, KARIN
- The Spiritual Revolution: Why religion is giving way to spirituality, Oxford 2005.

HERO, MARKUS/KRECH, VOLKHARD
- Religiöse Pluralisierung im Drei-Länder-Vergleich: Religiöse und zivilgesellschaftliche Konsequenzen, in: Pollack, Detlef/Ziebertz, Hans-Georg/ Tucci, Ingrid (Hrsg.), Religiöser Pluralismus im Fokus quantitativer Sozialforschung, Wiesbaden 2012, S. 135–156.

HÖLLINGER, FRANZ/TRIPOLD, THOMAS
- Ganzheitliches Leben. Das holistische Milieu zwischen neuer Spiritualität und postmoderner Wellness-Kultur, Bielefeld 2012.

HOERNING, ERIKA/CORSTEN, MICHAEL
- Institution und Biographie, Die Ordnung des Lebens, Pfaffenweiler 1995.

KNOBLAUCH, HUBERT
- Populäre Religion. Auf dem Weg in eine spirituelle Gesellschaft, Frankfurt am Main 2009 (zit.: Religion).
- Vom New Age zur populären Spiritualität, in: Lüddeckens, Dorothea/ Walthert, Rafel (Hrsg.), Fluide Religion. Neue religiöse Bewegungen im Wandel. Theoretische und empirische Systematisierungen, Bielefeld 2010, S. 149–174 (zit.: New Age).

KOHLI REICHENBACH, CLAUDIA
- Spiritualität im Care-Bereich. Begriffserklärung und Anfragen aus theologisch-ethischer Sicht, in: Noth, Isabelle/Kohli Reichenbach, Claudia (Hrsg.), Palliative und Spiritual Care. Aktuelle Perspektiven in Medizin und Theologie, Zürich 2014.

JOBIN, GUY
- La spiritualité: facteur de résistance au pouvoir médical de soigner?, in: Revue d'éthique et de théologie morale 266 (2011), S. 131–149.

LYNDES, KATHRYN/ FITCHETT, GEORGE/ BERLINGER, NANCY/CADGE, WENDY/MISASI, JENNIFER/FLANAGAN, ERIN
- A Survey of Chaplains' Roles in Pediatric Palliative Care: Integral Members of the Team, in: Journal of Health Care Chaplaincy 18:1–2 (2012), S. 74–93.

MAHMOOD, SABA
- Politics of Piety: The Islamic Revival and the Feminist Subject, Princeton 2005.

MARTIN, MIKE
- Religion, Gesundheit und Alter: Einflüsse auf die Inanspruchnahme und die Bereitschaft zur Übernahme von gesundheitlicher Versorgung Schlussbericht. Ein Projekt im Rahmen des Nationalen Forschungsprogramms „Religionsgemeinschaften, Staat und Gesellschaft (NFP 58), 2011, abrufbar unter http://www.nfp58.ch/files/downloads/NFP58_Schlussbericht_Martin.pdf, besucht am 20. Februar 2017.

NAGEL, ALEXANDER
- Kontaktzone oder Spannungsfeld? Multireligiöse Räume in religionssoziologischer Perspektive, in: Beinhauer-Köhler, Bärbel/Roth, Mirko/Schwarz-Boenneke, Bernadette (Hrsg.), Viele Religionen – ein Raum?!, Berlin 2015.

PACE, ENZO
- Le religioni nell'Italia che cambia. Mappe e bussole, Carrocci 2013.

PLUESS, SIMON/ZELLWEGER, ERIC
- evaluanda. Gérer la diversité en milieu hospitalier. Programmes d'action « migrant-friendly hospitals », projet coordonné et soutenu par l'Office fédéral de la santé publique (OFSP) dans le cadre du Programme national Migration et Santé 2008–2013, 2013.

ROCHAT, ETIENNE ET ALII.
- Spiritual Needs of Hospitalized Older Adults, in: ELDER CARE. A Resource for Interprofessional Providers. University of Arizona, 2014, http://aging.medicine.arizona.edu.

ROSENDE, MAGDALENA
- Parcours féminins et masculins de spécialisation en médecine, Zürich 2008.

ROSER, TRAUGOTT
- Spiritual Care. Ethische, organisationale und spirituelle Aspekte der Krankenhausseelsorge. Ein praktisch-theologischer Zugang, Stuttgart 2007.

SHAFRANSKE, EDWARD
- Religion and the clinical practice of psychology, Washington 1996.

SIEGERS, PASCAL
- Alternative Spiritualitäten: neue Formen des Glaubens in Europa: eine empirische Analyse. Akteure und Strukturen. Studien zur vergleichenden empirischen Sozialforschung, Band 1, Frankfurt/New York 2012.

STOLZ, JÖRG/BAUMANN, MARTIN
- La nouvelle Suisse religieuse. Risques et chances de sa diversité, Genève 2009.

STOLZ, JÖRG/KÖNEMANN, JUDITH/SCHNEUWLY PURDIE, MALLORY/ENGLBERGER, THOMAS/KRÜGGELER, MICHAEL
- Religion und Spiritualität in der Ich-Gesellschaft. Vier Gestalten des (Un-)Glaubens, Zürich 2014.

STREIB, HEINZ/HOOD, RALPH
- „Spirituality" as Privatized Experience-Oriented Religion: Empirical and Conceptual Perspectives, in: Implicit Religion 14 (2011), S. 433–453 (zit.: Spirituality).
- Semantics and Psychology of Spirituality. A Cross-Cultural Analysis, New York 2016 (zit.: Semantics).

SWINTON, JOHN
- Spirituality in Mental Health Care: Rediscovering a 'Forgotten' Dimension, London 2001.

Spitalseelsorge und Spiritual Care im Schweizer Gesundheitswesen
Analyse eines aktuellen Transformationsprozesses

Simon Peng-Keller

Inhaltsverzeichnis

1	**Spitalseelsorge im Wandel**	**30**
1.1	Transformationen seit den späten 1970er-Jahren bis 2006	30
1.2	Jüngere Entwicklungen (2006–2016)	32
2	**„Spiritual Care" im Kontext spätmoderner Medizin**	**36**
2.1	Globale Entwicklungen	37
2.2	Spiritual Care-Modelle	39
2.2.1	Klinisch-therapeutisches Modell: Spiritual Care als interprofessionelle Praxis	39
2.2.2	Gemeinschaftsorientiertes Modell: Spiritual Care als ethische Praxis in „caring communities"	40
2.2.3	Holistisches Modell: Spiritual Care als therapeutische Praxis	41
3	**Spitalseelsorge im Kontext komplexer Entwicklungen im Gesundheitssystem**	**41**
3.1	Spiritual Care als interprofessionelle Aufgabe	42
3.2	Ausdifferenzierung der professionellen Rolle	44
3.3	Spitalseelsorge als Übersetzungsarbeit	46
3.4	Transreligiöse Seelsorge?	48
4	**Ausblick: Spirituelle Heilung?**	**49**
	Literaturverzeichnis	**51**

Dass die Spitalseelsorge im Schweizer Gesundheitssystem gegenwärtig einem starken Wandel ausgesetzt ist, ist kaum zu übersehen. Unklar ist hingegen, wie dieser Wandel zu beschreiben und wie ihm zu begegnen ist. Der vorliegende Beitrag untersucht diesen Prozess im Horizont von „Spiritual Care", womit, wie zu zeigen sein wird, nicht ein bestimmter Ansatz bezeichnet ist, sondern ein interprofessionelles Praxisfeld und ein interdisziplinäres Forschungsfeld, in dem unterschiedliche Modelle miteinander konkurrieren.[1] In einem ersten Schritt rekonstruiere ich die Entwicklungen, die die Spitalseelsorge in der Schweiz in den vergangenen vierzig Jahren bestimmte. Zur genaueren Bestimmung des Fragehorizonts sollen danach mit Blick auf die internationale Entwicklung unterschiedliche Spiritual Care-Modelle skizziert werden. Den Entwicklungsperspektiven, die sich durch den gesundheitspolitischen und gesellschaftlichen Wandel für die Spitalseelsorge auftun, wende ich mich im dritten Teil zu, um am Ende die Frage aufzugreifen, ob die Tätigkeit der Spitalseelsorge auch als „therapeutisch" zu beschreiben ist.

1 Spitalseelsorge im Wandel

Um den genannten Wandlungsprozess in Umrissen nachzuzeichnen, bietet es sich an, auf eine 2007 veröffentlichte Aufsatzsammlung zurückzugreifen, die sich diesem Thema widmete.[2] Die von RUDOLF ALBISSER und ADRIAN LORETAN veröffentlichten Beiträge dokumentieren einerseits den Wandel, der sich zwischen den späten 1970er-Jahren bis 2006 vollzog (1.1) und bieten andererseits einen Anhaltspunkt, um die Entwicklungen zu ermessen, die sich im Jahrzehnt zwischen 2006 und 2016 vollzogen haben (1.2).

1.1 Transformationen seit den späten 1970er-Jahren bis 2006

Bis weit in die zweite Hälfte des 20. Jahrhunderts war die Spitalseelsorge in der Schweiz von drei massgeblichen Faktoren bestimmt, die im Folgenden exemplarisch am Beispiel des Kantonsspitals Luzern dargestellt werden: den in der Regel stark konfessionell bestimmten Rahmenbedin-

---

[1] Vgl. PENG-KELLER, „Spiritual Care" im Werden.
[2] ALBISSER/LORETAN, Spitalseelsorge im Wandel.

gungen des jeweiligen Kantons, einem an religiösen Vollzügen orientierten seelsorglichen Rollenverständnis, das sich weitgehend mit jenem des Gemeindepfarrers deckte,[3] sowie dem Sachverhalt, dass nicht wenige Gesundheitsinstitutionen noch in der Verantwortung religiöser Gemeinschaften lagen. BRIGITTE AMREIN, die langjährige Leiterin der Spitalseelsorge am Kantonsspital Luzern, erinnert sich an die Anfänge ihrer beruflichen Laufbahn:

> „Als ich 1986 meine Tätigkeit als Seelsorgerin am Kantonsspital Luzern aufnahm, prägte die Gemeinschaft der Spitalschwestern die religiöse Atmosphäre in der Klinik wesentlich. Die Schwestern waren auf vielen Stationen und an den Schulen präsent und nahmen ihre Verantwortung auch in den verschiedenen Kaderpositionen wahr. Als die Spitalschwestern vom Spital und vom Areal wegzogen [...], ging ein Stück dieser Atmosphäre, dieser Selbstverständlichkeit, dass Seelsorge dazu gehörte, verloren."[4]

Das selbstverständliche Ineinander von katholisch geprägtem Spital und katholische geprägtem Kanton zeigte sich auch im sensiblen Bereich des Datenzugangs. WALTER BURRI, der über beinahe drei Jahrzehnte als Spitaldirektor wirkte (1986–2006), notiert, dass vor dem Inkrafttreten eines neuen Datenschutzsystems im Jahre 1993 „zwei Ordensfrauen die Spitaleintritte täglich an die Pfarreien meldeten".[5]

Als BRIGITTE AMREIN 1989 die Leitung der Spitalseelsorge übernahm, bedeutete das eine kleine Revolution: „Noch 1975 waren alle katholischen Spitalseelsorger Priester. Sie hatten ihre eindeutige Funktion im Spital: Ihre Aufgabe war es, Patienten zu besuchen, sie zu segnen und ihnen, besonders den Sterbenden, die Sakramente zu spenden."[6] Der Wechsel von einem sakramental bestimmten Rollenverständnis zu einer stärker gesprächsorientierten Form der Spitalseelsorge vollzog sich massgeblich durch die Einführung des *Clinical Pastoral Training* (CPT) in der Schweiz. In der Deutschschweiz war es der Holländische Theologe HANS VAN DER GEEST, der ab 1973 am Diakoniewerk Neumünster in Zürich und später in Boldern/Männedorf ein CPT-Kursprogramm entwickelte,[7]

---

[3] Der Übergang von der Spitalseelsorge als erweiterter Gemeindeseelsorge zu spezialisierten Seelsorgestellen vollzog sich ungleichzeitig. So war am Universitätsspital Zürich der Pfarrer der Ortsgemeinde Liebfrauen zusammen mit seinen Vikaren bis 1996 zuständig für die katholische Spitalseelsorge.
[4] AMREIN, S. 23.
[5] BURRI, S. 58.
[6] ALBISSER, Dasein und Mitgehen, S. 95.
[7] WEBER, S. 1; VAN DER GEEST.

während es in der Westschweiz der reformierten Seelsorgerin COSETTE ODIER oblag, in den 1990er-Jahren am Universitätsspital Lausanne ein CPT-Ausbildungszentrum aufzubauen. BRIGITTE AMREIN resümiert den von ihr selbst so genannten Paradigmenwechsel als stärkere Einbindung von Gebet und Sakramente in eine zwischenmenschliche Beziehung, die durch eine patientenzentrierte Gesprächsführung gefördert werde. Zudem sei die Zusammenarbeit mit Pflegenden und Ärzten unabdingbar. Nach dem durch das CPT erneuerten Verständnis sind die unterschiedlichen Berufsgruppen mit einem gemeinsamen Auftrag betraut: „Die Seelsorger und Seelsorgerinnen sind zwar von der Kirche beauftragt, doch ihre Aufgabe ist Teil des ‚Heilungsauftrages' des Spitals."[8]

Der am Beispiel des Kantonsspitals Luzern beschriebene Wandel kann als exemplarisch für den Zeitraum zwischen den 1970er Jahren und 2000 betrachtet werden. Der Übergang von einer sakramental (oder kerygmatisch) bestimmten Krankenpastoral, die weitgehend in der Verantwortung der örtlichen Pfarrämter lag, zu einer pastoralpsychologisch geprägten Spitalseelsorge mit spezifischen Ausbildungen und Anstellungen vollzog sich allerdings mit grossen zeitlichen Verschiebungen. Das zeigt sich besonders deutlich am Beispiel der katholischen Seelsorge am Universitätsspital Zürich, wo erst 1996 ein eigenes katholisches Spitalpfarramt installiert wurde. Bis zu diesem Zeitpunkt unterstand die katholische Spitalseelsorge dem Ortspfarrer, der diese Aufgabe zusammen mit seinen Vikaren in ähnlicher Weise wahrnahm, wie die Krankenbesuche in seiner Pfarrgemeinde.[9]

1.2 Jüngere Entwicklungen (2006–2016)

Analysiert man die von RUDOLF ALBISSER und ADRIAN LORETAN herausgegebene Aufsatzsammlung mit Blick auf gegenwärtige Diskussionen, so kann man feststellen, dass sich viele Entwicklungen, die das darauffolgende Jahrzehnt prägen sollten, sich in ihr schon abzeichnen. Das betrifft insbesondere die folgenden Punkte:

---

[8] AMREIN, S. 24.
[9] EBLING, S. 602. Dass die Ortspfarrer mit der Seelsorge in den Spitälern betraut waren, die zu ihrem Gemeindegebiet gehören, war bis weit über die Jahrhundertmitte hinaus der Normalfall.

- die Pluralisierung des Tätigkeitsfelds der Spitalseelsorge (z. B. Engagement im Bereich der Notfallseelsorge[10] und der Ethikberatung[11]);
- die Frage nach den rechtlichen Grundlagen für die Spitalseelsorge und insbesondere für den Zugang zu Patientendaten;[12]
- die Möglichkeiten und Grenzen einer „nichtkonfessionellen Seelsorge";[13]
- die Diskussion über die Bedeutung spiritueller Faktoren für den Heilungsprozess;[14]
- die konzeptionelle Herausforderung, das Verhältnis zwischen „spiritual care" und „religious care" angemessen zu bestimmen;[15]
- Fragen der Qualitätssicherung und der Professionalisierung.[16]

Auffällig ist, das ein Hinweis auf jene Bewegung fehlt, die in den darauffolgenden Jahren die weitere Entwicklung entscheidend bestimmten sollte: die *Palliative Care*. Obwohl die Hospizbewegung bereits in den 1970er Jahren die Schweiz erreichte und die „Schweizerische Gesellschaft für Palliative Medizin, Pflege und Begleitung" (heute: „palliative ch") seit 1988 existiert, wurde erst nach 2010 deutlich, dass die Implementierung von Palliative Care im Schweizerischen Gesundheitswesen etwas bewirkte, was bisher kaum der Fall war: die Aufgabe und der Ort der Spitalseelsorge wird nun plötzlich auf nationaler Ebene zum Thema. Während die im vorigen Abschnitt beschriebenen Entwicklungen den Vorgaben der kantonalen Gesundheitspolitik folgten, sind die Transformationsprozesse, die in den letzten Jahren zu verzeichnen sind, massgeblich durch die *Nationale Strategie Palliative Care* (2010–2016) bestimmt. Die 2011 vom Bundesamt für Gesundheit und der Schweizerischen Konferenz der kantonalen Gesundheitsdirektorinnen und -direktoren veröffentlichten „Nationalen Leitlinien Palliative Care" bil-

---

[10] AMREIN, S. 27.
[11] ZIMMERMANN-ACKLIN.
[12] PAHUD DE MORTANGES.
[13] ALBISSER, Dasein und Mitgehen, S. 97 f.
[14] ALBISSER, Dasein und Mitgehen, S. 98.
[15] Vgl. ALBISSER, Qualitätssicherung, S. 103: „Der Staat anerkennt Glauben und Spiritualität als Ressourcen im Gesundheitswesen. Als säkularer Staat kann er jedoch Seelsorge im Sinn von ‚spiritual care' nicht anbieten, da persönliche und individuelle Spiritualität sich immer in gesellschaftlichen Formen ausprägt, also immer auch ‚religious care' ist."
[16] ALBISSER, Qualitätssicherung.

den insofern ein Meilenstein, als darin in einem eigenen Abschnitt auch die Bedeutung der „spirituellen Begleitung" beschrieben und betont wird. Damit betritt die nationale Gesundheitspolitik ein neues Terrain:

> „Die spirituelle Begleitung leistet einen Beitrag zur Förderung der subjektiven Lebensqualität und zur Wahrung der Personenwürde angesichts von Krankheit, Leiden und Tod. Dazu begleitet sie die Menschen in ihren existenziellen, spirituellen und religiösen Bedürfnissen auf der Suche nach Lebenssinn, Lebensdeutung und Lebensvergewisserung sowie bei der Krisenbewältigung. Sie tut dies in einer Art, die auf die Biografie und das persönliche Werte- und Glaubenssystem Bezug nimmt. Dies setzt voraus, dass die existenziellen, spirituellen und religiösen Bedürfnisse der Beteiligten erfasst werden. Interventionen und der Zugang zu adäquaten Angeboten im Bereich der spirituellen Begleitung sind in regelmässigen Abständen im interprofessionellen Team zu thematisieren und die Kontinuität der Begleitung ist zu gewährleisten."[17]

Dass in diesem Abschnitt nicht von „Seelsorge" sondern von „spiritueller Begleitung" gesprochen wird, ist weit mehr als nur eine kleine terminologische Variation. Die Nationalen Leitlinien Palliative Care führen damit nicht allein eine neue Begrifflichkeit in die Schweizerische Gesundheitsversorgung ein, sondern initiieren auch eine Neubestimmung der Zuständigkeiten in diesem Bereich. Die Verantwortung für die spirituelle Begleitung im klinischen Kontext, die bislang in den meisten Institutionen der Seelsorge übertragen wurde, liegt nach den vorliegenden Leitlinien beim interprofessionellen Palliative Care-Team.

Auch wenn Palliative Care nur ein kleiner Teil ihres Aufgabenfelds darstellt, wurden die Träger der Spitalseelsorge herausgefordert, auf die durch das Bundesamt für Gesundheit geförderte Entwicklung zu antworten. So wurden in einigen Kantonen spezifische Weiterbildungsangebote für Seelsorgende entwickelt und kirchliche Arbeitsstellen für Palliative Care eingerichtet. Im Kanton Zürich initiierten die beiden grossen Landeskirchen zudem eine Professur für Spiritual Care, die im Jahre 2015 an der Universität Zürich errichtet wurde. In den vorbereitenden Dokumenten wurde der Bedarf einer solchen Professur hauptsächlich mit Bezug auf die Entwicklungen im Bereich Palliative Care begründet.

Dass es noch weitere Faktoren gab, die dazu führten, dass sich die Idee einer interprofessionell wahrzunehmenden Spiritual Care im Schweizerischen Gesundheitswesen ausbreitete, lässt sich am Beispiel des Universitätsspitals Lausanne (CHUV) zeigen. Ein begünstigender Faktor bedeute-

---

[17] BUNDESAMT FÜR GESUNDHEIT, Nationale Leitlinien Palliative Care, S. 14.

te die 2003 in der Verfassung des Kantons Waadt verankerte Verpflichtung, „der spirituellen Dimension der Person" Rechnung zu tragen.[18] Entsprechend dazu wird die Spitalseelsorge, die nicht zu den konfessionsspezifischen, sondern den „gemeinsam ausgeführten Aufgaben" gezählt wird, staatlich finanziert.[19] Im Horizont dieser gesundheitspolitischen Weichenstellungen entwickelte sich die Spitalseelsorge am CHUV in den letzten zehn Jahren in Richtung eines Modells, das in Québec bereits Realität ist. Spitalseelsorgende sind dort inzwischen überwiegend „Angestellte der Krankenhäuser mit den gleichen Rechten und Pflichten wie andere Berufsgruppen des Gesundheitswesens".[20]

Exemplarisch für diesen Transformationsprozess ist die Entwicklung und Implementierung eines eigenen Assessmentinstruments, das unter dem Akronym „STIV" bekannt ist (für **S**ens, **T**ranscendance, **I**dentité, **V**aleurs). Konzipiert als Instrument für eine interprofessionelle Spiritual Care soll es dazu beitragen, unbeachtete spirituelle Bedürfnisse von Patienten konsequenter in die Vorsorgeplanung einzubeziehen.[21] Die zur Überprüfung des Instruments beigezogenen Seelsorgenden beurteilten die Nützlichkeit dieses Instruments unterschiedlich. Einige bemängelten, das Instrument erfasse religiöse Aspekte wie die Zugehörigkeit zu einer Glaubensgemeinschaft oder das Bedürfnis nach rituellen Vollzügen unzureichend.[22] COSETTE ODIER, die als langjährige Leiterin der Spitalseelsorge die Entwicklung und Implementation des STIV begleitete, betont demgegenüber dessen innovative Kraft. Dass dabei die spirituellen Aspekte anders als im Modell einer non-direktiven Gesprächsführung direkt angesprochen werden, wertet ODIER als Chance für die Seelsorge, deren Rolle im interprofessionellen Team dadurch gestärkt und geklärt werde.[23]

Die Suche nach neuen Wegen der Spitalseelsorge in einem gewandelten gesellschaftlichen Umfeld zeigt sich am CHUV auch in der neuen Selbst-

---

[18] ODIER, Die französischsprachige Welt, S. 195.
[19] Ebd.
[20] Ebd., S. 194.
[21] MONOD ET AL.
[22] A.a.O., 5 f. Zur theologischen Diskussion vgl. BALBONI; PENG-KELLER, Spiritual Care als theologische Herausforderung, S. 456 f.
[23] ODIER, Soins et spiritualité: „Alors qu'avec le modèle relationnel j'ai moi-même souvent attendu que le patient aborde la dimension spirituelle, ce modèle nous incite à l'aborder à chaque rencontre, c'est notre responsabilité professionnelle dans le concert des autres professionnels."

bezeichnung als „spirituelle Begleiter" („accompagnants spirituels"[24]) sowie in der Entscheidung, sich an der klinischen Dokumentation zu beteiligen[25] und mit einem weissen Kittel als Teil des interprofessionellen Teams auszuweisen. Zudem werden gegenwärtig eine weitere Diversifizierung des Seelsorgeteams (z. B. durch eine muslimische Seelsorgerin) und ein stärkeres Engagement im Bereich der ambulanten Palliative Care angestrebt.[26]

Die meisten der in diesem Abschnitt resümierten Entwicklungen, die das spitalseelsorgliche Arbeitsfeld in den letzten Jahren veränderten, stehen in engen Zusammenhang mit einem auf internationaler Ebene stattfindenden Wandel, dem ich mich in den folgenden Abschnitten zuwende. Er steht unter dem vieldeutigen Leitwort „Spiritual Care".

2 „Spiritual Care" im Kontext spätmoderner Medizin

Die programmatische, in reflexiver Weise geschehende Integration der „spirituellen Dimension" in Gesundheitsversorgung, die durch den Leitbegriff „Spiritual Care" angezeigt wird, stützt sich wesentlich auf eine an der Weltgesundheitsversammlung von 1984 getroffene und seither von der Weltgesundheitsorganisation mehrfach bekräftigte Entscheidung.[27] Die Implementierung von Spiritual Care auf globaler, nationaler und lokaler Ebene manifestiert sich unter anderem in Institutionalisierungsprozessen, wie sie im vorangegangenen Abschnitt bereits ansatzweise genannt wurden. Dazu gehört die Etablierung von Forschungsnetzwerken, Professuren, Zeitschriften[28] und Buchreihen[29] ebenso wie die Entwick-

---

[24] Diese Umbenennung folgt der einer entsprechenden Entwicklung in Québec. So wurde im Universitätsspital Montreal 2006 die neue Bezeichnung „intervenant(e)s en soins spirituels" eingeführt, vgl. BRANDT, S. 21; ODIER, Die französischsprachige Welt, S. 194.

[25] TSCHANNEN ET AL.

[26] Zur Vernetzung und wissenschaftlichen Überprüfung der verschiedenen Aktivitäten wurde 2016 am Universitätsspital Lausanne eine durch eine private Stiftung finanzierte Plattform mit dem Namen „MS3" (médecine, spiritualité, soins et société) lanciert. Die Leitung dieser Plattform wurde Etienne Rochat anvertraut, einem Spitalseelsorger des CHUV, der bereits an der Entwicklung von Monods Assessmentinstrument beteiligt war.

[27] Nähere Hinweise dazu in PENG-KELLER, „Spiritual Care" im Werden.

[28] Für den deutschsprachigen Bereich vgl. *Spiritual Care* (https://www.degruyter.com/view/j/spircare).

[29] Vgl. die zweisprachige Buchreihe *Studies in Spiritual Care*, die seit 2017 bei De Gruyter scheint.

lung von neuen Instrumenten für die klinische Praxis wie das STIV oder spiritualitätsspezifische Dokumentationssysteme. Insofern das Leitwort „Spiritual Care" gleichermassen für ein klinisches Praxisfeld als auch für eine neue wie eine akademische Disziplin steht, gleicht die Entwicklung in manchen Zügen jener der Bioethik, die sich in den letzten Jahrzehnten zunehmend als interdisziplinäres Fach- und Praxisfeld etablieren konnte. Wie sich durch eine begriffsgeschichtliche Untersuchung zeigen lässt,[30] vollzieht sich die Integration der „spirituellen Dimension" ins Gesundheitswesen nicht zuletzt mittels begrifflicher Umbesetzungen und Neuprägungen[31], die sich mit sehr unterschiedlichen Konzepten von Spiritual Care verbinden. Im Folgenden rekonstruiere ich diese Entwicklung zunächst in geschichtlicher Hinsicht (2.1) und skizziere danach divergierende Modelle von Spiritual Care (2.2).

2.1 Globale Entwicklungen

Betrachtet man „Spiritual Care" im Horizont der Medizin- und Spiritualitätsgeschichte der letzten hundert Jahre, steht sie für eine reflexive Bewusstwerdung und institutionelle Reintegration der „spirituellen Dimension" in verschiedene Bereiche spätmoderner Medizin. Was durch die Ausdifferenzierungs- und Säkularisierungsprozesse der Moderne in eine institutionelle Randständigkeit geriet, wird nun neu als Teil dessen wahrgenommen, wofür Entscheidungsträger im Gesundheitswesen mitverantwortlich sind. Die Herausbildung des ebenso interdisziplinären wie interprofessionellen Praxis-, Forschungs- und Ausbildungsfelds „Spiritual Care" kann als Teil jenes Transformationsprozesses verstanden werden, der in der zweiten Hälfte des 20. Jahrhunderts das biomedizinische Paradigma moderner Medizin just in dem Augenblick zu erweitern begann, als es sich als ungeheuer erfolgreich herausstellte. Parallel zur Explosion medizinisch-therapeutischer Möglichkeiten seit den 1950er-Jahren schärfte sich das Bewusstsein für die Grenzen kurativer Medizin.

Die in dieser bewegten Zeit stattfindende Genese von Spiritual Care kann unterschiedlich erzählt werden. In der Regel wird ihr Ursprungsort in der Hospizbewegung und der sich daraus entwickelnden Palliative Care ge-

---

[30] PENG-KELLER, Zur Herkunft des Spiritualitätsbegriffs.
[31] JOBIN, S. 13 spricht von einer « travail d'invention conceptuelle », die neue Begriffe wie « besoin spirituel » oder « détresse spirituelle » hervorbringe.

sehen.³² Das hat einiges für sich, verkennt jedoch zum einen, dass die WHO die „spirituelle Dimension" zunächst im Kontext der Grundversorgung thematisierte.³³ Zum andern übersieht diese verbreitete Rekonstruktion, dass die Hospizbewegung ihrerseits zu einem Spektrum von reformorientierten Bewegungen gehörte, die eine „holistische" Vorstellung von Gesundheit(sversorgung) miteinander verband und die sich gegenseitig inspirierten.³⁴ Aus Schweizerischer Sicht wäre in diesem Zusammenhang beispielsweise der Genfer Arzt Paul Tournier (1898–1986) zu nennen, der in seiner „médicine de la personne" Medizin, Psychotherapie und Seelsorge zu integrieren suchte. Die besondere Rolle, die Cicely Saunders innerhalb dieser unterschiedlichen Reformbewegungen zukam, bestand unter anderem darin, heterogene Strömungen miteinander zu verschmelzen und auf diese Weise eine neue Form „ganzheitlicher" Lebensend-Care hervorzubringen.

Die eben genannten Bewegungen, zu denen auch das 1925 entstandene *Clinical Pastoral Training* zu zählen ist, bilden vielfältige Gegen- und Tiefenströmungen zum Mainstream einer ausschliesslich naturwissenschaftlich orientierten Schulmedizin. Insofern die Suche nach spiritueller Ganzheit in der Moderne „oft in engem Zusammenhang mit dem Streben nach Gesundheit" stand,³⁵ begleitete die Suche nach einer ganzheitlichen und gemeinschaftlich eingebetteten Heilkunst die moderne Medizin seit ihren Anfängen.

Auch wenn das Anliegen, die spirituelle Dimension in die Gesundheitsversorgung einzubeziehen, heute zumindest auf gesundheitspolitischer Ebene nicht mehr grundsätzlich in Frage gestellt wird, steckt seine Umsetzung erst in den Anfängen und ist starken gegenläufigen Tendenzen ausgesetzt. So dürften die Ökonomisierung der Medizin und der Zeitdruck im klinischen Alltag in den kommenden Jahren ebenso zunehmen wie die Aufsplitterung der Behandlungspfade entsprechend zu den wachsenden medizinischen Subdisziplinen. Das dürfte zu Rahmenbedingungen führen, die für eine Implementierung von Spiritual Care nicht besonders förderlich sind.

---

³² Vgl. z. B. TSCHANNEN ET AL., S. 924: « [...] la spiritualité a fait son entrée dans les soins de façon indépendante des religions, par sa prise en compte dans les soins palliatifs d'abord, puis en entrant dans le champ des soins en général. » Orientiert man sich an der Entwicklung innerhalb der WHO, war es genau umgekehrt.
³³ PENG-KELLER, „Spiritual Care" im Werden.
³⁴ Für einen Überblick über diese Bewegungen vgl.: KLASSEN.
³⁵ TAYLOR, S. 846.

Kritische Beobachter sehen in neueren Entwicklungen der Palliativmedizin eine Säkularisierung des hospizlichen Ideals und seine Angleichung an eine bürokratische Medizin.[36] So diagnostiziert ANN BRADSHAW nicht nur eine Tendenz zu einem therapeutischen Aktivismus, der die kontemplative Dimension des „einfachen Da-Seins" vertreibe, sondern auch den (Fehl-)Schluss von der (angeblich) säkularen Gesellschaft auf die Notwendigkeit einer säkularen Spiritualität. Diese werde auf persönliche Sinnsuche reduziert, so als ob die Sinnfrage die Gottesfrage ablösen könnte.

2.2 Spiritual Care-Modelle

In der jüngeren deutschsprachigen Literatur lässt sich eine Tendenz feststellen, „Spiritual Care" mit einem bestimmten Ansatz oder Konzept zu identifizieren.[37] Schaut man genauer hin, zeigt sich jedoch, dass in dem sich rasch entwickelnden Praxis- und Forschungsfeld sehr unterschiedliche und teilweise gegensätzliche Modelle von Spiritual Care vertreten werden. Nach der Analyse des australischen Soziologen und Pastoraltheologen BRUCE RUMBOLD lassen sich drei Grundmodelle unterscheiden, die die Aufgaben der Spiritual Care in teilweise gegenläufiger Weise bestimmen.[38] Jedes dieser drei Modelle umfasst eine Pluralität von Ansätzen, die sich in bestimmten Grundannahmen treffen.

2.2.1 Klinisch-therapeutisches Modell: Spiritual Care als interprofessionelle Praxis

Nach dem ersten Modell, das den Mainstream der gegenwärtigen Entwicklung repräsentiert, steht Spiritual Care für eine konsequente Erweiterung des biopsychosozialen Gesundheitsverständnisses. Im Fokus dieses Modells stehen die spirituellen Bedürfnisse und Nöte einzelner Patientinnen und Patienten im Hinblick auf eine bestmögliche interprofessionelle Gesundheitsversorgung. Spiritualität und Religiosität wird in diesem Modell als Ressource für Heilungs- und Coping-Prozesse betrachtet, die in die therapeutische und palliative Planung einbezogen werden soll. In die-

---

[36] BRADSHAW.
[37] Zum Folgenden vgl. die ausführlichere Darstellung in: PENG-KELLER, "Spiritual Care" im Werden.
[38] RUMBOLD.

sem Rahmen erhält die Spitalseelsorge einen neuen Stellenwert im Versorgungsgefüge. Als Spezialdisziplin für religiöse und spirituelle Belange kann sie sich verstärkt in die interprofessionelle Zusammenarbeit einbringen. Die sich damit eröffnenden Möglichkeiten werden allerdings seitens der Verantwortungsträger der Spitalseelsorge nicht vorbehaltlos begrüsst, sondern teilweise auch mit Sorge wahrgenommen. Im Zentrum stehen drei Kritikpunkte: die Spannung zwischen klinischer Funktionalität und dem Eigensinn religiöser und spiritueller Praktiken, die Gefahr einer Aushöhlung des Seelsorgegeheimnisses und die Infragestellung des kirchlichen Auftrags der Seelsorge. Ich werde im dritten Teil auf diese Bedenken zurückkommen.

2.2.2 Gemeinschaftsorientiertes Modell: Spiritual Care als ethische Praxis in „caring communities"

Das gemeinschaftsorientierte Spiritual Care-Modell setzt nicht bei einzelnen Patienten an, die einer interprofessionellen Betreuung bedürfen, sondern rückt „caring communities" und vulnerable Menschen *in ihrer gemeinschaftlicher (Nicht-)Einbettung* ins Zentrum der Aufmerksamkeit.[39] Mit ebenso grossem Recht wie das erste Modell kann sich auch das zweite auf Cicely Saunders berufen. Der Gedanke der Gastlichkeit, der die moderne Hospizbewegung inspiriert, ist von einem Ethos der Solidarität, der umfassenden Gemeinschaft durchtränkt. Sterbende Menschen sollen sich als Teil einer „Gemeinschaft der Ungleichen" erleben dürfen, zu der die professionellen Helfer ebenso gehören wie ehrenamtliche Mitarbeiter. Nach ALLAN KELLEHEAR besitzen spirituelle Bedürfnisse „eine grosse gemeinschaftsbasierte (community-based) Komponente, die Freunde und Verwandte genauso als ihre Verantwortung wie die des sterbenden Mitglieds wahrnehmen".[40] Gegen den Trend, Spiritual Care als neue *(inter-)professionelle* Aufgabe zu konzipieren und sie klinischen Fachleuten anzuvertrauen, betont KELLEHEAR die gesellschaftliche Verantwortung für eine solche Praxis. Während die klinisch-therapeutischen Modelle für eine Professionalisierung von Spiritual Care plädieren, wird im Horizont von gemeinschaftsorientierten Modellen auf die Bedeutung der ehrenamtlichen Mitarbeiter(innen) hingewiesen.

---

[39] KELLEHEAR, Compassionate Cities.
[40] KELLEHEAR, Spiritual Care in Palliative Care, S. 13.

2.2.3 Holistisches Modell: Spiritual Care als therapeutische Praxis

Das dritte Modell ist das heterogenste, weil es Konzepte in sich vereinigt, deren weltanschauliche Prämissen teilweise weit auseinander liegen. Ansätze zu einer trans- und postreligiösen Spiritualität (mit ihrer Affinität für alternativ- oder komplementärmedizinischen Verfahren[41]) sind hier ebenso zu subsumieren wie solche, die in pfingstlich-charismatischen Gemeinschaften zu finden sind. Als ‚holistisch' lassen sich diese unterschiedlichen Ansätze insofern umschreiben, als das, was sie miteinander verbindet, die Verheissung eines ‚umfassenden Heilwerdens' ist. Beansprucht wird, die biomedizinische Fokussierung auf evidenzbasierte Heilverfahren in doppelter Weise zu ergänzen und zu korrigieren: durch spirituelle Heilungspraktiken, doch ebenso durch die geschulte Aufmerksamkeit für Krankheiten, die nicht den Körper, sondern den ‚Geist' betreffen. Die Rolle der für eine solche Spiritual Care zuständigen Personen beschränkt sich oft nicht auf jene eines Begleiters, sondern tendiert zu jener eines Heilers oder eines Mediums, das sich in den Dienst einer geistig-geistlichen Wirklichkeit stellt und diese ggf. auch repräsentiert. Im holistischen Modell vollzieht sich Spiritual Care weniger durch das Leitmedium des Gesprächs als in Gestalt von energetischen Praktiken.

3 Spitalseelsorge im Kontext komplexer Entwicklungen im Gesundheitssystem

Die drei Spiritual Care-Modelle konvergieren mit manchen Anliegen der Seelsorgebewegung des letzten Jahrhunderts, was insofern nicht überraschend ist, als sie denselben Quellen entspringen. Da jedoch die skizzierten Ansätze in ihrer gegenwärtigen Gestalt sich gegenwärtig überwiegend ausserhalb des angestammten Feldes der Spitalseelsorge entwickeln[42] und nun gleichsam von aussen an sie herantreten, werden sie teilweise als Infragestellung der eigenen Berufsstandes wahrgenommen.[43] Kaum zu bestreiten ist es, dass alle drei Spiritual Care-Modelle spezifische Herausforderungen für die Spitalseelsorge beinhalten: Im Horizont des ersten

---

[41] Vgl. LÜDDECKENS.
[42] Wie komplex die Wechselbeziehungen zwischen den Entwicklungen innerhalb und ausserhalb des klinikseelsorglichen Feldes sind zeigt die Übernahme des CPT-Ausbildungsmodells für andere Gesundheitsberufe, vgl. ZOLLFRANK ET AL.
[43] Vgl. NAUER. Sie identifiziert „Spiritual Care" mit dem klinisch-therapeutischen Modell, ohne alternative Modelle zu diskutieren.

Modells ist sie herausgefordert, sich noch stärker als bisher in interprofessionelle Abläufe einzulassen; im Horizont des zweiten Modells stellt sich die Frage nach dem Ort einer christlich-gemeindlich geprägten Seelsorge zwischen unterschiedlichen Wertsphären in einer pluralistischen Gesellschaft; das dritte Modell schliesslich wirft die Frage auf, inwiefern der „christliche Heilungsauftrag" Teil der seelsorglichen Aufgabe im Kontext spätmoderner Medizin sein kann. Ich konzentriere mich in den folgenden Abschnitten auf die beiden erstgenannten Herausforderungen und komme am Schluss auf die dritte zurück.

3.1   Spiritual Care als interprofessionelle Aufgabe

In ihrem weiter oben zitierten Rückblick wies BRIGITTE AMREIN vor zehn Jahren darauf hin, dass der interdisziplinäre Rahmen einer der Grundpfeiler der „amerikanischen Form des CPT" sei, der sich jedoch in Europa nicht durchgesetzt habe.[44] Mit einer Verspätung von mehreren Jahrzehnten bringt das klinisch-therapeutische Spiritual Care-Modell ein Anliegen zur Geltung, das wesentlich zu den interprofessionellen Ursprüngen des CPT gehört.[45] Die bisherige Entwicklung im Gesundheitsbereich zeigt,[46] dass Interprofessionalität für alle beteiligten Berufsgruppen eine Herausforderung darstellt. Der Bereich Spiritual Care macht hier keine Ausnahme. Mit Blick auf die Spitalseelsorge konzentriert sich die Diskussion auf Aspekte, die auf unterschiedlichen Ebenen liegen. Auf einer grundsätzlichen Ebene stellt sich die Frage nach dem Selbstverständnis und der Spitalseelsorge im Gegenüber zu anderen beteiligten Berufsgruppen (und damit verbunden auch die Frage nach ihrer Rückbindung an bestimmte religiöse Gemeinschaften und Traditionen). Damit verbunden sind eine Reihe praktischer Fragen, etwa nach dem Umgang mit dem Seelsorgegeheimnis[47] und der Beteiligung an Formen des Assessments und der Dokumentation.

---

[44] AMREIN, S. 24 f.

[45] Das CPT entstand 1925 aus der Zusammenarbeit zwischen dem Hämatologen Richard Cabot und dem reformierten Seelsorger Anton T. Boisen (vgl. LEAS). Neben Medizin und Seelsorge waren von Anfang an noch weitere Professionen im Blick: Boisen arbeitete eng mit der Pflege zusammen, während Cabot die klinische Sozialarbeit förderte.

[46] Vgl. die 2014 von der Schweizerischen Akademie der Wissenschaften herausgegebene Charta „Zusammenarbeit der Fachleute im Gesundheitswesen".

[47] FAMOS ET AL.

Unter den aktuellen Bedingungen des Schweizerischen Gesundheitswesen verknüpfen sich diese Fragen mit einem Faktor, der die heutige Situation grundlegend von jener unterscheidet, die Cabot und Boisen 1925 in Massachusetts vorgefunden haben. Das Arbeitsfeld der Spitalseelsorge in der Schweiz ist durch eine zunehmende weltanschauliche und religiöse Pluralisierung geprägt. Anders als oft wahrgenommen wird, ist Spiritual Care nicht als eine Folge eines solchen Pluralisierungsprozess und auch nicht notwendigerweise einem solchen verbunden. Wie die Entwicklungen in islamischen Ländern zeigt, ist das Aufkommen von Spiritual Care im Kontext spätmoderner Medizin nicht von vornherein mit einer Tendenz zur Entkonfessionalisierung und inhaltlich unbestimmter, religionsferner Spiritualität verknüpft.[48] Für die aktuelle Situation in der Schweiz und in anderen westeuropäischen Ländern ist es jedoch charakteristisch, dass sich die Diskussion um Spiritual Care mit zwei von ihr unabhängigen Entwicklungen verbindet. Zur Analyse steht ein komplexes Ineinander von drei zu unterscheidenden Transformationsprozessen:

1. *Gesellschaftlicher Wandel:* Angesichts der religiösen und weltanschaulichen Pluralisierung durch Migration, Individualisierung und Globalisierung[49] stellt sich die Frage nach geeigneten Seelsorgeangeboten und Räumen[50] für andersgläubige oder areligiöse Menschen in öffentlichen Institutionen (Spitäler, Gefängnisse, Asylunterkünfte etc.).

2. *Ortskirchliche Transformationsprozesse:* Angesichts rückläufiger personeller und finanzieller Ressourcen stehen die Kirchen vor der Frage, in welcher Weise und Intensität sie künftig seelsorglich im Gesundheitswesen präsent sein können und wollen.

3. *Gesundheitspolitischer Wandel:* Angesichts des zunehmenden Einbezugs spiritueller Aspekte in die Palliative Care und in andere Bereiche der Gesundheitsversorgung, fragt sich, in welcher Weise die Spitalseelsorge diesen Wandel fruchtbar mitgestalten kann und welche Rolle ihr im Rahmen interprofessioneller Spiritual Care zukommt.

Ein Nachdenken über das künftige Profil der Spitalseelsorge steht vor der Notwendigkeit, die Komplexität, die sich aus dem Zusammenspiel dieser heterogenen Faktoren stellt, angemessen wahrzunehmen und daraus differenzierte Handlungsstrategien abzuleiten. Inwiefern ist unter den Bedingungen weltanschaulicher und religiöser Pluralität in säkular gepräg-

---

[48] TIGARI ET AL.
[49] WALTHER.
[50] FRIES.

ten klinischen Kontexten möglich, sich an der interprofessionellen Aufgabe von Spiritual Care in einer Weise zu beteiligen, die dem kurativen oder palliativen Auftrag der jeweiligen Institution ebenso entspricht wie der eigenen Glaubenstradition?

Eine hinreichend differenzierte Antwort auf diese Frage hat die Eigenlogik gesundheitspolitischer Entwicklungen und klinischer Institutionen ebenso zu berücksichtigen wie den Sachverhalt, dass sich nicht allein die Gesellschaft in weltanschaulich-religiöser Hinsicht pluralisiert, sondern eine ähnliche Pluralisierung auch innerhalb bestehender religiöser Gemeinschaften stattfindet.[51] Um dieser Komplexität entsprechen zu können, bedarf es seitens der Spitalseelsorge mindestens zweierlei: eine weitere Ausdifferenzierung der professionellen Rolle und eine besondere Kultivierung der Aufgabe des „religiös-spirituellen Übersetzers".

3.2 Ausdifferenzierung der professionellen Rolle

Eine Ausdifferenzierung der professionellen Rolle ergibt sich schon allein daraus, dass sich das Aufgabenfeld der Spitalseelsorge stark diversifiziert hat. In ihrem Beitrag zählt BRIGITTE AMREIN neben dem Kerngeschäft, den seelsorglichen Gesprächen mit Patientinnen und Patienten sowie mit deren Angehörigen, vielfältige weitere Aufgaben auf:

> „Gestaltung von Feiern für Patientinnen und Patienten sowie Mitarbeitende, in Zusammenarbeit mit der Pflege, Rekrutierung, Ausbildung und supervisorische Begleitung der so genannten ‚Sitznachtwachen', Unterricht an den Schulen für Gesundheitsberufe, Erwachsenenbildung, Ausbildung von Theologinnen und Theologen, Öffentlichkeitsarbeit. Neu hinzugekommen ist für uns die Ausbildung in Notfallseelsorge und Debriefing."[52]

Die Aufgaben der Spitalseelsorge haben sich seither weiter vervielfältigt. So arbeiten Seelsorgende in Ethikkomitees mit oder bieten Meditationskurse für Mitarbeitende an. Man kann diese Vielseitigkeit unterschiedlich betrachten: als Verlust eines klaren Rollenprofils oder als Ausweis dafür, wie nützlich sich die der Seelsorge innewohnende Flexibilität für zunehmend komplexer werdende Gesundheitsinstitutionen erweist. Der genannte Trend hat insofern paradoxe Züge, als das, was gemeinhin als „Spezialseelsorge" bezeichnet wird, zunehmend zu einem Arbeitsfeld

---

[51] PENG-KELLER, Spiritualität in oder jenseits der Volkskirche?.
[52] AMREIN, S. 26 f.

wird, das kaum weniger bunt ist als jenes der Gemeindeseelsorge.[53] Dass in der beschriebenen Aufgabenvielfalt die Gefahr einer Verzettelung liegt, ist schwer zu übersehen. Wie lassen sich die unterschiedlichen (Teil-)Rollen, die Seelsorgende in heutigen Spitälern wahrnehmen, so miteinander verbinden, dass sie zu einer Stärkung und nicht zu einer Schwächung des professionellen Profils führen?

Im Folgenden soll dafür argumentiert werden, dass es für eine weitergehende Professionalisierung der Spitalseelsorge nicht allein einer Expertise in zusätzlichen Bereichen wie der Medizinethik bedarf, sondern ebenso der Fähigkeit, die eigene Expertenrolle auszuweisen und in interprofessionelle Kontexte einzubringen (Mieg 2005). Die besondere Befähigung für Spiritual Care lässt sich sowohl durch das ihr eigene Expertenwissen als auch durch praktische Kompetenzen ausweisen, die sie sich in einer spezialisierten Ausbildung angeeignet haben und zu deren Ausübung sie seitens der Kirchen bevollmächtigt werden. Der Unterschied zu den sogenannten Gesundheitsberufen lässt sich nach ERHARD WEIHER wie folgt beschreiben:

> „Der Unterschied zwischen der Seelsorge und anderen Berufen (z. B. auch Psychotherapie und -onkologie) liegt vor allem im Sinnhorizont, dem jede Profession zuhört, Resonanz gibt und würdigt. Seelsorge würdigt durch ihre Rolle immer – aber nicht immer explizit – im Horizont eines transzendenten Heiligen: vor Gott und von Gott her. Die Würdigung der anderen therapeutischen Berufe geschieht dagegen in einem menschheitlichen Horizont – und das ist nicht wenig!"[54]

Mehr noch als Vertreter einer spezifischen religiösen Tradition und Gemeinschaft sind Seelsorgende nach WEIHER Repräsentanten „eines transzendenten Heiligen", was mit spezifischen Rollenwirkungen und Übertragungsphänomenen verbunden ist.[55] Anders formuliert: Spitalseelsorgende sind nicht allein dazu ausgebildet, in klinischen Kontexten die Bedeutung der spirituellen Dimension wahrzunehmen und im interprofessi-

---

[53] Der Vorschlag, Klinikseelsorge als eine besondere Form von Gemeindeseelsorge zu konzipieren, ist vor diesem Hintergrund ebenso konsequent wie diskutabel, vgl. RICHTER.

[54] WEIHER, S. 245.

[55] Diese spezifische Übertragungsdynamik betont auch BRANDT, S. 33: „[...] plus que de compétences énoncées en termes de contenus de connaissances, c'est le statut d'accompagnant spirituel qu'il s'agit de pouvoir endosser: habiter le rôle de représentant d'un système de sens (celui que le patient projettera sur l'aumônier qui le visite) pour interpréter l'existence humaine, la maladie, la vie et la mort aussi, jouer le rôle d'une surface de projection pour des reproches, critiques, questions, espérances, etc., à l'égard des représentations de l'ultime."

onellen Austausch *über* das Wahrgenommene zu kommunizieren, sondern sie sind durch ihre Rolle zunächst und vor allem personale Zugangspunkte zur „spirituellen Dimension", Ansprechpersonen für religiöse Kommunikation des Vertrauens[56] und „weisheitliche Praxis".[57]
Damit diese seelsorgliche Kernkompetenz nicht hinter der Vielfalt der Aufgaben verschwindet, bedarf es eine reflektierte Integration der nicht professionsspezifischen Aufgaben in das primäre Verantwortungsfeld.[58] Ähnliche Integrationsaufgaben haben auch die anderen im Bereich Spiritual Care tätigen Berufsgruppen zu bewältigen. Im medizinischen Bereich hat sich diesbezüglich das CanMEDS-Modell durchgesetzt, das vom *Royal College of Physicians and Surgeons of Canada* entwickelt wurde.[59] Die Rolle des Facharztes umfasst nach diesem Modell verschiedene Teilrollen mit je eigenen Kompetenzen. Eine gute Ärztin sollte demnach neben ihrer spezifischen medizinischen Expertise auch eine gute Managerin, Kommunikatorin und Teamarbeiterin sein sowie die Bereitschaft haben, sich stetig weiterzubilden, ihr Wissen weiterzugeben und als Fürsprecherin für ihre Patientinnen und Patienten einzutreten. Versucht man, das vielschichtige Rollenprofil der Spitalseelsorge in analoger Weise auszuformulieren, zeigen sich ähnliche Teilrollen. In interprofessionellen Konstellationen kommt Spitalseelsorgenden nicht zuletzt die Aufgabe zu, zwischen sehr unterschiedlichen Diskursformen zu vermitteln. Diese spezifische Aufgabe soll im nächsten Abschnitt näher beleuchtet werden.

3.3   Spitalseelsorge als Übersetzungsarbeit

Die Aufgabe, die spirituelle Dimension unter den Bedingungen weltanschaulicher Pluralisierung in komplexe Krankheitssituationen einzubeziehen, erfordert besondere Verstehens- und Übersetzungskompetenzen – selbst dann, wenn die Beteiligten sich in einer gemeinsamen Landessprache verständigen können. Denn *erstens* teilen sich religiöse Einstellungen

---

[56] PENG-KELLER, Kommunikation des Vertrauens.
[57] Vgl. dazu HAUSCHILD.
[58] GÄRTNER, S. 56 unterscheidet im Anschluss Jan H. Mooren zwischen einem primären und einem sekundären Referenzkader der Krankenhausseelsorge und hält fest: „Das primäre Referenzkader steuert [...] die Berufsausübung. Dass darin eine bestimmte Wirklichkeitsauffassung dominant ist, schliesst nicht aus, dass es sekundäre Referenzkader gibt, die ebenfalls Teil einer professionellen Identität sind."
[59] Vgl. FRANK.

und spirituelle Fragen, wie ERHARD WEIHER hervorhebt, oft indirekt und in persönlich geprägten Mitteilungsformen mit.[60] *Zweitens* bieten religiöse Zugehörigkeiten und lebensgeschichtliche Konstanten zwar manchmal, aber nicht immer sichere Anhaltspunkte für das, was in Krisensituationen an spiritueller Unterstützung gefragt ist. CHRISTOPH MORGENTHALER formuliert es mit Blick auf palliative Situationen pointiert: Sterbende sind oft anders, als wir sie gerne hätten.[61] Und *drittens* ist die Sprache, die zur interprofessionellen Verständigung in klinischen Kontexten genutzt wird, stark von der medizinischen Aussenperspektive bestimmt.

Geprägt vom CPT beschreibt D.W. DONOVAN die spitalseelsorgliche Übersetzungsaufgabe als Kunst, drei Sprachen zu verstehen und zu übersetzen: jene des Leibes (bzw. der evidenzbasierten Medizin), jene der Emotionen (bzw. der Psychologie) und jene der Seele (bzw. der Theologie).[62] Als Beispiel für eine institutionalisierte Form einer solchen Verstehens- und Übersetzungsarbeit lässt sich die Implementierung von spirituellen Assessments nennen, wie es in der Schweiz bereits am CHUV zur Anwendung kommt. Ein ähnliches Instrument wurde vor einigen Jahren auch auf der Palliative Care-Station des Universitätsspitals Leuven eingeführt. Nach der Beschreibung der Spitalseelsorgerin ANNE VANDENHOECK wird dieses Assessment durch den zuständigen Seelsorger durchgeführt und in den interprofessionellen Rapport eingebracht. Der dazu entwickelte Fragebogen bilde dabei das entscheidende Übersetzungsmedium zwischen unterschiedlichen Diskursen:

> „The checklist gave the team a language and means to discuss and care for the spiritual needs of all patients. The chaplain is expected to visit every new patient to explore his or her spirituality, is part of the weekly interdisciplinary team meeting, and mentors new staff members in recognizing spiritual needs of patients."[63]

In kulturell und weltanschaulich pluralistisch geprägten Kontexten betreffen die seelsorglichen Übersetzungsaufgaben zunehmend auch das religiös-spirituelle Feld selbst.[64] Von Spitalseelsorgenden wird eine möglichst breite Vertrautheit mit verschiedenen religiösen und spirituellen Traditio-

---

[60] WEIHER.
[61] MORGENTHALER, S. 13.
[62] DONOVAN, S. 57.
[63] VANDENHOECK, S. 552.
[64] In der jüngeren Seelsorgeliteratur finden sich viele Beispiele, die belegen, dass eine religions- und kulturübergreifende Seelsorge trotz grossen Verständigungsschwierigkeiten gelingen kann. Vgl. z. B. die Fallberichte in: FITCHETT/NOLAN.

nen verlangt, was sie dazu befähigt, am Kranken- und Sterbebett und im interprofessionellen Team als Brückenbauer und Übersetzerinnen zu fungieren.

3.4 Transreligiöse Seelsorge?[65]

Die Aufgabe nach kompetenten Übersetzern für religiös-spirituelle Belange kreuzt sich mit der Frage nach einer angemessenen spitalseelsorglichen Repräsentation unterschiedlicher Glaubensrichtungen. Dass es in den für klinische Institutionen nicht seltenen Notfallsituationen Formen einer transreligiösen Seelsorge braucht, wird grundsätzlich kaum bestritten. Die Auseinandersetzungen konzentrieren sich auf die Regelungen für den klinischen Normalfall. Überblickt man die internationalen Entwicklungen, stehen drei Modelle zur Debatte (die nicht zu verwechseln sind mit den weiter oben skizzierten Spiritual Care-Modellen):

1. *Stellvertretung:* Nach diesem Modell liegt die seelsorgliche Hauptverantwortung für alle Patientinnen und Patienten einer bestimmten Abteilung bei Seelsorgenden, die eine bestimmte religiöse Tradition repräsentieren (meist die Mehrheitsreligion). Sie pflegen Kontakte zu hauptamtlichen oder freiberuflichen Vertretern aus anderen Traditionen und vermitteln nach Bedarf einen Kontakt zu ihnen. Dieses in manchen Schweizer Spitälern praktizierte Modell hat den Vorteil, dass das interprofessionelle Team eine klare Ansprechperson hat, die sich intensiv auf die Kommunikationskultur einer Abteilung einlassen kann. Die Schwäche dieses Modells liegt in der Gefahr zu einer paternalistischen Ausübung der Stellvertretungsaufgabe.[66]

2. *Religiöse Pluralisierung:* Nach dem zweiten Modell vollzieht sich die Seelsorge abteilungsübergreifend und orientiert sich primär an den religiösen Zugehörigkeiten der Patientinnen und Patienten. Damit kann dem Wunsch nach einer religions- und konfessionsspezifischen Form von Seelsorge entsprochen werden. Die Schwierigkeiten dieses Modells liegen einerseits in der Frage, wie eine ausgewogene Repräsentativität erreicht werden kann, andererseits in der Schwierigkeit, dass ein abteilungsübergreifendes Seelsorgekonzept die Teilnahme am interprofessionellen Austausch erschwert. Seelsorgetheoretisch disku-

---

[65] In der jüngeren Seelsorgeliteratur finden sich viele Beispiele transreligiöser Seelsorge. So etwa bei FITCHETT/NOLAN.

[66] Kritische Analysen dieses Ansatzes finden sich bei ORCHARD und WALTHER.

tabel ist zudem, inwieweit es sinnvoll ist, Spitalseelsorge in pluralistischen Verhältnissen entlang von religiösen Zugehörigen (und ggf. auch solchen der Kultur und des Geschlechts) zu konzipieren. HELMUT WEISS gibt diesbezüglich zu bedenken, dass es „manchmal hilfreich sein [kann], wenn Seelsorge von ‚außen', also aus einer anderen Glaubenstradition kommt, um religiöse Festlegungen zu verflüssigen; manchmal kann sie aber auch das Gegenteil bewirken".[67]

3. *Entkonfessionalisierung:* Nach dem dritten Modell wird die Herausforderung der weltanschaulich-religiösen Pluralisierung so beantwortet, dass vorgeschlagen wird, Seelsorge ohne bestimmte religiöse und spirituelle Zugehörigkeiten zu konzipieren. Seelsorgende fungieren nach diesem Modell nicht mehr als Repräsentanten einer bestimmten Tradition, sondern als Gesundheitsfachpersonen mit einer besonderen Expertise für die spirituelle Dimension. Gegen den Anspruch, dadurch die Probleme der beiden erstgenannten Modelle elegant lösen zu können, wurde eingewandt, dass es zu einer „chamäleonartigen" Spiritual Care führe[68] und die Seelsorgerolle an jene der psychosozialen Begleitung angleiche und damit letztlich auflöse.

Die unterschiedlichen Modelle führen zu unterschiedlichen spitalseelsorglichen Organisationsformen. Von ihnen hängt ab, wie sich ein Spitalseelsorgeteam intern organisiert und wem gegenüber es sich zu verantworten hat. Basieren die ersten beiden Modelle auf einer Konkordanz zwischen der Gesundheitsinstitution und den involvierten religiösen Gemeinschaften, so liegt im letzten Modell die Letztverantwortung für die Seelsorge und ihre Finanzierung allein bei der Spitalleitung.

4 Ausblick: Spirituelle Heilung?

In welche Richtung sich die Spitalseelsorge in der Schweiz weiterentwickeln wird, ist schwer voraussehbar und hängt nicht zuletzt davon ab, wie sich eine interprofessionell angelegte Spiritual Care in hiesigen Gesundheitsinstitutionen weiter etablieren wird. Aufgrund der kantonalen Struktur

---

[67] WEISS, S. 95.
[68] Vgl. BERNHARDT, S. 6: „Es mag gelingen, in einen bestehenden religiösen Bezugsrahmen Elemente anderer Traditionen einzubauen. Aber das gleichzeitige Bewohnen und Weitergeben vollständig ausgeprägter Religionsformen bleibt in aller Regel ein nicht zu erreichendes Ideal. Es steht in der Gefahr, eine Art interreligiöses Rollenspiel zu werden."

des Schweizerischen Gesundheitswesens sind auch gegenläufige Entwicklungen möglich. Aus theologischer Sicht stellt sich dabei nicht zuletzt die Frage, in welchem Verhältnis die in diesem Beitrag skizzierten Transformationsprozesse zu dem stehen, was grob als der „christliche Heilungsauftrag" benannt werden kann.[69] Was bedeutet es für die eben diskutieren Fragen, das Christentum als „therapeutische Religion" zu verstehen?

Die Spitalseelsorge, so hiess es in einer weiter oben zitierten Aussage ERHARD WEIHERS, sei gegenüber den „therapeutischen Berufen" abzugrenzen. Aus Sicht der Spitallogik gehört sie, ähnlich wie die Sozialarbeit, zum „Supportprozess"[70]. Eine solche Verortung entspricht dem diakonischen Selbstverständnis der Spitalseelsorge und entlastet sie vor überhöhten Erwartungen. Dass sich die Qualität ihrer Arbeit nicht daran bemessen wird, ob sie bestimmte medizinisch-therapeutischen Zielsetzungen erreichen oder nicht, schafft Freiräume, die Seelsorgende im Dienste des Patientenwohls zu nutzen wissen. Gleichwohl ist zu fragen: Unterschätzt die genannte Zuordnung nicht das therapeutische Potenzial seelsorglichen Tuns? Ist Seelsorge nur „supportiv" tätig und nicht auch am therapeutischen Kerngeschäft beteiligt?

Bereits in den Anfangsjahren des CPT gingen die Meinungen diesbezüglich auseinander. Während der Hämatologe Richard Cabot der Seelsorge eine unterstützende Funktion zuschrieb, plädierte Boisen auf dem Hintergrund seiner persönlichen Krankheitserfahrung für die heilsame Kraft des Glaubens.[71] Vertreter des dritten der oben skizzierten Spiritual Care-Modelle können sich darauf berufen, dass das Christentum seinen Erfolg in der Antike und in der Gegenwart nicht zuletzt einer Heilpraxis verdankt, die Seele und Leib gleichzeitig im Blick hat.[72] Dass heutige Seelsorge entgegen ihrer Selbstbezeichnung immer auch eine Leibsorge ist oder zumindest sein sollte, dürfte nach den vielfältigen Seelsorgediskussionen der letzten Jahrzehnte längst selbstverständlich sein. Die Präsenz, die Seelsorgende in klinischen Settings anbieten, ist eine eminent leibliche Zuwendung, auch wenn das Moment der körperlichen Berührung hier viel sparsamer auftritt als im Bereich der Pflege. In ihrem Anspruch, heilsame Präsenz zu vermitteln, ist die therapeutische Dimension auch der aufsuchenden, kommunikationsbasierten Seelsorge in unauffälliger Wei-

---

[69] Vgl. zum Folgenden JAKOB/LAEPPLE; KARLE.
[70] EBLING, S. 36.
[71] LEAS, S. 100 f.
[72] WEISSENRIEDER/ETZELMÜLLER.

se eingeschrieben. Was aus einer organisationalen Perspektive als „supportiv" zu beschreiben ist, dürfte von den Betroffenen zumindest manchmal nicht allein als tröstlich, sondern auch als „heilsam" erlebt werden – wenn sich etwa in und durch die Begegnung neues Vertrauen einstellt oder die Beziehung zu einem nahestehenden Menschen, zu Gott oder zu sich selbst geklärt und erneuert werden konnte.[73]

Während sich eine solche spirituelle Therapeutik in unauffälliger Weise in das kurative und palliative Bemühen von Medizin und Pflege einzufügen vermag, gibt es jedoch auch Ansätze einer christlicher Leib- und Seelsorge, die eher als irritierend wahrgenommen werden und an denen sich der Anspruch einer patientenzentrieren, ganzheitlichen Care an Grenzen stösst. So kann ein pfingstkirchliches Christentum mit afrikanischen Wurzeln nicht nur neue Klänge und Vibrationen in eine Palliativstation bringen, sondern auch ihre Abläufe und Versorgungsplanung irritieren. Wie ist mit einer von Angehörigen und charismatischen Heilern vollzogenen Spiritual Care umzugehen, wenn aus medizinisch und pflegerischer Sicht die durchgeführten Rituale und das intensive Gebet für den Patienten, der sterben möchte, eine erhebliche Belastung darstellen?

Literaturverzeichnis

ALBISSER, RUDOLF
- Dasein und Mitgehen aus der Mitte heraus auf die Mitte hin, in: Albisser, Rudolf/Loretan, Adrian (Hrsg.), Spitalseelsorge im Wandel, Münster 2007, S. 95–99 (zit.: Dasein und Mitgehen).
- Qualitätssicherung in der Spitalseelsorge, in: Albisser, Rudolf/Loretan, Adrian (Hrsg.), Spitalseelsorge im Wandel, Münster 2007, S. 101–109 (zit.: Qualitätssicherung).

ALBISSER, RUDOLF/LORETAN, ADRIAN (Hrsg.)
- Spitalseelsorge im Wandel, ReligionsRecht im Dialog Bd. 5, Münster 2007.

AMREIN, BRIGITTE
- Entwicklung der Spitalseelsorge seit 1960, in: Albisser, Rudolf/Loretan, Adrian (Hrsg.), Spitalseelsorge im Wandel, Münster 2007, S. 23–28.

BALBONI, MICHAEL
- A Theological Assessment of Spiritual Assessments, in: Christian Bioethics 19 (2013), S. 313–331.

---

[73] Zu diesem Verständnis von „Heilung" vgl. RITSCHL, S. 220–222.

BERNHARDT, REINHOLD
- Seelsorge zwischen christlichem Bekenntnis und interreligiösem Horizont, Referat anlässlich der Ökumenischen Spitalseelsorgetagung Zürich am 26.03.2015, abrufbar unter http://www.zh.ref.ch/handlungsfelder/ds/seelsorge-in-institutionen/materialien/referate/spitalseelsorgetagung-26.-maerz-2015, besucht am 02.10.2016.

BRADSHAW, ANN
- The spiritual Dimension of Hospice. The Secularization of an Ideal, in: Social Science & Medicine 43 (1996), S. 409–419.

BRANDT, PIERRE-YVES
- L'accompagnement spirituel en milieu hospitalier exige-t-il des compétences spécifiques?, in: Brandt, Pierre-Yves/Besson, Jacques (Hrsg.), Spiritualité en milieu hospitalier, Genf 2016, S. 15–43.

BUNDESAMT FÜR GESUNDHEIT/SCHWEIZERISCHE KONFERENZ DER KANTONALEN GESUNDHEITSDIREKTORINNEN UND -DIREKTOREN
- Nationale Leitlinien Palliative Care, Bern 2010.

BURRI, WALTER
- Seelsorge im Spital, in: Albisser, Rudolf/Loretan, Adrian (Hrsg.), Spitalseelsorge im Wandel, Münster 2007, S. 57–65.

DONOVAN, D.W.
- Assessments, in: Stephan B. Roberts (Hrsg.), Professional Spiritual & Pastoral Care. A Practical Clergy and Chaplain's Handbook, Woodstock 2013, S. 42–60.

EBLING, WERNER
- Seelsorge und Marketing am Beispiel der Reformierten Seelsorge im Universitätsspital Zürich, Management Weiterbildung Universität Zürich, Heft 13, Bern/Stuttgart/Wien 1998.

FAMOS, RITA/FELDER, MATTHIAS/FREY, FELIX/HÜGLI, MATTHIAS/WILD, THOMAS
- Dem Anvertrauten Sorge tragen. Das Berufsgeheimnis in der Seelsorge, Schweizerischer Evangelischer Kirchenbund, Basel 2016.

FRANK, JASON R.
- The CanMEDS 2005 physician competency framework. Better standards. Better physicians. Better care. The Royal College of Physicians and Surgeons of Canada, Ottawa 2005.

FITCHETT, GEORGE/NOLAN, STEVE
- Spiritual Care in Practice. Case Studies in Healthcare Chaplaincy, London/Philadelphia 2015.

FRIES, THOMAS
- Raum, Leib und Ritualität. Beobachtungen zu einigen Aspekten verleiblichter Spiritualität in Schweizer Universitätsspitälern, in: Spiritual Care 6 (2017), S. 153–165.

GÄRTNER, STEFAN
- Krankenhausseelsorge vor der Herausforderung Spiritual Care. Die praktisch-theologische Debatte und ihre professionstheoretischen Konsequenzen, in: Praktische Theologie 51 (2016), S. 50–58.

HAUSCHILD, EBERHARD
- Hermeneutik und Praxis symbolischer Kommunikation. Seelsorgetheoretische Annäherungen zu Vertrauensbrücken, Gemeinschaftswahrnehmungen, Resilienzgeschehen, in: Peng-Keller, Simon (Hrsg.), Bilder als Vertrauensbrücken. Die Symbolsprache Sterbender verstehen, Studies in Spiritual Care, Bd. 2, Berlin 2017 (im Druck).

JAKOB, BEATE/LAEPPLE, ULRICH
- Gesundheit, Heilung und Spiritualität. Heilende Dienste in Kirche, Diakonie und weltweiter Ökumene, Neukirchen-Vluyn 2014.

JOBIN, GUY
- Spiritualité et interdisciplinarité dans le monde du soin, in: Cahier francophone de soins palliativs 15 (2015), S. 11–22.

KARLE, ISOLDE
- Die Sehnsucht nach Heil und Heilung in der kirchlichen Praxis. Probleme und Perspektiven, in: Günter, Thomas/Karle, Isolde (Hrsg.), Krankheitsdeutung in der postsäkularen Gesellschaft. Theologische Ansätze im interdisziplinären Gespräch, Stuttgart 2009, S. 543–556.

KELLEHEAR, ALLAN
- Compassionate Cities. Public health and end-of-life care, Oxfordshire/New York 2005 (zit.: Compassionate Cities).
- Spiritual Care in Palliative Care: Wessen Job ist das?, in: Heller, Birgit/Heller, Andreas (Hrsg.), Spiritualität und Spiritual Care. Orientierungen und Impulse, Bern 2014, S. 11–14 (zit.: Spiritual Care in Palliative Care).

KLASSEN, PAMELA E.
- Spirits of Protestantism. Medicine, Healing, and Liberal Christianity, Berkeley/Los Angeles/London 2011.

LEAS, ROBERT DAVID
- Anton Theophilus Boisen. His Life, Work, Impact, and Theological Legacy, Journal of Pastoral Care Publications 2009 (ohne Ortsangabe).

LÜDDECKENS, DOROTHEA
- La religiosité alternative dans les soins palliatifs des hôpitaux, in: Brandt, Pierre-Yves/Besson, Jacques (Hrsg.), Spiritualité en milieu hospitalier, Genf 2016, S. 141–155.

MIEG, HARALD A.
- Professionalisierung, in: Rauner, Felix (Hrsg.), Handbuch der Berufsbildungsforschung, Bielefeld 2005, S. 342–349.

MONOD, STEFANIE M./ROCHAT ETIENNE/BÜLA CHRISTOPHE J./JOBIN GUY/ MARTIN ESTELLE/SPENCER BRENDA
- The spiritual distress assessment tool. An Instrument to assess spiritual distress in hospitalised elderly persons, in: BMC Geriatrics 10 (2010), S. 1–9 (http://www.biomedcentral.com/1471–2318/10/88).

MORGENTHALER, CHRISTOPH
- Palliative Care – Chance und Herausforderung für die Seelsorge, in: Holder-Franz, Martina (Hrsg.), „… das du bis zuletzt leben kannst." Spiritualität und Spiritual Care bei Cicely Saunders, Zürich 2012, S. 12–14.

NAUER, DORIS
- Spiritual Care statt Seelsorge?, Stuttgart 2015.

ODIER, COSETTE
- Die Seelsorge am Centre Hospitalier Universitaire Vaudois (CHUV) in Lausanne, in: Albisser, Rudolf/Loretan, Adrian (Hrsg.), Spitalseelsorge im Wandel, Münster 2007, S. 29–31.
- Die französischsprachige Welt: Der Begriff der Spiritualität in Medizin und Pflege, in: Frick, Eckhard/Roser, Traugott (Hrsg.), Spiritualität und Medizin. Gemeinsame Sorge für den kranken Menschen, 2. Auflage, Stuttgart 2011, S. 188–198 (zit.: Die französischsprachige Welt).
- Soins et spiritualité : évolution (18.11.2016; unveröffentlichtes Manuskript) (zit.: Soins et spiritualité).

ORCHARD, HELEN
- Being there? Presence and absence in spiritual care delivery, in: Orchard, Helen (Hrsg.), Spirituality in Health Care Contexts, London/Philadelphia 2001, S. 147–159.

PAHUD DE MORTANGES, RENÉ
- Spitalseelsorge und Datenschutz, in: Albisser, Rudolf/Loretan, Adrian (Hrsg.), Spitalseelsorge im Wandel, Münster 2007, S. 17–21.

PENG-KELLER, SIMON
- Kommunikation des Vertrauens in der Seelsorge, in: Dalferth, Ingolf U./Peng-Keller, Simon (Hrsg.), *Kommunikation des Vertrauens,* Leipzig 2012, S. 101–132 (zit.: Kommunikation des Vertrauens).

- Zur Herkunft des Spiritualitätsbegriffs. Begriffs- und spiritualitätsgeschichtliche Erkundungen im Hinblick auf das Selbstverständnis von Spiritual Care, in: Spiritual Care 3 (2014), S. 36–47 (zit.: Zur Herkunft des Spiritualitätsbegriffs).
- Spiritual Care als theologische Herausforderung. Eine Ortsbestimmung, in: ThLZ 140 (2015), S. 454–467 (zit.: Spiritual Care als theologische Herausforderung).
- Spiritualität in oder jenseits der Volkskirche? Versuch einer Bestandsaufnahme, in: Plüss, David/Wüthrich, Matthias/Zeindler, Matthias (Hrsg.), Ekklesiologie der Volkskirche. Theologische Zugänge in reformierter Perspektive, Zürich 2016, S. 237–245 (zit.: Spiritualität in oder jenseits der Volkskirche?).
- „Spiritual Care" im Werden. *Zur Konzeption eines neuen interdisziplinären Forschungs- und Praxisgebiets,* in: Spiritual Care 6 (2017), S. 187–193 (zit.: „Spiritual Care" im Werden).

RICHTER, HARALD
- Klinikseelsorge oder Krankenhausgemeinde? Plädoyer für ein neues Paradigma, in: Wege zum Menschen 69 (2016), S. 489–503.

RITSCHL, DIETRICH
- Zur Theorie und Ethik der Medizin. Philosophische und theologische Anmerkungen, Neukirchen-Vluyn 2004.

RUMBOLD, BRUCE
- Models of spiritual care, in: Cobb, Mark/Puchalski, Christina/Rumbold, Bruce (Hrsg.), Oxford Textbook of Spirituality in Healthcare, Oxford 2012, S. 177–183.

TAYLOR, CHARLES
- Ein säkulares Zeitalter, übers. v. J. Schulte, Frankfurt a.M. 2009.

TIGARI, BATOOL/SEDIGHEH, IRANMANESH/CHERAGHI, MOHAMMAD ALI/ AREFI, ALI
- Meaning of Spiritual Care. Iranian Nurses' Experiences, in: Holistic Nursing Practice 27:4 (2013), S. 199–206.

TSCHANNEN, OLIVIER/CHENUZ, PIERRE/MAIRE, EMMANUEL/PETREMAND, DANIEL/VOLLENWEIDER, PETER
- Transmission d'informations par les aumôniers dans le dossier-patient: le choix des patients, in: Forum Med Suisse 14 (2014), S. 924–926.

VANDENHOECK, ANNE
- Chaplains as specialists in spiritual care for patients in Europe, in: Polskie archiwum medycyny wewnętrznej 123 (2013), S. 552–556.

VAN DER GEEST, HANS
- Unter vier Augen. Beispiele gelungener Seelsorge, Zürich 1981.

WALTHER, TABITHA
- Praktisch-theologische Aspekte einer multireligiösen Spitalseelsorge an den Beispielen Stanford und Basel, in: Haker, Hille/Wanderer, Gwendolin/Bentele, Katrin (Hrsg.), Religiöser Pluralismus in der Klinikseelsorge. Theoretische Grundlagen, interreligiöse Perspektiven, Praxisreflexionen, Berlin 2014, S. 171–186.

WEBER, CHRISTOPH
- CPT - Gezielte Ausbildung in Seelsorge und Pastoralpsychologie, abrufbar unter http://cpt-seelsorge.ch/cms/wp-content/uploads/Geziele-CPT-Ausbidlung-in-Seelsorge-Artikel-f%C3%BCr-SKZ-Juni-2016–Zweiter-Teil.pdf, besucht am 23.12.2017.

WEIHER, ERHARD
- Seelsorge – das machen doch alle!? Kompetenzen und Grenzen in Spiritual Care, in: Diakonia 46 (2015), S. 241–248.

WEISS, HELMUT
- Grundlagen interreligiöser Seelsorge, in: Weiss, Helmut/Federschmidt, Karl/Temme, Klaus (Hrsg.), Handbuch Interreligiöse Seelsorge, Neukirchen-Vluyn 2010, S. 73–96.

WEISSENRIEDER, ANNETTE/ETZELMÜLLER, GREGOR
- Christentum und Medizin. Welche Koppelungen sind Lebensförderlich?, in: Etzelmüller, Gregor/Weissenrieder, Anette (Hrsg.), Religion und Krankheit, Darmstadt 2010, S. 11–34.

ZIMMERMANN-ACKLIN, MARKUS
- Bioethik und Spitalseelsorge. Anknüpfungspunkte für ein Gespräch, in: Albisser, Rudolf/Loretan, Adrian (Hrsg.), Spitalseelsorge im Wandel, Münster 2007, S. 39–54.

ZOLLFRANK, ANGELIKA/TREVINO, KELLY M./CADGE, WENDY/BALBONI, MICHAEL J./THIEL, MARY MARTHA/FITCHETT, GEORGE/GALLIVAN, KATHLEEN/VANDERWEELE, TYLER/BALBONI, TRACY A.
- Teaching Health Care Providers to Provide Spiritual Care, in: Journal of Palliative Medicine 18:5 (2015), S. 408–414.

Seelsorge im Islam – am Beispiel der Spitalseelsorge

Tarek Badawia/Abdelmalek Hibaoui

Inhaltsverzeichnis

1 Historische Entwicklung der Seelsorge im Islam   58

2 Theologische und anthropologische Grundlagen   60
   2.1   Grundverständnis und Bedarf einer muslimischen Seelsorge   61
   2.2   Anthropologische Annäherung an den „Seelenbegriff"   63
   2.3   Sich an der Offenbarung orientieren als Lebenshilfe   64

3 **Fallbeispiel: Familienkonflikt am Sterbebett**   68

Literaturverzeichnis   73

Die folgenden Ausführungen über Seelsorge im Islam gliedern sich inhaltlich in drei Teile. Der erste Teil ist eine historische Hinführung. Im zweiten Teil erfolgt eine Darstellung theologischer und anthropologischer Grundlagen im Hinblick auf den Begriff und Gegenstand der Seelsorge. Diesem Begründungsversuch folgt eine fallorientierte Darstellung eines Beispiels aus der Spitalseelsorge, anhand dessen die Komplexität einer „Krise am Sterbebett" entfaltet werden soll. Die Fallbesprechung dient zugleich der Perspektivenerweiterung auf den Gegenstand der muslimischen Seelsorge. Die Autoren gehen zwar von Ansätzen zur Förderung der Lebensbewältigungskompetenz in der islamischen Tradition aus, aber sie wollen darüber hinaus anhand der komplexen Struktur einer Krisensituation darstellen, welche Entwicklungs- und Etablierungsaufgaben innerhalb der jungen Disziplin der muslimischen Seelsorge unter aktuellen strukturellen und professionellen Arbeitsbedingungen in Europa zu erfüllen sind.

1 Historische Entwicklung der Seelsorge im Islam

Im Kontext von Spitalseelsorge betrachtet der Islam den Kranken als eine Person in Notlage, der jede erdenkliche Unterstützung durch die Gemeinschaft zusteht. Nicht die Angewiesenheit auf die anderen ist der Ausgangspunkt, sondern der Anspruch des Betroffenen auf die solidarische Haltung der Gemeinschaft. Vergleichbar ist dies mit dem Gebot der monetären Armenhilfe (arab. *zakāt*), das in der islamischen Theologie nicht nur als Spende der Reichen an Arme sondern als Teilhabeanspruch der Armen am kollektiven Reichtum betrachtet wird. Mit diesem Perspektivenwechsel ist eine Wertschätzung von Personen in Notlage verbunden: „Jedem, der um Allahs willen einen Kranken besucht, ruft aus dem Himmel eine Stimme zu: Gesegnet seiest du und gesegnet seien deine Schritte und möge Allah dir deinen Platz im Paradies geben".[1]

Aufbauend auf solche und viele anderen islamische Gebote im Dienste des Menschen entwickelte sich eine karitative Tradition unter dem Stichwort *waqf* (Wohlfahrt/Stiftungswesen). In diesem Zusammenhang entstand auch eine seinerzeit weltweit führende medizinische Wissenschaft im Islam.[2]

Das islamische Stiftungswesen brachte interessante Blüten hervor: z. B. die Stiftung der *„gezielten Frohstimmung von Patienten"*. Dabei handelte es sich um den Einsatz engagierter Schauspieler. Diese begaben sich in unmittelbare Nähe des Patienten und verbargen sich dabei unsichtbar hinter einem Vorhang. Sie unterhielten sich in einer Lautstärke über den Patienten, die sicherstellte, dass der Patient ihr Gespräch hören konnte. Die Schauspieler sprachen über seine Krankengeschichte, seinen aktuellen Zustand, seine Ängste und Befürchtungen, um dann eine gesunde Zukunft in strahlender Gesundheit anzukündigen - ungeachtet der medizinischen Prognose mit dem einzigen Ziel, den Patienten psychisch maximal zu motivieren.[3]

---

[1] Vgl. Sunan Tirmiḏī, Hadith Nr. 1927, Sunan Ibn Māǧǧa, Hadith Nr. 1443.

[2] In den frühen kriegerischen Auseinandersetzungen war es vor allem Aufgabe der Frauen, sich um die Verwundeten in bester Weise pflegerisch zu kümmern und ihnen seelischen Beistand zu leisten. In einem Hadith von Saḥīḥ Al-Buḫārī berichtete Rubaiʿ Tochter von Muʿawwid Ibn ʿAfraʾ: „Wir (Frauen) zogen gewöhnlich mit dem Gesandten Allāhs, Allāhs Segen und Frieden auf ihm, in den Kampf, um die Leute zu tränken und zu pflegen, und die Rückbeförderung der Gefallenen und Verwundeten nach *Al-Madīna* zu unternehmen" (Abū-r-Ridāʾ, Hadith Nr. 5679, S. 553).

[3] Rāġib As-sarhānī, S. 584.

Parallel dazu rückten auch die seelischen, sozialen und wirtschaftlichen Nöte des Kranken in den Blick. Bei seiner Entlassung bekam der Patient neue Kleidung geschenkt und Krankengeld, damit er nicht direkt wieder arbeiten musste und sich schonen konnte.[4] Dies war die beste Prophylaxe gegen einen gesundheitlichen Rückschlag.

Erst mit der Ära der Kreuzzüge haben die Christen des Westens diese Art von sozialer Krankenfürsorge kennengelernt. Im byzantinischen Konstantinopel (durch die Stiftung des Kaisers Johannes II. Komnenos), im normannischen Sizilien Friedrichs II. in Palermo wie auch beim Malteser Johanniterorden auf Malta wurden im 12. Jahrhundert muslimische Modelle der stationären Spitalversorgung aus dem syrisch-ägyptischen Raum adaptiert und institutionalisiert[5]. Die Kreuzfahrerorden brachten dann diese Errungenschaften nach Europa. U. J. UNGER weist nach, dass die Araber in den grossen Städten wie Bagdad (um 750), Kairo (873), Damaskus (800), Aleppo (1270) und Fez (1500) Institutionen für psychisch kranke Menschen gegründet haben. Abu Bakr ar-Razi (gest. 925 n. Chr.) empfahl seinen Schülern fortwährend, die Hoffnung der Kranken auf Wiedergesundung zu bestärken, auch wenn nach ärztlicher Einschätzung keine Hoffnung bestehe. Die körperliche Situation des Patienten folge seiner Psyche, so ar-Razi.

Der Wesir Ali bin Aysa (gest. um 965 n. Chr.) schrieb in einem Brief an Sinan bin Thabit, den Baghdader Chefarzt: „Ich denke an die Häftlinge in den Gefängnissen. Aufgrund ihrer Anzahl drohen ihnen Krankheiten. Deswegen solltest du ihnen jeden Tag Ärzte schicken, die Medizin und Lebensmittel mit hineinnehmen sollen und sie behandeln. Sie sollen alle Gefängnisse besuchen".

Im frühislamischen Marokko ging der König Yaʿqūb al-Mansūr al-Muwwahhidī (1160–1199) selbst einmal in der Woche ins Spital in Marrakesch und ging persönlich von Patient zu Patient, um jedem Kranken das Beste zu wünschen. Die Wirkung war eine ungeheure Überra-

---

[4] Rāġib As-sarhānī, Māda qaddama al-muslimūna lil-ʿālam, ishāmāt al-muslimīna fi al-hadāra al-insāniyya, muʾassasat Iqraʾ, 2010, B 2, S. 582.

[5] Vgl. Spiegel Geschichte, Heft 1/2014: "Byzanz", S. 26; http://malteser.or.at/ueber-uns/geschichte-des-malteserordens.html, Byzantinische Kaiser und ihre Leibärzte - zur Darstellung der Medizin der Kommenden-Zeit durch Niketas Choniates. Würzburger Medizinhistorische Mitteilungen 9 (1991), S. 73–104; ECKART, S. 1–33.

schung und Freude für die Untertanen, die ihre Herzen hoch stimmte und sie seelisch aufrichtete.[6]

Die aufgeführten Belege aus der frühislamischen Zeit bis heute geben uns zu wissen, dass es zahlreiche Anknüpfungspunkte für Seelsorge im Islam gibt. Zumal waren die Konzeptionen der Krankenfürsorge lange ein Vorbild für andere Nationen.

Einige Jahrhunderte später werden zunächst in Spanien nach dem Beispiel der arabischen Welt solche Einrichtungen eröffnet, wie in Valencia 1409, Saragossa 1425, Sevilla und Valladolid 1436, und Toledo 1480, ebenso im eroberten Mexiko 1567[7]. Im Osmanischen Reich des 15. und 16. Jahrhunderts ist ebenfalls eine institutionalisierte Krankenfürsorge nachgewiesen. Die erste Anstalt für Geistesbehinderte bzw. -verwirrte Menschen wurde im Osmanischen Reich zur Zeit von Bayerzids I. 1399 in Broussa erbaut. 1470 wurde neben der grossen Fatih-Moschee im damaligen Konstantinopel eine Anstalt errichtet, zur selben Zeit wie die Moschee erbaut wurde. Während der Herrschaft von Suleiman I. (1520–1568) wurden mehrere grosse Anstalten gegründet. Weiter ist bekannt, dass zurzeit von Bayezid II. (1481–1512) Adrianopel in der Mitte eines prächtigen Parks eine Anstalt erbaut wurde, wo die Kranken mit kostbarem Geflügel genährt und wo wöchentlich zweimal Konzerte gegeben wurden und auch zweimal wöchentlich poliklinische Behandlungen für das Volk stattgefunden haben.[8]

2 Theologische und anthropologische Grundlagen

Wir gehen davon aus, dass der Koran als primäre Referenz der islamischen Theologie den modernen Begriff der „Seelsorge" nicht kennt. Wir können nur grobe Hinweise auf die sinnstiftende und aufbauende Funktion des Glaubens bei „Unruhe der Herzen" wie folgt feststellen: „*Ja! im Gedenken Allahs finden die Herzen Trost*" (vgl. Sure 13,28; eigene Übersetzung). Im Glauben an Gott und im Gedenken des Schöpfers wird dem Menschen in individuell wahrgenommenen Situationen der Unruhe Trost und innere Ruhe gespendet. Ebenfalls können zahlreiche Aussagen

---

[6] Rāġib As-sarhānī, Māḏa qaddama al-muslimūna lil-'ālam, ishāmāt al-muslimīna fi al-hadāra al-insāniyya, mu'assasat Iqra', 2010, B 2, S. 584.
[7] UNGER, S. 583 ff.
[8] Vgl. SCHÜKRI/KERIM, S. 403 ff.

und Empfehlungen des Propheten Muhammad zur „Bewahrung Gottes" oder zur „Nähe Gottes" zur Begründung eines muslimischen Seelsorgeauftrages herangezogen werden. Schliesslich stellt eine Reihe von Geboten, Normen und Empfehlungen aus den Primärquellen[9] für Solidarität, gegenseitiges Trostspenden und Helfen ein wichtiges Fundament seelsorgerlichen Handelns dar.[10] Allerdings ist eine Programmatik, in der institutionell ein solcher Anspruch eingelöst wird, in den islamischen Ländern in Form einer institutionalisierten Spitalseelsorge, wie sie die Kirchen in Deutschland kennen, bisher nicht bekannt. Die Grossfamilie, der Freundeskreis, VertreterInnen der Religionsgemeinschaft und sozial engagierte Imame kompensieren in der Praxis in der Regel auf ehrenamtlicher Basis die fehlende professionelle Hilfe.

2.1 Grundverständnis und Bedarf einer muslimischen Seelsorge

Ein elementares Grundverständnis einer muslimischen Seelsorge, so die Hauptposition der Autoren in diesem Beitrag, sieht in der Seelsorge grundsätzlich eine „Hilfe zur Selbsthilfe" an Menschen in Krisensituationen vor. In einer deutlichen Abgrenzung zu einem missionarischen Auftrag, in dem der Mensch zur Annahme des Glaubens eingeladen wird, verstehen wir unter muslimischer Seelsorge

ein religiös motiviertes Angebot, um Menschen in einer besonderen menschlichen Notlage eine professionelle Hilfe bereitzustellen. Sie ist ein religiös intendiertes und motiviertes, psychosozial-professionelles und ethisch-reflektiertes Angebot an Menschen in einer Notlage zur Wiederherstellung sozialer Handlungsfähigkeit.

Wenn sich Seelsorge als ein religiös motiviertes helfendes Handeln versteht, existiert dieses nicht nur von Anfang an im Islam. Sie ist darüber hinaus von grundlegender Bedeutung für die Praxis des Islam. Als eine

---

[9] Als Primärquellen werden über Koran und Sunna hinaus die klassische Literatur der islamischen Gelehrsamkeit wie Koranexegese, Hadithwissenschaft, Mystik und fiqh-Lehre bezeichnet.

[10] Als Beispiel: „Wer einem Diener Gottes Trost im Diesseits spendet und ihm dabei eine Sorge abnimmt, dem nimmt Gott seine Sorgen (am Jüngsten Tag auch) ab, wo er Trost braucht" (eigene sinngemässe Übersetzung); „Alle Geschöpfe sind die versorgten Kinder Gottes, die er ernährt, und der Liebste bei Gott ist der, der seinen Geschöpfen am Nützlichsten ist" (Tabarānī, al-Muʻjam al-kabīr, Kairo, 10/86, Hadith Nr. 10033).

professionalisierte Einrichtung mit unterschiedlichen Schwerpunkten ist sie jedoch etwas Neues für die Muslime in Deutschland.

Für eine allgemeingültige Aussage über den dringenden Handlungsbedarf fehlt gegenwärtig eine systematische Erhebung. Aus unterschiedlichen Quellen lässt sich der Bedarf an islamischer Spitalseelsorge in Deutschland u. a. anhand folgender Angaben begründen:

- Es gibt in Ballungsgebieten Spitäler mit einem Anteil von 40 Prozent und mehr an Muslimen;
- Rund 676.000 Menschen muslimischen Glaubens werden jährlich stationär in ein Spital aufgenommen;
- ca. 620.000 Menschen muslimischen Glaubens kommen pro Jahr aus muslimisch geprägten Ländern zur stationären Behandlung nach Deutschland;
- ca. 12.000 Menschen muslimischen Glaubens sterben jährlich in deutschen Spitälern;
- Pflegebedürftig sind aktuell in Deutschland ungefähr 120.000 Menschen muslimischen Glaubens;
- Etwa 30 Prozent der in Deutschland lebenden Menschen muslimischen Glaubens sind älter als 50 Jahre;[11]
- Wissenschaftliche Studien prognostizieren für das Jahr 2030, dass über 2 Millionen in Deutschland lebende Menschen muslimischen Glaubens auf religions- und kultursensible Altenhilfe angewiesen sein werden.[12]

Obwohl Bedarf besteht, können wir nicht von einem bereits vorhandenen Konzept ausgehen und sehen in diesem Beitrag zugleich einen Auftrag zur begrifflichen und anthropologischen Gegenstandsbestimmung der Seelsorge aus einer muslimischen Perspektive. Es ist uns wichtig, von *einer* islamischen Perspektive zu reden, um den Anspruch auf eine alleinige, fiktive Vertretungsrolle des Islam gleich zu Beginn der Ausführungen aufzugeben. Wie gehen davon aus, dass sich sowohl der Begriff Seelsorge als auch das Berufsbild von einer professionellen muslimischen Seelsorge noch mitten im theologischen Reflexionsprozess befinden.

---

[11] Mannheimer Zeitschrift für Islamische Seelsorge, Perspektiven, S. 29.
[12] ILKILIC, S. 47.

2.2 Anthropologische Annäherung an den „Seelenbegriff"

Die Begriffe *nafs* und *rūḥ* stecken einen weiten Rahmen für ein islamisches Grundverständnis seelischer und psychischer Prozesse ab. Die Differenzierung in die Kategorien „seelisch" und „psychisch" ist eine moderne begriffliche Bestimmung, die für einen differenzierten Blick auf das komplexe Phänomen des Seelenlebens aus einer muslimischen Perspektive durchaus sinnvoll sein kann. Denn eine einheitliche Übersetzung und Begriffsbestimmung im muslimischen Kontext liegt nicht vor. Sie stellt noch einen offenen und komplexen Forschungsbereich dar, der intensiv bearbeitet werden soll. Eine wichtige Differenzlinie im Umgang mit beiden Begriffen lässt sich zunächst so markieren, dass mit „seelisch" ein Bedürfnis an innerem Frieden und mit „psychisch" eine Dynamik psychischer Prozesse bezeichnet werden kann. Für die Autoren lassen sich die unterschiedlichen Zusammenhänge, in denen die Begriffe im Koran verwendet werden, theologisch auf zwei zentrale Aspekte zusammenfassend bündeln:

1. „Gottes Wirken" im menschlichen Leben: Der Seelenbegriff klärt in diesem Sinne die Bindung des Menschen an den Schöpfer und somit auch – nach Einsicht des Islams – das Bedürfnis des Menschen nach „göttlicher Rechtleitung" (arab. *hidāya*). Eine gewisse schöpfungsbedingte Schwäche des Menschen – so ein Teilaspekt der koranischen Menschenbildkonstruktion – macht den Menschen in mentaler, seelischer Hinsicht hilfsbedürftig[13]. Die Bitte an Gott um Hilfe und Rechtleitung in Krisensituationen lässt sich aus islamischer Sicht durch dieses anthropologische Merkmal erklären.

2. Die Seele (arab. *rūḥ*) wird im Sinne eines handlungsbestimmenden Anteils göttlicher Herkunft am menschlichen Selbst als eine „lebensspendende Energie"[14] wahrgenommen, die für Menschen in Krisensituationen als spirituelle Ressource fungieren kann. Der entscheidende gemeinsame Nenner beider Begriffsbereiche besteht in der seelsorgerlich relevanten Frage danach, was die Seele braucht bzw. was der Seele in einer Krisensituation fehlt. Eine professionelle Seelsorge baut zwar auf diese theologische Erkenntnis auf, aber sie ist dazu berufs-

---

[13] In der Eröffnungssure des Korans, die als fester Bestandteil des muslimischen rituellen Gebets wird in dem fünften Vers die Bitte um Hilfe und Rechtleitung regelmässig vorgetragen

[14] Vgl. ASLAN/MODLER-EL ABDAOUI/CHARKASI, S. 74–75.

ethisch verpflichtet, die Antwort auf diese Frage dem Betroffen im Sinne der Selbstbestimmung zu überlassen.

Ein weiterer grundlegender Aspekt einer solchen Selbstbestimmung ist der Respekt vor dem Einzelnen, der in der islamischen Anthropologie mit der dem Menschen von Gott zugewiesenen Würde begründet wird: „Wir haben ja die Kinder Adams geehrt und sie [in allen Umständen auf dem festen Boden und auf dem Meer] getragen" (Sure 17,70; eigene Übersetzung). Aus dem Munde des Propheten Mohammed wird in diesem Zusammenhang überliefert: „Der Beste unter euch ist derjenige, der den Menschen am besten dient."[15] Daraus wird theologisch abgeleitet: So wie Gott den Menschen würdigt, sollen auch die Menschen einander würdigen. Der Dienst am Menschen bildet demnach den zentralen Baustein des islamischen Ethos.

Aus diesem anthropologischen Indiz wird eine Norm für ein menschliches Miteinander in Würde formuliert. *Mit* Gott leben bedeutet vor diesem Hintergrund, mit den Menschen leben. *Für* Gott leben heisst, für die Menschen leben, ihr Menschsein in allen Höhen und Tiefen mitempfinden und so die eigene Verantwortung gegenüber den Mitmenschen wahrzunehmen. Der Helfende lebt seine Menschlichkeit in der menschlichen Zuwendung zum notleidenden bedürftigen Mitmenschen.

2.3 Sich an der Offenbarung orientieren als Lebenshilfe

Eines der Hauptinstrumente der Seelsorge im Allgemeinen ist die sinnstiftende Kommunikation. Kommuniziert wird im Kontext muslimischer Seelsorge in einer indirekten Art und Weise über und mit Gott und dessen Wirkung in der persönlichen Geschichte von Menschen. In der Krise bzw. durch die Krise werden existenzielle Fragen aufgeworfen, auf die der Betroffene (als eine mögliche Strategie der Krisenbewältigung) eine Antwort sucht. Der Betroffene, sofern er sich selbst im muslimischen Glauben verortet, sucht Hilfe im Verstehen dessen, wie das „Wort Gottes" (*kalāmu Allāh* im Sinne Seiner Vorherbestimmung) in seinem Leben zu verstehen ist. Selbstverständlichkeiten brechen die „Sorgen seiner Seele" und werden im Horizont des Glaubens reflektiert. Der Betroffene will genügend Raum für freie Reflexionen in Anspruch nehmen und mit Gott

---

[15] Abul-Qāsim sulaymān b. Ahmad Tabarānī, al-Mu'jam al-awsat, Kairo, 1415, 6/58, Hadith Nummer: 5787.

in Dialog treten. Das Wort Gottes besagt zum einen, dass die Krise, in der ich mich befinde, ein Teil seiner Allmacht und seiner Allbarmherzigkeit ist. Zum anderen besagt es, dass die Lösung meiner Krise durch das „höhere und gütige Wort Gottes" gelöst werden kann. Das Wort berührt das Herz und spricht es an. Es geht nicht um Belehrungen oder normative Handlungsinstruktionen, sondern darum, die Krise dialogisch mit Gott zu durchdenken. Das Ziel des seelsorglichen Handelns kann dergestalt aus dem Koran formuliert werden, dass das Herz aus seiner Unruhe in einen Zustand des Vertrauens und der Gelassenheit übergeht und dadurch Ruhe findet.[16] Zu diesem Ziel verhilft das Wort Gottes: „Denn im Gedenken Gottes finden ja die Herzen Ruhe" (Sure 13,28). Das Gedenken Gottes bekommt im seelsorgerlichen Kontext eine andere Bedeutung als die klassische, rituelle Praxis des Gedenkens von Gottes Namen. Sie versteht sich als ein Versuch, das Geschehene mithilfe der Auseinandersetzung mit einzelnen Namen und Attributen Gottes sich und die Welt zu verstehen. Eine spannende Frage stellt sich an dieser Stelle in Bezug auf Verhältnis von Seelsorge und Religion: Kann eine Seelsorge ohne religiöse Einbettung der seelsorgerlichen Tätigkeit funktionieren? Die hier vertretene Position kann die Frage nur verneinen. Eine Seelsorge ist im Grunde eine religiös konnotierte Hilfeleistung. Die sich in Sorge quälende Seele sehnt sich – aus der Sicht der islamischen Anthropologie – nach dem tröstenden Wort, einem Wort, das ihre Sorgen wandelt und ihr Ruhe schenkt.[17]

> „O ihr Menschen! Nunmehr ist eine Ermahnung zu euch gekommen von eurem Herrn und eine Heilung für das, was in den Herzen sein mag, und eine Führung und Barmherzigkeit für die Gläubigen" (Sure 10,57, vgl. auch 17:82)[18]

Der Vers versteht sich als eine Einladung an den Betroffen, sich in seiner seelischen Notlage zu verstehen, sich auf Gottes Kraft und die heilenden Kräfte seiner Worte, also auf den Koran zu besinnen. Er setzt eindeutig den Glauben voraus, der individuell durchaus durch Schicksalsschläge, Krankheit oder Verlust ins Wanken geraten kann. Im seelsorglichen Kommunikationsprozess wird das krisenhafte, individuelle Erleben des Menschen durch einen Perspektivenwechsel in eine Prüfung der Seele

---

[16] Vgl. CIMSIT, S. 17.
[17] Vgl. ebd.
[18] Zit. Nach ASAD MUHAMMAD, Die Botschaft des Koran, Übersetzung und Kommentar, Düsseldorf 2009.

durch Gott umgedeutet – ob nach Unfall, in Krankheit, Pflegebedürftigkeit, auf der Suche nach Lebensorientierung oder am Sterbebett:

> „Und Wir [Gott] werden euch ganz gewiss mit ein wenig Furcht und Hunger und Mangel an Besitz, Verlust von Angehörigen und Missernte prüfen. Doch verkünde frohe Botschaft den Standhaften, die, wenn sie ein Unglück trifft, sagen: "Wir gehören Allah, und zu Ihm kehren wir zurück"." (Sure 2,155-156)

Die anthropologische Idee der Prüfung durch Schicksalsschläge ist im Kontext der Seelsorge im Grunde nur mit grosser Vorsicht zu handhaben. Die betroffene Person ist nämlich genau in dem Moment, in dem er oder sie sich als Opfer eines solchen Schicksalsschlages wahrnehmen kann, für diese Botschaft nicht unbedingt empfänglich. Die theologisch-anthropologische Idee, dass Gott die Menschen auf die Probe stellt, ist zwar koranisch verankert (vgl. Sure 29,2), aber für den Menschen in der Krise im Augenblick seiner Betroffenheit oft nicht einsichtig. Im Idealfall spricht der Koran von der Hoffnung als Nahrung der Seele und wendet sich unmissverständlich dagegen aus, dass der Mensch an Gottes Gnade und Barmherzigkeit zweifeln soll oder darf (vgl. Sure 39,53). Sollte sie einmal der Verzweiflung nahe sein, so tröstet sie der Koran mit folgendem Wort: „Und siehe, mit jeder Erschwernis kommt Erleichterung: wahrlich, mit jeder Erschwernis kommt Erleichterung!" (Sure 94,6). Für einen Leidenden, der sein Leiden nicht enden sieht, kann diese Verheissung von Erleichterung gewiss eine wertvolle Stütze und eine gute Seelsorge sein. Diese muss allerdings der Betroffene für sich erkennen und annehmen.

Über den Koran hinaus lässt sich die Lebenspraxis des Propheten (Sunna) als Orientierungsmuster für den Umgang mit Krisensituationen deuten. Die Prophetie[19] sieht u. a. die Aufgabe eines jeden Muslims darin, die Seele durch verantwortliches Handeln von allen weltlichen und geistigen Risiken fern zu halten. Die Prophetie beschreibt es als Gemeinschaftspflicht für alle Gläubigen, dem kranken und schwachen Menschen beizustehen. In einem Gleichnis spricht Gott den Menschen auf seine Hilfepflicht mit folgenden Worten an:

---

[19] Der Begriff wird an dieser Stelle ganz allgemein als Oberbegriff für die – nach islamisch-sunnitischer Einsicht – Lebensweise des Propheten Muhammad verwendet. Da er nicht nur als Mensch, sondern auch als Prophet agierte, haben seine Handlungen für die Gläubigen insofern einen vorbildlichen Charakter, dass ihm nachgeahmt werden kann/soll.

„Allah der Mächtige und Erhabene spricht am Jüngsten Tag: „O, Sohn Adams, Ich war krank und du hast mich nicht besucht". Der Mensch antwortet: „O Herr, wie soll ich Dich besuchen? Du bist doch der Herr der Welten!" Allah sagt: „Hast du nicht bemerkt, dass einer meiner Diener krank war, und du hast ihn nicht besucht? Hast du nicht gewusst, dass – wenn du ihn besucht hättest - du mich bei ihm gefunden hättest [...]."[20]

In diesem Gleichnis stellt sich Gott als Kranken und Hilfsbedürftigen dar, so dass er – allegorisch betrachtet, auf die Hilfe des Mitmenschen warte. Das Gleichnis versteht sich wiederum als Aufruf dazu, Hilfe zu leisten.[21] Übertragen auf das professionelle Handlungsmuster der Seelsorge kann dieses Gleichnis folgendes bedeuten: Der Seelsorger bzw. die Seelsorgerin arbeitet am Spannungsverhältnis von Nähe und Distanz (in diesem Fall zu Gott). Ein Schicksalsschlag muss nicht automatisch zu mehr Nähe zu Gott führen. Im Aufgabenbereich der Seelsorge liegt allerdings die Organisation von Hilfe und Zuwendung genau in dem Ausmass, das der Hilfebedürftige individuell selbstbestimmt. Die Regulierung von Nähe und Distanz an dieser Stelle erfordert ein hohes Mass an religiöser und kultureller Sensibilität, die zugleich einen intensiven Gegenstand seelsorgerlicher Verständigung darstellt.

Das Spannungsverhältnis von Nähe und Distanz kann theologisch vor dem Hintergrund der Prozesse von Sünde und Vergebung reflektiert werden. In der Notlage wird die Sinnfrage aufgeworfen. Ein Teilaspekt dieser Sinnfrage betrifft in der islamischen Tradition die subjektive Wahrnehmung von Sünde und Verfehlung. Oft wird gefragt: Bestraft mich Gott mit diesem oder jenem Schicksalsschlag? Stösst mich Gott aus Seiner Gnade aus, liebt er mich nicht mehr, oder liebt er mich so sehr, dass er mich so sehr, dass er mir durch die Krise neue Chancen eröffnet? Die enge Verknüpfung von Krise und Bestrafung durch Gott ist genauso verbreitet wie die Vorstellung von Krise und besonderer Zuwendung Gottes als Ausdruck seiner Liebe. In der prophetischen Tradition trifft man auf die folgende Aussage (Hadith):

„Keine Müdigkeit und keine Krankheit, keine Sorge, und keine Trauer, kein Schmerz und kein Kummer befällt den Muslim, nicht einmal ein winziger

---

[20] Imām Abū Zakariyā Yaḥyā ibn Scharaf an-Nawawī, Gärten der Tugendhaften „Riyāḍ us-Ṣāliḥīn", Band II, 1. Auflage, München 2002, S. 333.
[21] Diesem Gleichnis kommt im Kontext interreligiöser Seelsorge eine elementare Verbindungsfunktion zu. Eine direkte Parallele dazu findet sich im 25. Kapitel des Matthäusevangeliums (Mt 25,31f.).

Dorn kann ihn stechen, es sei denn, Gott will ihm damit eine Sühne für seine Verfehlungen auferlegen."[22]

Es ist wichtig, individuell herauszufinden, welches Verständnis seiner Situation der Betroffene in diesem Zusammenhang hat und wie er seinen Ausnahmezustand einordnet. Hier bedarf es seitens der Seelsorger einer abwartenden Zurückhaltung, um den Betroffenen dort abzuholen, wo er steht. Diese Phase des aktiven Zuhörens kann nach und nach durch gezielte Impulse erweitert werden, die verkraftbar sein sollen. Pauschale Belehrungen, Überredungen oder normative Lehrsätze sind grundsätzlich nicht geeignet, die betroffene Person hilfreich zu stärken. Es geht um die geschulte Wahrnehmung dessen, womit der Betroffene in dem Augenblick erreicht wird.

Mit der sinnstiftenden Hilfe geht eine Botschaft der Hoffnung einher. Der Mensch braucht in der Notlage die Hoffnung, dass es besser wird. In der prophetischen Tradition ist die Rede beim Besuch einer Erkrankten davon, gute und positive Stimmung zu verbreiten: „Wenn ihr bei einem Kranken zu Besuch seid, sprechet gut und hoffnungsvoll [...]"[23]. Jedem, der einem anderen Menschen Hoffnung gibt, wird – so die prophetische Handlungsempfehlung – selbst Hoffnung versprochen. Mit der Hoffnung wird demzufolge ein Appell an den Menschen gerichtet, der in der Notlage eine starke Perspektivenverengung erfährt, an die eigenen Ressourcen und Fähigkeiten so fest zu glauben, um innere Kräfte im Umgang mit der Notlage zu mobilisieren. Die Hoffnung kann dem Betroffenen nicht eingeredet werden. Der Betroffene soll – idealtypisch gedacht – die Hoffnung in sich selbst und in die eigenen Ressourcen, Kräfte, Möglichkeiten und v. a. auch in tragende Beziehungen im eigenen Umfeld nicht verlieren.

3 Fallbeispiel: Familienkonflikt am Sterbebett

Im dritten und letzten Teil dieses Beitrages soll ein Fallbeispiel mit dem Ziel besprochen werden, die bisher dargestellten theoretischen Aspekte mit den Erwartungen der Realität zu konfrontieren. Damit soll zum einen die Komplexität eines seelsorgerlichen Hilfeangebots ansatzweise entfal-

---

[22] Abū-r-Ridā' Muhammad Ibn Ahmad Ibn Rassoul, Auszüge aus dem Sahīh Al-Buḫārī, aus dem Arabischen, übertragen und kommentiert, Buchhandlung Attawhid, 8. Auflage 1996 Leverkusen, Hadith Nr. 5641-5642, S. 546.
[23] Vgl. Sunan Tirmiḏī, Hadith Nr. 2087, Sunan Ibn Māǧǧa, Hadith Nr. 1438.

tet und zum anderen die Besonderheiten einer konfessionsnahen – hier muslimischen – Seelsorge dargestellt werden. Ohne Anspruch auf Vollständigkeit dienen beide Teilziele der Perspektivenerweiterung auf den Gegenstand der muslimischen Seelsorge. Entscheidend für die Auswahl dieses Fallbeispiels ist die offenbare Komplexität der Fallstruktur, in der religiöse, ethnische, migrationsspezifische, familiäre und beziehungsspezifische Strukturelemente zum Ausdruck kommen. Die Verzahnung dieser Elemente erscheint typisch für das Phänomen des Seelenlebens zu sein, und deshalb sprechen sich die Autoren anhand dieser Fallbesprechung auch eindeutig gegen eine Reduktion der (muslimischen) Seelsorgetätigkeit auf den religiösen Aspekt sowie gegen die Beschränkung der seelsorgerlichen Intervention auf eine Art „religiöse Belehrung":

> Ein 35-jähriger Familienvater mit türkischen Wurzeln befindet sich im Endstadium einer schweren Krebserkrankung und wird auf einer Palliativstation versorgt, nachdem er zuvor zwei Jahre lang von seiner Ehefrau zu Hause gepflegt worden war. Er hat die prognostizierte Lebenszeit bereits um mehr als zwei Monate überschritten. Durch den Hirntumor ist seine Wahrnehmung und Kommunikationsmöglichkeit eingeschränkt und so verlagert sich die seelsorgerliche Hinwendung auf seine Angehörigen.
>
> Seine Ehefrau, Anfang 30, war vor 10 Jahren aus der Türkei nach Deutschland gekommen und verfügt nur über unzureichende Deutschkenntnisse. Die Schwester des Patienten hilft beim Dolmetschen und ist sehr am Wohlergehen ihres totkranken Bruders interessiert. Die Sprachbarriere ist also überwindbar – entweder durch sprachkompetente Seelsorger oder flexibel und offen eingestellte Personen, die „Brücken" (wie dolmetschende Angehörige, Gestik und Mimik) zu nutzen wissen.
>
> Komplikationen gibt es in diesem Fall vorrangig aufgrund familieninterner Querelen. Die Mutter des Patienten, Mitte 50, pflegt einen „freizügigen" und „modernen" Lebensstil und hat zu ihrer traditionell-religiösen Schwiegertochter eine konflikthafte Beziehung. Sie überhäuft ihre Schwiegertochter mit Vorwürfen, mischt sich auch auf der Station vorwurfsvoll ein, stiftet Unruhe und besteht vehement auf eine anspruchsvolle Spitalversorgung mit nichtindizierten Massnahmen. Gleichzeitig ist sie nicht bereit, für ihren sterbenden Sohn oder ihre beiden Enkel Verantwortung zu übernehmen; bei ihren kurzen Besuchen mischt sie alles auf und taucht dann wieder ab. Die Ehefrau des Patienten hat Mühe, sich gegen ihre Schwiegermutter zu behaupten und wird auch von ihrer Schwägerin nur zögerlich unterstützt, da diese sich nicht gegen ihre Mutter auflehnen will und sich bei den Familienkonflikten eher zurückhält. Es entbrennt also ein „Machtkampf" zwischen den beiden einflussreichen Frauen – Ehefrau vs. Mutter – und die Seelsorgerin ist in einer Vermittlerposition, die auch von den behandelnden Ärzten auferlegt wird, da diese nicht die Zeit haben und es auch nicht in ihren Aufgabenbereich fällt, Konflikte mit streitenden Angehörigen zu lösen. Nichtsdestotrotz hat ein Allparteiengespräch unter seelsorgerlicher Anleitung und in Gegenwart der behandelnden Ärzte den Weg für die weitere Behandlung geebnet.

Aufgrund der Präsenz der Ehefrau verlagert sich das seelsorgerliche Engagement auf sie, um sie zu entlasten und in ihrer Rolle als Frau und Mutter aber auch ihr „Selbst" zu stärken. Ihre gute Absicht, die beiden Kinder durch Abschirmung und Tabuisierung des Sterbens zu schützen, wird in der seelsorgerlichen Arbeit als problematisch thematisiert und alternative Umgangsweisen erarbeitet. Die beiden Kinder, die von ihrer überforderten Mutter in letzter Zeit vernachlässigt und von Nachbarn versorgt worden waren, sollen mithilfe der Seelsorgerin an die Situation und den Abschied vom Vater herangeführt werden, um den notwendigen Trauerprozess einzuleiten. Die Ehefrau des Patienten ist mit der Gesamtsituation komplett überfordert; sie fühlt sich müde und hilflos und sieht keine Perspektive – ohne Mann in einem ihr fremd gebliebenen Land, die eigenen Eltern in der Türkei, von der Schwiegermutter in Deutschland abgelehnt. Hier kann Seelsorge über die Akutsituation hinaus perspektivistisch arbeiten und auch nach dem Tod des Patienten weiter zur Verfügung stehen. Gerade mit religiösen Menschen lässt sich ein Verständnis für Notsituationen („Warum"-Frage) und auch eine sinnhafte Zukunftsgestaltung gut erarbeiten, wenn der erste Schock abgeklungen ist und die Betroffenen langsam wieder zu sich kommen. In diesem konkreten Fall konnte durch die seelsorgerliche Unterstützung die Ehefrau behutsam auf die Realität eingestellt werden, so dass sie ihre (selbstschützende) Verleugnungshaltung und Hoffnung, dass alles nur ein Irrtum sei und es eine lebensrettende Therapie für ihren Mann geben würde, aufgeben konnte und der blockierte innere und äussere Prozess weitergehen konnte.

Wie von den Ärzten als sinnvoll erachtet und gewünscht konnte der Patient zum Sterben nach Hause entlassen werden, wobei die pflegende Ehefrau von einem mobilen Versorgungsteam unterstützt wurde. Die Kinder hatten Gelegenheit, im familiären Umfeld von ihrem Vater Abschied zu nehmen. Der Patient verstarb kurze Zeit nach der Verlegung nach Hause und wurde in der Türkei beerdigt.

Der anonymisierte und sehr stark gekürzte Fall soll exemplarisch dazu dienen, die Komplexität einer seelsorgerlichen Intervention ansatzweise zu entfalten. Die Falldarstellung erhebt somit keinerlei Anspruch auf Vollständigkeit oder Repräsentativität. Dem Fall kann zunächst die für die Seelsorge entscheidende Gegenstandsbestimmung abgewonnen werden, dass es in diesem beruflichen Handlungsfeld um die Begegnung des Menschen geht, der in eine in der Regel schwerwiegende Notlage geraten ist. In Abgrenzung zu anderen Berufsfeldern wie zum Beispiel der psychotherapeutischen, familientherapeutischen oder sozialpädagogischen Versorgung steht in diesem Handlungsfeld der Mensch in einer existenziellen Krise im Mittelpunkt, wobei der verbindende Kommunikationskanal die geteilte Spiritualität – hier das Muslimsein – ist und es um die Stärkung der Seele geht mit dem Ziel, den Leidensdruck zu verringern und den Menschen letztlich wieder handlungsfähig(er) zu machen. Es geht also nicht um die Behandlung einer krankheitswertigen Störung (zum Beispiel Depression) oder professionelle Familienhilfe oder Beratung bei Ehe- oder Erziehungsproblemen, also Angebote, die unter Umständen zusätzlich in Anspruch genommen werden sollten.

Der Fall zeigt, dass die existenzielle Erschütterung und die Trauer über den Verlust existenzieller Lebenssäulen ein entscheidender Krisenaspekt auf der Seite der Betroffenen ist. In diesem konkreten Fall geht es bei der Ehefrau nicht nur um die Trauer über den (drohenden) Verlust des Ehemannes, sondern um die weitreichenden Folgen wie zum Beispiel den Verlust von Sicherheit (Existenzsicherung, Behauptung innerhalb der Grossfamilie) und Perspektive. Das aufbrechende Gefühlschaos – also Traurigkeit, Wut, Angst, Hilflosigkeit, Unsicherheit, Selbstzweifel – und der grosse Leidensdruck sind häufig die motivationale Grundlage, seelsorgerliche Hilfe in Anspruch zu nehmen. Für den Seelsorger/die Seelsorgerin ist es eine grosse Herausforderung, mit den massiven und zahlreichen Aspekten und der unter Umständen komplexen Dynamik konfrontiert zu sein. Wichtig ist, sich emotionalen Zugang zu den Beteiligten und eine Vertrauensbasis zu verschaffen, um für die Seele in Not sorgen zu können. Selbstverständlich ist es unumgänglich, sich einen Überblick über das (gesamte) Problemfeld zu verschaffen, um gegebenenfalls die oben beschriebenen professionellen Hilfsangebote mit hinzuzuziehen, denn Seelsorge sollte sich auf die Frage fokussieren „Was braucht die Seele des Notleidenden im Moment?" auf einer spirituellen, religiösen – hier muslimischen – Basis.

In diesem konkreten Fall ist die Ehefrau mit der gesamten Situation völlig überfordert, was durch den aufbrechenden Konflikt mit der Schwiegermutter und die Überforderung mit den Kindern noch verschärft wird. Der zunehmende Handlungsdruck durch die vielen Erwartungen an die hauptbetroffene Person (die Ehefrau, die in einer gewissen Grossfamilienstruktur weiterhin funktionieren soll) stellt eine zusätzliche Belastung dar. Als gläubiger Mensch ist für sie das gemeinsame Gebet eine Kraftquelle und ein geeigneter Kommunikationskanal, wohingegen die Schwiegermutter etwas Anderes benötigt, was mit spirituellen Impulsen unter Umständen nicht ausreichend bedient werden kann. Ein Seelsorger muss so viel Feinfühligkeit besitzen zu spüren, was das (leidende) Gegenüber jeweils braucht. Es geht also immer um die Frage „Was braucht die Seele in diesem Moment?" Zu einem frühen Zeitpunkt sind viele Betroffene noch unter Schock, wie erstarrt, und benötigen vor allem Zuspruch und Beruhigung (zum Beispiel nach Mitteilung einer schweren Diagnose). Später wandeln sich die Bedürfnisse und es kommt auf den Betroffenen an, ob er in der Lage ist, sich mit der Realität zu konfrontieren, z. B. Informationen zu recherchieren und Entscheidungen zu treffen oder sich im Gegenteil zunächst eher in die Vermeidung flüchtet, um nicht überwältigt zu werden.

Jedem sollte das Recht zugestanden werden zu wissen oder nicht wissen zu wollen. Eine wichtige Aufgabe des Seelsorgers sollte sein, den Bedürfnissen des Gegenübers (möglichst frei von eigener Wertung) einen Rahmen bzw. eine Ausdrucksmöglichkeit zu geben, das heisst zum Beispiel der Trauer Raum zu geben[24] und dabei zu begleiten, um der sich in einem Krisen- oder Ausnahmezustand befindlichen Seele Schutz zu geben. Die seelsorgliche Intervention geht über die nötige Entlastung in organisatorischer Hinsicht (Behördengänge, Übersetzungsarbeiten, Organisation von Bestattung im In- oder Ausland etc.) hinaus und soll dem Betroffenen dabei helfen, die schwere Situation (er)tragen zu können. Im Unterschied zu anderen Disziplinen ist bei der Seelsorge die Spiritualität bzw. die Religion das Medium, um das Gegenüber zu unterstützen und zu stärken. Das Gefühl, in der Not nicht alleine zu sein und verstanden zu werden (dabei geht es nicht primär um die Sprache, sondern um menschliche Einfühlung) – und darüber hinaus eine sinnstiftende Dimension mit einzubeziehen – ist ein Wirkfaktor, der Erleichterung und manchmal sogar Hoffnung bringen kann, so dass sich neue Perspektiven eröffnen können und der Betroffene sich nach dem ersten Schock allmählich wieder handlungsfähiger fühlt. Mögliche Nebeneffekte wie Übersetzungsleistungen oder Übernahme von Behördengängen etc. sind entlastend und beziehungsstärkend, die Seelsorge sollte aber keinesfalls auf pragmatische Handlungen reduziert werden.

Mögliche konkrete seelsorgerliche Interventionen Angebote (bezogen auf das obige Fallbeispiel):

- Beziehungsaufbau zu den Beteiligten
- Den Betroffenen das Gefühl vermitteln, dass sie nicht alleine da stehen.
- Die Wichtigkeit des Abschieds und die Erinnerung für die Kinder thematisieren, so dass wertvolle Zeit noch *miteinander* verbracht werden kann.
- Ermutigung der Ehefrau, ihre Gefühle, auch ihre Traurigkeit authentisch vor den Kindern zu zeigen und mit ihnen gemeinsam zu trauern.

---

[24] Mehr zum Thema Trauerphase und -prozess bei: KAST, VERENA, Trauern. Phasen und Chancen des psychischen Prozesses, Stuttgart 2013.

- Mit der Ehefrau über die Angst und die Hoffnungslosigkeit, Einsamkeit und fehlende familiäre Unterstützung reden.
- Religiöse, sinnstiftende Impulse bei Gelegenheit einflechten: Gebete und rituelle Rezitation für die Ehefrau und den Patienten, Gottvertrauen und Hoffnung an das Jenseits stärken.
- „Moderiertes Gespräch": Ehefrau, Schwiegermutter und Schwägerin haben die Möglichkeit, ihre Wünsche für den Sterbenden unter Moderation der Seelsorgerin zu äussern und zu verhandeln.
- Teilnahme an einem Arzt-Angehörigen-Gespräch zur Klärung wichtiger Sachverhalte (Behandlungsmöglichkeiten, Krankheitsverlauf, Verlegung nach Hause).
- Schritte zur Begräbnisvorbereitung, Aufklärung über Möglichkeiten einer Überführung; Vermittlung von Kontaktdaten.

Diese Liste liesse sich noch weiterführen, denn die reale Handlungsdynamik ist viel komplexer und bietet zahlreiche Ansatzpunkte. Hier kommt es auf die individuelle Feinfühligkeit und Empathie des Seelsorgers an, im passenden Moment auf das angestossene Thema einzugehen und die geeignete Intervention zu finden. Als abschliessendes Fazit lässt sich jedoch resümieren, dass – wenn der Tod ins Leben tritt – eine konfessions*nahe* Begleitung erforderlich ist. Muslime, die im Sterben liegen, und auch ihre Angehörigen können am ehesten von einem sprachsensiblen, kultursensiblen und religionssensiblen Gegenüber erreicht werden.

Literaturverzeichnis

ASLAN, ADNIN/MODLER-EL ABDAOUI, MAGDALENA/CHARKASI, DANA
- Islamische Seelsorge. Eine empirische Studie am Beispiel von Österreich, Wiesbaden 2015.

CIMSIT, MUSTAFA
- Islamische Seelsorge – Eine theologische Begriffsbestimmung, in: Ucar, Bülent/Blasberg-Kuhnke, Martina (Hrsg.), Islamische Seelsorge zwischen Herkunft und Zukunft, Frankfurt am Main 2013, S. 13–26

ECKART, WOLFGANG U.
- Illustrierte Geschichte der Medizin. Von der französischen Revolution bis zur Gegenwart, Heidelberg 2011.

ILKILIC, ILHAN
- Begegnung und Umgang mit muslimischen Patienten. Eine Handreichung für die Gesundheitsberufe, 5. Aufl., Bochum 2005.

SCHÜKRI, IHSAN/KERIM, FAHREDDIN
- Die Geschichte der Psychiatrie in der Türkei, in: Allgemeine Zeitschrift für Psychiatrie und Psychisch-Gerichtliche Medizin 84 (1926).

UNGER, ULRICH JOSEF
- Die Krankenhausseelsorge am Psychiatrischen Landeskrankenhaus Weinsberg. Ein Beitrag zur Geschichte und Gegenwart der Seelsorge in der Psychiatrie, Europäische Hochschulschriften, Frankfurt am Main 1994.

Spitalseelsorge aus jüdischer Sicht

Marcel Yair Ebel

Inhaltsverzeichnis

1	Zur Situation jüdischer Menschen im Spital	75
2	Theologische Grundlagen einer jüdischen Spitalseelsorge	77
2.1	Der Krankenbesuch	77
2.2	Perspektiven schaffen	77
2.3	Das Gebet	78
2.4	Zwischenfazit	78
2.5	Impulse aus der rabbinischen Tradition	79
2.5.1	Krankenbesuch, Krankenpflege und Nachbetreuung	79
2.5.2	Empathie als Grundprinzip von Seelsorge	80

1 Zur Situation jüdischer Menschen im Spital

Einleitend kann gesagt werden, dass sich ein jüdischer Mensch in der Krise nicht von einem anderen Menschen in der gleichen Situation unterscheidet. Er braucht wie jeder Mensch unsere Sympathie, unser Mitgefühl und unsere Wertschätzung. Er muss zuerst als Mensch und erst an zweiter Stelle als Jude oder Jüdin gesehen werden.

Nachfolgend wird auf einige Punkte hingewiesen, die im Umgang mit jüdischen Patienten wichtig sind:

- *Essen und Trinken* hat für jeden Juden eine zentrale Bedeutung. Diesbezüglich sollte folgendes beachtet werden: Wein oder Traubensaft sollte nicht angeboten werden. Hingegen eignen sich Wasser oder Softdrinks und Früchte. Empfehlenswert sind auch Kaffee oder Tee im Glas oder Einwegbecher. Das Essen muss „koscher" sein, d. h. es muss den traditionellen religionsgesetzlichen Vorschriften für die Zubereitung und den Genuss von Speisen und Getränken entsprechen. Falls koscheres Essen im Spital nicht verfügbar ist, wird es von der Familie des Patienten organisiert.

- Gemäss der jüdischen Tradition hat jeder Mensch, der ein *Leben* rettet, eine ganze Welt gerettet. Leben und Tod liegen in der Hand Gottes, daher ist Leben ein absoluter und nicht ein relativer Begriff. Juden müssen alles unternehmen, um Leben zu retten und zu erhalten. Dem Ziel, Leben zu retten, müssen sich oft andere religiöse Vorschriften unterordnen. Dabei handelt es sich wohl um die schwierigste Fragestellung, mit welcher sich ein jüdischer Seelsorger im Spital auseinandersetzen muss.
- Solange die *Hoffnung* auf Leben besteht, darf diese nicht aufgegeben werden. Menschen sterben oft an Hoffnungslosigkeit.
- Neben den täglich vorgeschriebenen *Gebeten* findet der jüdische Mensch Trost im Beten von Psalmen. Im Spital sollte dafür – falls möglich – ein separater Raum zur Verfügung gestellt werden.
- Die Weisen der Juden sagen: „Versuche deinen Freund nicht zu trösten, solange der Tote noch vor ihm liegt." In diesem Moment ist er für *Trost* nicht empfänglich, d. h. man sollte nur sprechen, wenn man angesprochen wird. Dies gilt vor allem, wenn man eine schlechte Nachricht überbringen muss. Gemeinsam schweigen hilft oft mehr als viele Worte.
- Strenggläubige Männer meiden jeden *körperlichen Kontakt* mit dem anderen Geschlecht. Wenn ein Mann einer Frau selbst bei einer Beileidsbezeugung nicht die Hand gibt, hat dies nichts mit der Frau zu tun, sondern mit einer religiösen Vorschrift. Diese Vorschrift hier zu erklären, würde indessen zu weit führen.
- Es wird immer versucht werden, einen jüdischen Menschen rasch zu *beerdigen*. Dies ist die grösste Ehre, die einem Verstorbenen erwiesen werden kann. Kleinste Körperteile werden gesucht (z. B. nach einem Attentat oder einem Unfall), um diese zu beerdigen. Eine *Obduktion* sollte nach Möglichkeit unterlassen werden. Sie ist aus religiösen Gründen nur erlaubt, wenn diese zur Wahrheitsfindung beiträgt.

2 Theologische Grundlagen einer jüdischen Spitalseelsorge

Nachfolgend wird anhand mehrerer Geschichten aus der Bibel und dem Schulchan Aruch aufgezeigt, was Seelsorge aus jüdischer Sicht bedeutet.

2.1 Der Krankenbesuch

Im ersten Buch der Bibel, 1. Buch Mose, Kapitel 18, Verse 1–3 wird berichtet, dass Gott Abraham drei Tage nach seiner Beschneidung besucht. Sowohl nach der Erfahrung jüdischer Knaben und Männer als auch nach jüdischer Tradition ist der dritte Tag nach der Beschneidung der Tag, an dem die meisten Schmerzen auftreten. Gott in seiner allmächtigen Güte kommt also, um einen Menschen zu besuchen und ihm in seinem Schmerz beizustehen. Von diesem Besuch Gottes bei Abraham lehren die jüdischen Weisen, wie wichtig es ist, einen Kranken zu besuchen.

Seelsorge heisst also: Jemanden besuchen.

2.2 Perspektiven schaffen

Neben dem Krankenbesuch können wir aus dem 1. Buch Mose, Kapitel 21, Verse 15–19 eine sehr wichtige Lehre für uns als Seelsorger und Seelsorgerinnen und als Menschen, die sich um das Wohl anderer bemühen, ziehen. In dieser Geschichte geht es um Hagar, die Krebsfrau oder die zweite Frau Abrahams:

> Hagar und ihr Sohn Ismael werden von Abraham auf Wunsch seiner Frau Sara verstossen, weil es, nachdem Sara ihren Sohn Isaak geboren hat, keinen Platz mehr für Hagar und Ismael gibt. Hagar geht hierauf mit einem Schlauch Wasser ausgerüstet in die Wüste. Das Wasser hält nicht sehr lange und das Kind fängt an zu schreien, weil das Wasser zu Ende gegangen ist. In diesem Moment kann es die Mutter nicht mehr aushalten. Sie legt das Kind unter einen Baum, um es nicht mehr schreien zu hören. Da hört sie die Stimme eines Engels aus dem Himmel, die sagt: „Hagar, fürchte dich nicht, Gott wird aus deinem Sohn ein grosses Volk machen." Der jüdische Midrasch, eine erzählende Erklärung zur Tora, sagt, dass die Engel im Himmel angefangen haben, mit Gott zu argumentieren: „Wieso willst du diesen dann retten, wenn du weisst, dass seine Nachkommen so viel Unheil anrichten werden?" Und Gott hat sie gefragt: „Ist er jetzt ein Gerechter oder ein Frevler?" Und sie haben gesagt: „Er ist jetzt ein Gerechter." Und Gott hat geantwortet: „Ich beurteile ihn so, wie er jetzt ist, als Gerechten." Und deshalb rettet er ihn. Danach konnte Hagar wieder zu ihrem Sohn Ismael zurück finden und auf einmal sah sie einen Wasserbrunnen. In der Schrift heisst es, sie öffnete ihre Augen.

Hagar, eine Frau, die weggeschickt wird und dadurch tief verletzt ist, hat sich verschlossen. Dadurch ist sie nicht mehr in der Lage, das Naheliegende zu sehen. Sie kann nicht einmal mehr das Weinen ihres Kindes aushalten. Sie ist so sehr mit sich selbst beschäftigt, dass sie nichts mehr mit ihrem Sohn zu tun haben will. Erst als sie durch die Verheissung Gottes, aus Ismael ein grosses Volk zu machen, eine Perspektive bekommt, kann sie ihre Augen öffnen und den Brunnen sehen. Die Bibel sagt nichts von einem Wunder, den Brunnen gab es tatsächlich. Aber in ihrem Schmerz war sie nicht fähig, den Brunnen zu sehen. Ich denke, es ist ein schönes und bewegendes Beispiel von seelsorgerischer Betreuung, die hier einem Menschen widerfährt. Einem Menschen, der mit sich selbst und seinem Schmerz beschäftigt ist, wird eine Perspektive aufgezeigt, so dass er die Augen öffnet und wieder sehen kann.

Seelsorge heisst also: Augen öffnen und einen Weg zeigen.

2.3 Das Gebet

Es gibt noch ein weiteres Element, welches zur Seelsorge gehört: das Gebet. Dies soll anhand der Geschichte von Mirjam, der Schwester von Aaron und Moses, im 4. Buch Mose, Kapitel 12, dargelegt werden:

> Von Mirjam wird erzählt, dass sie sich der Sünde der üblen Nachrede schuldig gemacht hat. Sie lügt nicht – und hat doch eine scharfe Zunge. Unsere jüdischen Weisen sagen: „Es gibt neben dem Schmerz nichts Schärferes als die Zunge. Und es gibt nichts, was mehr Blutvergiessen verursacht hat als die menschliche Zunge."
>
> Für ihr Verhalten wird Mirjam mit Aussatz bestraft. Da kommt Aaron und bittet Mose, für seine Schwester einzutreten. Obwohl Mirjam dem Mose übel nachgeredet hat, betet er für sie: „O Gott, heile sie doch."

Bei „O Gott, heile sie doch" handelt es sich um das kürzeste Gebet, welches man in der geschilderten Situation sprechen kann.

In der Seelsorge kommt es also nicht auf die Länge eines Gebetes an, sondern auf die Intention, die im Gebet enthalten ist.

2.4 Zwischenfazit

Demnach können als Grundlage für seelsorgerische Arbeit folgende drei biblisch begründete Elemente festgehalten werden: Der Krankenbesuch, das Ziel, den Menschen eine Perspektive zu geben und ihnen die Augen zu öffnen und das Gebet.

2.5 Impulse aus der rabbinischen Tradition

Beim Schulchan Aruch (hebräisch für „der gedeckte Tisch") handelt es sich um einen Gesetzeskodex, welchen ein Rabbiner zumindest so gut kennen muss, dass er weiss, wo er nachschlagen muss. Dieser Schulchan Aruch geht zurück zu den Quellen in der Bibel und führt weiter über den Talmud. Er ist das Konzentrat jüdischer Gesetze. Wenn eine halachische – also eine religionsgesetzliche – Entscheidung zu fällen ist, müssen sich die Rabbiner immer am Schulchan Aruch orientieren. Das Wort „Halacha" kommt vom hebräischen Wort „holech", was „gehen" bedeutet. Die Halacha ist nicht etwas Statisches, das einmal gegeben wurde, sondern die Halacha wird immer weiter entwickelt. Auch Fragen, die heute aktuell sind, wie zum Beispiel medizinethische Fragen, das Klonen oder die Transplantationsmedizin, müssen von Rabbiner immer wieder ausgehend von dieser Basis beantwortet werden.

2.5.1 Krankenbesuch, Krankenpflege und Nachbetreuung

Es gibt Vorschriften über den Krankenbesuch – eine Abteilung des Schulchan Aruch befasst sich nur mit diesem Thema. Dort heisst es: „Wer einen Kranken besucht, der nimmt ihm einen 60stel seiner Last ab." Im Talmud wird dann die Frage aufgeworfen, ob eine Person wieder gesund ist, sobald 60 Personen sie besucht haben. Dies ist aber hiermit nicht gemeint. Die Krankheit bleibt natürlich bestehen. Aber jede Person, die einen Kranken besucht, trägt einen Teil der Sorgen des Kranken nach Hause. Sie nimmt die Sorgen des Kranken nicht weg, sondern trägt einen Sechzigstel mit sich.

Im Talmud Nedarim finden wir eine Stelle, an der Folgendes erzählt wird:

> Rabbi Chelmo war krank. Niemand besuchte ihn, auch nicht seine Mitstudenten. Da kam der Lehrer Rabbi Akiba, ein grosser Gelehrter, von dem wir bis heute sehr viele Gesetzesentscheide übernehmen, und besuchte Rabbi Chelmo. Er kümmerte sich um ihn, und nicht nur das, er war sich nicht zu schade, Wasser auf den Boden auszusprengen, aufzuwischen und mit ihm zu essen. Als Rabbi Chelmo wieder gesund war, sagte er zu seinem Meister: „Rabbi, mein Meister, du hast mich gesund gemacht." Daraufhin ging Rabbi Akiba ins Lehrhaus und lehrte: Jeder, der einen Kranken nicht besucht, ist wie einer, der jemanden getötet hat.

Dieser Geschichte von Rabbi Akiba können wir entnehmen, dass es nicht nur wichtig ist, dass wir uns um die Seele des Menschen kümmern, son-

dern um seine ganz natürlichen Bedürfnisse, um das, was er wirklich braucht.

In der heutigen Zeit, wo die Verweiltage im Spital immer kürzer und wo Patienten aus wirtschaftlichen Überlegungen bereits nach zwei oder drei Tagen nach Hause geschickt werden, ist auch die Nachbehandlung nach dem Spitalaufenthalt wichtig. Spitalseelsorgerinnen und -seelsorger müssen sicherstellen, dass auch nach dem Spitalaustritt eine seelische Betreuung vorhanden ist.

Rabbi Akiba weist auf etwas Wesentliches hin: Wer einem Kranken keine vollständige Heilung (hebr. „Refua Schlema") wünscht, hat seine Pflicht des Krankenbesuches nicht erfüllt. Man kann mit den Personen im Spital über alles sprechen, aber das Wesentlichste ist der Wunsch nach einer vollständigen Heilung zu äussern. Da entstehen natürlich viele Fragen: Wie können Seelsorgerinnen und Seelsorger kranken Menschen eine vollständige Heilung verschaffen? Heilung muss hier nicht heissen, körperlich wieder so hergestellt zu werden, dass man morgen wieder zur Arbeit gehen kann. „Geheilt" und „heil sein" können sehr unterschiedliche Bedeutungen für Menschen haben. Es ist durchaus möglich, dass schon das Befreien von Schmerzen für jemanden Heilung bedeuten kann.

2.5.2 Empathie als Grundprinzip von Seelsorge

Empathie, d. h. auf Menschen zugehen, mit ihnen reden, finden wir in den Sprüchen der Väter, in einem Kompendium von Aussagen von Rabbiner, die ungefähr zurzeit Jesu gelebt haben. Dort sagt Rabbi Schimon ben Eleasar: „Besänftige deinen Nächsten nicht, solange der Zorn noch brennt, tröste ihn nicht, solange der Tod noch vor ihm liegt, versuche nicht, sein von ihm gegebenes Gelübde aufzulösen, bemühe dich nicht, ihn im Augenblick der Schmach zu sehen." Hier kommt ein sehr tiefes Verständnis für die Gefühle der Mitmenschen zum Ausdruck. Diese Gefühle sollen ihren Platz erhalten und nicht bagatellisiert oder verdrängt werden. Das heisst mit anderen Worten einerseits aushalten und nicht reden, wenn es nicht notwendig ist, andererseits Raum schaffen für den Schmerz und die Trauer unserer Mitmenschen und mit den Menschen dort zusammen sein, wo sie sind.

Von Rabbi Nachman von Braslaw, einem der grossen chassidischen Seelsorger, gibt es eine Geschichte, die Folgendes erzählt:

> Es gab einmal in einem Königreich einen Prinzen, der glaubte, er sei ein Truthahn. Er benahm sich komisch, er trug keine Kleider, er sass unter dem

Tisch, ernährte sich nur von Körnern und wollte um keinen Preis etwas anderes. Alle Weisen und klugen Leute aus dem ganzen Lande kamen, um ihn zu heilen, aber nichts nützte. Da kam ein weiser jüdischer Mann und sagte: „Ich kann ihn heilen." Der König war schon so verzweifelt, dass er sagte: „Lassen wir diesen Juden es versuchen, ihn zu heilen." Was tat dieser Weise? Er zog seine Kleider aus und sass nackt mit dem Prinzen unter dem Tisch. Er fing an, Körner zu essen. Der Prinz fragte: „Was machst du denn da?" Antwort: „Ja, ich bin ein Truthahn." Und der Weise fragte: „Und was machst du?" „Ach, ich bin auch ein Truthahn." „Das trifft sich gut. Dann sind wir zwei Truthähne." Und die beiden wurden Freunde. Eines Tages nahm der Weise einen Löffel in die Hand und begann die Körner mit dem Löffel zu essen. Der Prinz wurde richtig böse: „Was fällt dir ein! Du bist doch kein Truthahn, wenn du mit einem Löffel isst." „Doch, ich bin nicht weniger ein Truthahn, aber es ist bequemer, wenn ich mit dem Löffel esse." Und so ass er mit dem Löffel und der Prinz begann auch, mit dem Löffel zu essen. Etwas später sass der Weise auf einem Stuhl. Der Prinz wieder: „Was fällt dir ein, ein Truthahn sitzt nicht auf einem Stuhl." Er sagte: „Ich weiss, dass ein Truthahn nicht auf einem Stuhl sitzt, aber es ist bequemer, deshalb lass uns auf dem Stuhl sitzen. Ich bin trotzdem ein Truthahn." So sassen sie auf Stühlen. Und so ging es weiter bis beide mit Kleidern wieder am Tisch sassen. Der Prinz fragte den Weisen: „Bin ich jetzt kein Truthahn mehr?" Der Weise sagte: „Solange du glaubst, du bist ein Truthahn, bleibst du ein Truthahn, du musst es selber wissen, was du bist."

So sagt uns diese Geschichte, dass man den Menschen dort abholen muss, wo er ist. Und wenn einer ein Truthahn ist, muss man nicht unbedingt die Kleider ausziehen, sondern man muss sich – und das ist das Schöne an unserer Geschichte – zu ihm hinunter lassen. Man muss dorthin gehen, wo er ist. Dann besteht die Möglichkeit, ihm vielleicht zu helfen.

Es geht in der Seelsorge im Spital also darum, den Menschen als das anzuerkennen, was er ist: als einen Menschen, der Hilfe braucht, als einen Menschen, der in einer schwierigen Situation ist, und ihn so zu betrachten, wie es uns Gott gelehrt hat.

La prise en charge de la spiritualité de personnes atteintes d'une maladie grave par une équipe interprofessionnelle

Fatoumata Diawara/Geneviève Spring

Inhaltsverzeichnis

1	La situation de Mme B.	84
2	L' exemple de Mme F.	88
3	L' exemple de Mme E.	90
	3.1 La préparation de la visite	90
	3.2 La rencontre avec l'équipe de 1ère ligne: moment d'interaction et de co-construction	91
	3.3 La réalisation du STIV – SDAT	92
	3.4 Les recommandations issues du STIV – SDAT	92
Bibliographie		**94**

Selon la définition de l'organisation mondiale de la santé (OMS), les soins palliatifs sont des soins qui visent à améliorer la qualité de vie des patients et de leur famille, face aux conséquences d'une maladie potentiellement mortelle, par la prévention et le soulagement de la souffrance, identifiée précocement et évaluée avec précision, par le traitement de la douleur et des autres problèmes physiques, psychologiques et spirituels qui lui sont liés[1]. La dimension spirituelle fait donc partie intégrante de la prise en charge. L'accompagnement se fait par la collaboration d'une équipe multiprofessionnelle associant les équipes en charge du patient et les équipes spécialisées en soins palliatifs.

Nous prendrons 3 exemples issus de notre pratique clinique pour illustrer l'interprofessionnalité indispensable dans l'accompagnement de la per-

---

[1] OMS 2002.

sonne atteinte d'une maladie grave. Dans la première situation, nous aborderons le rôle des professionnels dans la prise en compte de la dimension spirituelle de la personne malade. Le second exemple sera consacré à l'impact de la maladie grave sur la spiritualité du patient. Pour finir, nous décrirons une intervention de l'équipe mobile en soins palliatifs (ci-après EMSP) avec l'accompagnant spirituel.

1   La situation de Mme B.

Mme B., 85 ans, est hémodialysée depuis 2 ans en raison d'une insuffisance rénale chronique sur une néphropathie diabétique et hypertensive. Elle réside en établissement médico-social (EMS) ; elle est hémodialysée 3 fois par semaine. L'équipe mobile de soins palliatifs est contactée pour une aide à la gestion de douleurs très invalidantes et pour une aide à l'élaboration du projet thérapeutique. L'équipe ne comprend pas pourquoi les dialyses sont poursuivies alors qu'elles sont source d'inconfort.

Lors de la première visite de l'EMSP, Mme B. est très plaintive ; elle décrit des douleurs diffuses, invalidantes et envahissantes. L'ensemble de l'évaluation est consacré à la douleur, le discours est répétitif. Il ressort un découragement, une perte de plaisir et un isolement social : elle ne participe plus à aucune activité, ni aux repas en commun. Le binôme consultant fait l'hypothèse de troubles de l'humeur de type dépressif sans pouvoir exclure une détresse spirituelle.

La situation de Mme B. soulève plusieurs problématiques rencontrées dans l'accompagnement de patients relevant de soins palliatifs.

D'abord, elle pose la question de l'identification des besoins : qui de l'équipe ou de la patiente est le plus à même de définir les besoins de la patiente ? Dans la situation de Mme B., la demande commune des professionnels de l'EMS et de l'équipe du centre de dialyse est l'arrêt des plaintes de la patiente. L'origine identifiée par les professionnels des plaintes est la douleur. La prise en charge de la douleur est donc identifiée comme la demande prioritaire. Dans la définition de l'OMS, l'accompagnement proposé à la personne malade et ses proches vise l'amélioration de la qualité de vie[2]. Or, l'OMS définit la qualité de vie

---

[2]   OMS 2002.

comme « *la perception qu'a l'individu de sa place dans l'existence, dans le contexte de la culture et du système de valeurs dans lesquels il vit, en relation avec ses objectifs, ses attentes, ses normes et ses inquiétudes.* »[3]. Selon cette définition, la qualité de vie est subjective et influençable par différents facteurs. Malgré l'expertise que l'équipe peut avoir de la personne malade, celle-ci, tant qu'elle en a la capacité, est la plus à même à définir les éléments qui font sa qualité de vie. Elle doit par conséquent être intégrée à l'élaboration du projet la concernant.

Comment alors recueillir les besoins de la personne malade ? Dans le cas de Mme B., devant l'impossibilité du binôme consultant à réaliser une évaluation des symptômes, il est décidé en équipe interprofessionnelle (médecins, infirmiers, psychologue et accompagnant spirituel de l'EMSP) de centrer les prochaines évaluations sur le parcours de vie de la patiente afin d'obtenir des éléments de compréhension de la situation. Comme l'ensemble de l'équipe a été formée à l'utilisation du SPIR[4] par l'accompagnant spirituel, c'est cet outil qui est utilisé comme support pour initier les échanges. Il s'agit d'un outil d'évaluation de la spiritualité destiné aux soignants[5]. L'anamnèse se fait soit par une auto-évaluation par la personne malade soit par une hétéro-évaluation. Le SPIR comprend 4 items : S pour spiritualité dans le sens le plus large du terme ; P, place de la spiritualité dans la vie de la personne ; I, intégration de la personne dans une communauté et R, rôle que la personne veut faire jouer au professionnel de la santé[6]. L'anamnèse ainsi réalisée permet aux soignants de connaître les préférences et les besoins de la personne malade dans le domaine de la spiritualité et de recueillir des éléments médicaux qui pourront influencer les prises de décisions de la personne malade[7].

Lors des 2 entretiens suivants centrés sur l'anamnèse spirituelle, la patiente aborde spontanément la question des symptômes. Les douleurs et la fatigue sont effectivement désignées par la patiente comme éléments grevant sa qualité de vie. Mais elle évoque une autre problématique tout aussi importante pour elle, son souhait depuis plusieurs mois d'arrêter la dialyse. Mme B. décrit un parcours de vie très marqué par la maladie (patho-

---

[3] OMS 1993.
[4] SPIR: outil dont l'acronyme signifie Spiritualité, Place dans la vie, Intégration, Rôle du professionnel.
[5] FRICK/RIEDNER/FEGG ET AL.
[6] FRICK.
[7] FRICK/RIEDNER/FEGG ET AL.

logie ostéo-articulaires, vasculaires, diabète, chirurgies multiples dont abdominales avec comme conséquence des troubles digestifs depuis plus de 20 ans). Depuis plusieurs mois, elle ne voit plus de sens à continuer à être maintenue en vie par une machine. Elle en a discuté avec une partie de la famille. Elle n'a pas encore entamé de démarches car elle s'inquiète de la réaction des autres membres de la famille et elle évoque sa peur d'avoir plus de souffrance à l'arrêt de la dialyse notamment la peur de mourir étouffée. L'EMSP aborde avec elle les problématiques liées à l'arrêt de la dialyse (symptômes et prise en charge).

Mme B. charge ensuite l'EMSP de rencontrer ses enfants pour leur offrir l'opportunité de poser les questions sur l'arrêt de la dialyse.

Dans la situation de Mme B., une des difficultés rencontrées par toutes les équipes a été l'évaluation des symptômes dans un contexte de dépression ou de détresse spirituelle. Ces éléments concordent avec les données de la littérature sur les symptômes psychologiques. En effet, la dépression, la tristesse ou l'anxiété sont associées à une augmentation de la détresse liée aux symptômes ou à une majoration de l'intensité du symptôme[8]. Les symptômes psychologiques peuvent aussi majorer la détresse spirituelle[9]. En cas d'aggravation des symptômes, même s'il est normal de penser à une progression de la maladie, il est important de rechercher des éléments diagnostics en faveur de la dépression[10] car une des conséquences possibles est soit la sous-évaluation des symptômes soit la surévaluation des symptômes et donc une réponse thérapeutique inadéquate. Dans le cas de Mme B., il a été décidé de ne pas modifier le traitement antalgique avant la fin de l'évaluation de l'EMSP et l'adaptation de l'anxiolyse introduite par le psychiatre.

Secondairement, une adaptation du traitement antalgique est proposée par l'EMSP. Le traitement psychotrope et l'adaptation du traitement antalgique permettent une amélioration de l'état général de la patiente. Elle est à nouveau capable de sortir de sa chambre et de prendre ses repas avec les autres. Malgré cette amélioration, Mme B. décidera d'arrêter d'elle-même la dialyse.

---

[8] OECHSLE/WAIS/VEHLING/BOKEMEYER/MEHNERT.
[9] OECHSLE/WAIS/VEHLING/BOKEMEYER/MEHNERT.
[10] GUSICK.

Finalement, la spiritualité est une dimension transversale qui touche plusieurs groupes de professionnels. D'abord les soignants qui, comme nous l'avons vu, ont un rôle à jouer dans la prise en compte de la dimension spirituelle de la personne malade et de ses proches[11]. Ainsi, la réalisation d'une anamnèse spirituelle peut être considérée comme une intervention en soi ou comme la première étape d'une intervention plus importante[12]. D'autre part, plusieurs interventions psychologiques ont été développées pour prendre en charge cette dimension et prévenir cette détresse que l'accompagnant spirituel qualifie de spirituelle, alors que le psychologue parlera de détresse existentielle. Dans la littérature, les deux expressions sont utilisées de manière interchangeable[13]. Parmi les interventions psychologiques développées, citons la dignity therapy[14], short term life review[15], meaning making sense[16].

Ce chevauchement des compétences n'est pas sans poser de problèmes. Quel professionnel est le plus pertinent dans la situation ? Dans la pratique clinique, le problème ne se pose pas ainsi. Il ne s'agit pas de choisir la personne la plus pertinente selon l'équipe mais selon le patient. La personne la plus pertinente sera celle que la personne malade aura désignée car elle dispose de la liberté d'accepter ou non de voir le professionnel. Mme B. a d'ailleurs refusé de voir et l'accompagnant spirituel et le psychologue, préférant se reposer sur l'équipe médico-infirmière. C'est donc l'articulation au sein de l'équipe interprofessionnelle qui permettra d'adapter le projet d'accompagnement au plus près des besoins du patient et de ses proches[17]. Dans le cas de Mme B., plusieurs niveaux de collaboration ont été mis en œuvre : la collaboration des professionnels au sein de l'EMSP entre l'équipe médico-infirmière, le psychologue et l'assistant spirituel ; la collaboration avec l'équipe de premier recours ; le recours aux partenaires du réseau comme l'équipe de psycho-gériatrie de l'adulte qui a pris en charge le soutien de l'équipe de l'EMS.

---

[11] FRICK/RIEDNER/FEGG ET AL.
[12] FRICK/RIEDNER/FEGG ET AL.
[13] BERNARD.
[14] CHOCHINOV/HACK/HASSARD.
[15] ANDO/MORITA/OKAMOTO/NISOSAKA.
[16] LEE/COHEN/EDGAR.
[17] EGAN/MACLEOD/TIATIA/WOOD/MOUNTIER/WALKER.

2 L' exemple de Mme F.

Mme F., 80 ans, est suivie pour un cancer du sein depuis 2000. La maladie a progressé malgré les différents traitements entrepris. Mme F. est mariée et elle a un fils et deux petites filles. L'EMSP est contactée pour une aide à la gestion de douleurs abdominales dans un contexte de diffusion de la maladie oncologique au niveau du péritoine. Lors de l'anamnèse spirituelle réalisée par l'EMSP avec l'outil SPIR, Mme F. se décrit comme protestante peu pratiquante et si la religion n'est plus une ressource importante pour elle, cela n'a pas toujours été le cas. Elle évoque une étape de colère contre Dieu sans donner plus de détails.

Lorsque le binôme consultant évoque cet épisode avec l'accompagnant spirituel, ce dernier l'identifie comme un signal d'alerte. Comme la patiente refuse de voir l'accompagnant spirituel, l'exploration est poursuivie par le binôme médico-infirmier de l'EMSP à la visite suivante. Mme F. donne comme principale cause à ce conflit avec Dieu, l'accumulation de problèmes de santé chez son mari et la découverte pendant la même période d'un cancer du sein chez elle. Elle évoque cette période comme très pénible car elle ne pouvait plus prier alors que la prière était une de ses ressources principales. Depuis son institutionnalisation à sa demande, elle a pu renouer avec Dieu et se rendre au culte organisé à l'EMS mais ce n'est pas comme avant. Ses principales ressources maintenant sont sa famille, la nature et le lien avec les autres résidents de l'EMS.

Dans une étude réalisée auprès de patients palliatifs atteints de cancer ou de sclérose latérale amyotrophique, les auteurs[18] ont mis en évidence que les valeurs personnelles des patients étaient impactées par la maladie. Le principal changement mis en évidence était l'augmentation des valeurs altruistes aux détriments des valeurs égoïstes. Les valeurs altruistes comprenaient par exemple l'universalisme (préoccupation pour le destin du monde), la bienveillance (l'attention portée à autrui) ; les valeurs égoïstes étaient les valeurs de réussite personnelle comme le pouvoir, la jouissance et la réalisation de soi[19]. Dans la même étude, les domaines cités comme donnant le plus de sens à leur vie par les patients étaient la famille, la santé, puis venaient les loisirs et les amis[20]. Les éléments de la

---

[18] FEGG/WASNER/NEUDERT/BORASIO.
[19] BORASIO.
[20] FEGG/WASNER/NEUDERT/BORASIO.

situation de Mme F. vont dans le sens de ces données avec le renforcement de l'attention à autrui que ce soit pour le personnel soignant ou pour les autres résidants de l'EMS. Elle désigne d'ailleurs comme sa ressource principale sur l'EMS, en dehors de son mari, une infirmière de l'équipe de l'EMS. Selon Mme F. cette infirmière a joué un rôle plus important que tout autre soignant car par l'écoute qu'elle lui a apporté, elle lui a permis de renouer avec la prière.

Cependant, ce transfert des valeurs chez Mme F. ne s'est pas fait sans heurt. La maladie l'a privée de sa ressource principale qui était la spiritualité. Il n'y a pas de définition consensuelle de la spiritualité. Nous prendrons celle développée par le groupe de travail interdisciplinaire pour la prise en compte de la dimension spirituelle de la personne âgée en CTR : *«La spiritualité de la personne hospitalisée est définie par la cohérence singulière qu'elle donne à connaître lorsqu'elle déclare son sens à l'existence, manifeste ses valeurs et désigne sa transcendance. Cette cohérence fonde son identité profonde.»*[21] Dans cette définition, les valeurs et le sens de la vie occupent une place importante. Si la spiritualité est souvent décrite comme une ressource importante qui permet, notamment chez la personne âgée, une adaptation au changement[22] ; elle peut aussi être source de détresse. Cette détresse peut être favorisée par la difficulté à trouver du sens ou par le sentiment d'être abandonné de Dieu[23]. Mme F. a parlé de sentiment d'injustice, de son incompréhension que Dieu autorise sa maladie dans le moment où son mari avait le plus besoin de son aide. La situation de Mme F. n'est pas une exception. Il n'est en effet pas rare que le proche qui aide la personne malade soit lui-même malade.

La population européenne vieillit, selon l'OMS, en 2050, plus d'un quart de la population européenne sera âgée de 65 ans ou plus. La tranche d'âge qui augmentera le plus sera celle des 85 ans et plus. Ces personnes présenteront pour la plupart des maladies chroniques et plusieurs comorbidités[24]. Inévitablement, ils seront confrontés à des pertes ou un déclin physique au cours de leur vie[25]. Avec cette évolution démographique, la part de maladies chroniques de personnes bénéficiant de soins palliatifs augmentera aussi, dont celle des maladies neuro-dégénératives comme les

---

[21] ODIER/BORASIO.
[22] MANNING.
[23] ODIER/BORASIO.
[24] NAGHI/PHILIP/PHAN/CLEENEWERCK/SCHWARZ; OMS 2011.
[25] MANNING.

démences. Comment intégrer la prise en compte de la dimension spirituelle chez la personne atteinte de démence ou de troubles psychiatriques ?

Dans la prise en charge de pathologies chroniques, comme dans l'accompagnement des personnes relevant de soins palliatifs, l'équipe interprofessionnelle est une évidence car aucun groupe de professionnels n'a la compétence d'assumer seul toutes les problématiques rencontrées lors du parcours de vie de ces patients[26].

3   L' exemple de Mme E.

Mme E., 60 ans, est atteinte d'un cancer du sein découvert de manière fortuite lors d'un soin d'hygiène effectué par l'équipe soignante. Elle refuse toute exploration complémentaire, mais accepte la mise en route d'un traitement symptomatique. Mme E. est par ailleurs atteinte d'une schizophrénie. Elle refuse de voir tout autre professionnel que l'équipe du CMS et son médecin traitant. L'EMSP est contactée pour un soutien de l'équipe dans cette prise en charge complexe et une aide pour assurer le maintien à domicile de la patiente. La patiente est veuve ; elle a un fils. Elle est croyante, catholique.

Des rencontres mensuelles sont mises en place entre l'équipe infirmière du CMS et l'équipe médico-infirmière de l'EMSP. Des points réguliers sont faits entre le binôme consultant de l'EMSP et la psychologue de l'EMSP. L'accompagnant spirituel n'est pas impliqué directement dans le suivi, mais la situation est discutée hebdomadairement au colloque de transmission interprofessionnel.

3.1   La préparation de la visite

L'équipe de l'EMSP, cet après-midi -là, est composée de 3 infirmiers, dont 2 qui viennent d'intégrer l'équipe. L'infirmier référent de la situation de la patiente demande à l'accompagnant spirituel de se joindre à eux. Avant la visite, l'infirmier référent informe le groupe des problématiques de l'accompagnement de la patiente. Le centre médico-social

---

[26]   OMS 2011.

(CMS) est averti de la composition de l'équipe consultante, l'infirmier du CMS donne son accord.

3.2 La rencontre avec l'équipe de 1ère ligne: moment d'interaction et de co-construction

L'entretien se déroule au CMS. Malgré la présence de 5 professionnels, seuls deux groupes professionnels sont représentés : les infirmiers et l'accompagnant spirituel. La participation de l'accompagnant spirituel à de telles visites, même en l'absence de patient, lui permet d'appréhender avec plus d'acuité les compétences des soignants dans le domaine de la spiritualité. Lors de l'entretien, plusieurs niveaux d'interaction sont identifiés par l'accompagnant spirituel :

- L'interaction entre l'infirmier du CMS et les infirmiers de l'EMSP, qui sera l'interaction la plus fréquente en début d'entretien. Dans un premier temps, l'infirmière du CMS fait un compte rendu de la santé de la patiente, de ses questionnements et des stratégies utilisées pour soigner avec bienveillance une patiente qui tend à une autonomie renforcée par une myriade de rituels. Il apparaît en filigrane l'équilibre précaire et de la patiente et du réseau de soins qui l'entoure à domicile. Les infirmiers de l'EMSP prennent acte des observations, et soulignent l'excellente relation que l'infirmier a su préserver malgré la complexité de la situation.
- Au sein de l'EMSP, entre les infirmiers et l'accompagnant spirituel pour des compléments d'information.
- Entre l'infirmier du CMS et l'accompagnant spirituel, qui arrivera plus tard dans l'entretien, lorsque l'infirmier du CMS fait remarquer l'importance de la spiritualité pour Mme E. et sa place dans l'interaction que l'équipe du CMS peut avoir avec Mme E. Ces éléments, ainsi que l'expertise évidente de l'infirmier de la patiente incitent l'accompagnant spirituel à réaliser un dépistage de la détresse spirituelle avec l'outil STIV – SDAT[27].

---

[27] MONOD ET AL.

3.3 La réalisation du STIV – SDAT

Le STIV – SDAT est un outil développé par une équipe interdisciplinaire pour évaluer la détresse spirituelle chez la personne âgée hospitalisée. Cet outil comprend 4 items (Sens, Transcendance, Identité, Valeurs) qui sont retrouvés dans la définition de la spiritualité du groupe de travail citée plus haut[28]. L'accompagnant spirituel a été formé à l'utilisation de cet outil lors de son intégration dans l'EMSP. Cet outil permet à l'accompagnant spirituel, à travers un entretien semi-structuré avec la personne malade, de mieux appréhender la complexité de la personne malade[29]. Après l'entretien, l'accompagnant spirituel fait une analyse des éléments recueillis et établit un score de la détresse spirituelle[30]. Pour finir, les conclusions sont partagées en équipe interprofessionnelle (existence ou non de détresse sur une des dimensions de la spiritualité) et l'accompagnant spirituel adresse des recommandations à l'équipe.

Dans le cadre du fonctionnement de l'EMSP, l'accompagnant spirituel n'a pas toujours la possibilité de rencontrer la personne malade, comme c'est le cas pour Mme E. Il doit donc réaliser le STIV – SDAT sur la base de l'anamnèse spirituelle réalisée par l'équipe, normalement à partir du SPIR. Dans le cas de Mme E., comme aucun membre de l'EMSP n'a pu rencontrer la patiente, aucun SPIR n'a pu être effectué. Dans ce cas particulier, l'accompagnant spirituel se propose d'utiliser l'expertise de l'infirmier du CMS comme base pour le STIV – SDAT.

L'infirmière donne des éléments bien plus nombreux que les questions avec une bonne capacité à faire la différence entre ce qui est de son ressenti ou de sa pensée et ce que la patiente lui a dit.

3.4 Les recommandations issues du STIV – SDAT

L'analyse du STIV – SDAT est arrivé à la conclusion d'une perturbation légère sur les 4 dimensions du modèle STIV (sens, transcendance, valeurs et aspects psychosociaux de l'identité). En somme, les équipes ont donc identifié que la situation est précaire et que tout nouveau changement peut engendrer une crise. Il s'agit dès lors de poursuivre l'évaluation des ressources de la patiente pour pouvoir les activer en cas de crises. Comme

---

[28] ODIER/BORASIO.
[29] ODIER/BORASIO.
[30] ODIER/BORASIO.

l'EMSP ne pourra rencontrer la patiente, l'évaluation des ressources sera réalisée par l'équipe de 1ère ligne. L'accompagnant spirituel propose de :
- Soutenir et valoriser l'alliance que l'infirmière a construite avec la patiente.
- Proposer à l'infirmière des questions en lien avec le STIV-SDAT pour explorer les sous-dimensions notamment sur la transcendance, ce qui renforce cette alliance.
- Renforcer le lien entre les professionnels et le fils pendant les réunions de concertation.
- Penser en réseau aux stratégies pour anticiper l'action lorsque la crise sera présente.

Les recommandations réalisées par l'accompagnant spirituel sont partagées avec l'EMSP. Elles seront transmises à l'équipe de première ligne soit par les infirmiers de l'EMSP, soit directement par l'accompagnant spirituel. Ces recommandations seront intégrées dans le courrier interprofessionnel élaboré par l'EMSP et transmis au médecin traitant et à l'équipe infirmière du CMS.

L'intégration de la dimension spirituelle dans la prise en charge de la personne atteinte d'une maladie grave est une nécessité car, qu'elle soit une ressource ou une source de détresse, la spiritualité de la personne malade et de ses proches aura un impact sur le projet d'accompagnement. La prise en compte de la dimension spirituelle n'est pas réservée à un groupe professionnel. Elle repose sur un travail d'équipe centré sur les besoins de la personne malade et de ses proches. Cette équipe multiprofessionnelle est modulable, tantôt composée du réseau de premier recours (médecin traitant et équipe soignante), tantôt renforcée par l'expertise d'autres groupes de professionnels ou de pairs. L'articulation entre les différents intervenants permet d'élaborer un projet cohérent et conforme aux besoins du patient et de ses proches et d'assurer une prise en charge sur le lieu de vie de la personne malade.

Les défis à venir sont nombreux. Il s'agira d'assurer la formation de base à la réalisation de l'anamnèse spirituelle à l'ensemble des professionnels impliqués dans la prise en charge de personnes atteintes de maladies graves ; de former des experts dans l'accompagnement spirituel qui pourront servir de référents aux autres professionnels ; d'élaborer des modèles d'intégration des accompagnants spirituels pour offrir à la personne malade et ses proches quel que soit le lieu de vie ou de soins une prise en charge globale. L'intégration de l'accompagnant spirituel sur l'EMSP RSRL-CHUV peut servir de modèle pour initier la réflexion.

Bibliographie

ANDO, MICHIYO/MORITA, TATSUYA/OKAMOTO, TAKUYA/NINOSAKA, YASUYOSHI
- One-week Short-Term Life Review interview can improve spiritual well-being of terminally ill cancer patients, in: Psychooncology 17 (2008), p. 885–890.

BERNARD, MATHIEU
- A la recherche du sens de la vie, in: Curaviva.ch 4 (2013). www.curaviva.ch, consulté le 13 novembre 2017.

BORASIO, GIAN DOMENICO
- Mourir, Presses Polytechniques et Universitaires Romandes 2014.

CHOCHINOV, HARVEY MAX/HACK, THOMAS/HASSARD, THOMAS ET AL.
- Dignity therapy: a novel psychotherapeutic intervention for patients near the end of life, in: J Clin Oncol 23 (2005), p. 5520–5525.

EGAN, RICHARD/MACLEOD, ROD/TIATIA, RAMONA/WOOD, SARAH/MOUNTIER, JANE/WALKER, ROB
- Spiritual care and kidney disease in NZ: A qualitative study with New Zealand renal specialists, in: Nephrology 19 (2014), p. 708–713.

FEGG, MARTIN J./WASNER, MARIA/NEUDERT, CHRISTIAN/BORASIO, GIAN DOMENICO
- Personal values and individual quality of life in palliative care patients, in: Journal of Pain and Symptom Management 30(2) (2005), p. 154–159.

FRICK, ECHKARD/RIEDNER, C./FEGG, MARTIN J./BORASIO, GIAN DOMENICO
- A clinical interview assessing cancer patients' spiritual needs and preferences, in: European Journal of Cancer Care 15 (2006), p. 238–243.

FRICK, ECKHARD
- Peut-on quantifier la spiritualité ? Un regard d'outre-Rhin à propos de l'actuelle discussion française sur la place du spirituel en psycho-oncologie, in: Rev. Francoph. Psycho-Oncologie 5 (2006), p. 160–164.

GIJSBERTS, MARIE-JOSÉ
- Spirituality at the end of life: conceptualization of measurable aspects-a systematic review, in: Journal of Palliative Medicine 14(7) (2011), p. 852–863.

GUSICK, GARY MICHAEL
- The contribution of depression and spirituality to symptom Burden in chronic heart failure, in: Archives of Psychiatric Nursing 22(1) (2008), p. 53–55.

LEE, VIRGINIA/COHEN, S ROBIN/EDGAR, LINDA ET AL.
- Meaning-making and psychological adjustment to cancer: development of an intervention and pilot results, in: Oncol Nurs Forum 33 (2006), p. 291–302.

MANNING, LYDIA K.
- Enduring as lived experience: exploring the essence of spiritual resilience for women in late life, in: J Relig Health 53 (2014), p. 352–362.

MONOD, STEFANIE M. ET AL.
- The spiritual distress assessment tool: an instrument to assess spiritual distress in hospitalised elderly persons, in: BMC Geriatr. 10 (2010), p. 88.

NAGHI, JESSE/PHILIP, KIRAN J./PHAN, ANITA/CLEENEWERCK, LAURENT/ SCHWARZ, ERNST R.
- The effects of spirituality and religion on outcomes in patients with chronic heart failure, in: J Relig Health 51 (2012), p. 1124–1136.

ODIER, COSETTE/BORASIO, GIAN DOMENICO
- Le sens de la vie à la fin de la vie, in : Info@geriatrie 03 (2013), p. 28–29.

OECHSLE, KARIN/WAIS, MARIE CARLOTTA/VEHLING, SIGRUN/BOKEMEYER, CARSTEN/MEHNERT, ANJA
- Relationship between symptom burden, distress, and sense of dignity in terminally ill cancer patients, in: Journal of Pain and Symptom Management 48(3) (2014), p. 313–321.

OMS (WHO)
- Definition of palliative care, consulté sur http://www.who.int/cancer/palliative/definition, 2002.
- Palliative Care for Older People: Better Practices, in: J. Pain Palliat. Care 2011, 67 p.
- Eléments de cadrage, Recommandations de bonnes pratiques professionnelles, « La qualité de vie en établissement d'hébergement pour personnes âgées dépendantes (Ehpad) ». www.anesm.sante.gouv.fr/IMG/pdf/lettre_de_cadrage_qualite_de_vie_ehpad_anesm.pdf, consulté le 13 novembre 2017.

PARGAMENT, KENNETH I./KOENIG, HAROLD G./TARAKESHWAR, NALINI/ HAHN, JUNE
- Religious struggle as a predictor of mortality among medically ill elderly patients, in: Arch Intern Med 161 (2001), p. 13–27.

TEIL B

KONZEPTE, PROJEKTE, ERFAHRUNGEN

Muslimisch-religiöse Begleitung in Institutionen
Praxiserfahrungen und Zukunftsmodelle

Pascal Mösli

Inhaltsverzeichnis

1	**Einführung**	**100**
2	**Ausgangslage: Bedürfnisse und Anliegen**	**100**
2.1	Religiöse Bedürfnisse muslimischer Patientinnen, Patienten und ihrer Angehörigen	101
2.2	Bedürfnisse der Mitarbeitenden und der Leitungen von Institutionen	102
2.3	Anliegen von Vertretern muslimischer Gemeinschaften	103
3	**Aktuelle Situation im Kanton Bern**	**103**
3.1	Der interreligiöse Auftrag der Spezialseelsorge	103
3.2	Die Unterstützung durch Imame und weitere Personen aus den muslimischen Gemeinschaften	104
4	**Herausforderungen und Fragen für die Zukunft**	**105**
4.1	Fachliche Voraussetzungen	105
4.2	Ethische und rechtliche Standards	106
4.3	Institutionelle Einbindung	107
4.4	Religiöse und fachliche Einbindung	108
5	**Zukunfts-Modelle**	**108**
5.1	Verbindliche ehrenamtliche Tätigkeit	108
5.2	Muslimische religiöse Vermittlung und Begleitung	109
5.3	Muslimische Seelsorge als Teil der professionellen Spitalseelsorge	110
6	**Epilog**	**111**
	Literaturverzeichnis	**112**

1 Einführung

Die folgenden Überlegungen sind im Kontext meiner früheren Tätigkeit als Co-Leiter der Seelsorge im Inselspital sowie meiner derzeitigen Funktion als Verantwortlicher der Spezialseelsorge und Palliative Care der Reformierten Kirchen Bern-Jura-Solothurn im Kanton Bern entstanden. Ich habe die Situation der institutionellen Seelsorge in Berner Spitälern und Kliniken, Altersinstitutionen, Gefängnissen und Zentren für Asylsuchende vor Augen, wo mannigfaltige Beziehungen zwischen den Kirchen und dem Staat bestehen[1], wenn ich die folgenden Überlegungen anstelle[2].

2 Ausgangslage: Bedürfnisse und Anliegen

Gemäss der Erfassung über die Religionszugehörigkeit betrug der Anteil der Muslime in der Schweiz im Zeitraum von 2012–2014 fünf Prozent[3]. Es kann davon ausgegangen werden, dass in Spitälern ungefähr dieser Anteil unter den Patientinnen und Patienten zu finden ist[4]. Dieser Anteil ist in Gefängnissen höher, in Altersinstitutionen zurzeit, aus demographischen Gründen, tiefer.

---

[1] Diese ist u.a. durch folgende Besonderheiten gekennzeichnet:
 - Für die Spitalseelsorge liegt ein gesetzlicher Auftrag vor, welcher die Sicherstellung der Spitalseelsorge als Aufgabe der Spitäler und Kliniken festlegt.
 - Die Gefängnisseelsorge ist mit einem Vertrag zwischen der kantonalen zuständigen Stelle und den Kirchen geregelt, wobei der Kanton die Finanzierung der Seelsorge übernimmt.
 - Bei der Heimseelsorge legt der Kanton bei grösseren Institutionen das Ausmass der Seelsorge fest und finanziert sie (als Teil der kirchlichen Leistungen).
 - Bei der Seelsorge für Asylsuchende schliesslich wird die Seelsorge durch die landeskirchlichen Partner der Interkonfessionellen Konferenz des Kantons Berns (IKK) verantwortet und finanziert.

[2] Ich bedanke mich an dieser Stelle herzlich bei Hureyre Kam, Mitarbeiter des Schweizerischen Zentrums für Islam und Gesellschaft in Freiburg, bei Claudia Graf, Seelsorgerin am Spital Bülach und Vorstandsmitglied der reformierten Seelsorgevereinigung der Schweiz sowie bei Stephan Schranz, Fachbereichsleiter Sozialdiakonie der Reformierten Kirchen Bern-Jura-Solothurn, die das Manuskript kritisch gegengelesen und mir hilfreiche Rückmeldungen gegeben haben.

[3] BUNDESAMT FÜR STATISTIK (BFS), Strukturerhebung, 2016.

[4] So hat das Inselspital in Bern bis ins Jahr 2007 die religiöse Zugehörigkeit der Patientinnen und Patienten erfasst (sogenannten Piker-Untersuchungen). Diese Zahlen entsprechen im Verhältnis ungefähr denjenigen Zahlen, die im gleichen Zeitraum auch für die Bevölkerung der Schweiz eruiert wurden.

2.1 Religiöse Bedürfnisse muslimischer Patientinnen, Patienten und ihrer Angehörigen

Grundsätzlich kommt der Spiritualität und Religiosität eine wichtige Rolle im Umgang mit Sinnfragen und bei der Bewältigung existentieller Krisen und kritischer Lebensereignisse zu. Dies wird durch eine Vielzahl empirischer Studien belegt[5] und stösst heute immer mehr auf Anerkennung. Es geht u.a.:
- um das *Ernstnehmen der existentiellen Fragen und Nöte*, die bei Krisen, in der Krankheit, im Alter und im Sterben aufkommen können;
- um das Berücksichtigen von *Ressourcen*, die Menschen aus ihrer Tradition, ihrer Gemeinschaft oder ihren persönlichen Suchwegen mitbringen;
- um die *ethischen Fragen und Entscheidungsnotwendigkeiten*, die in der Therapie und Begleitung entstehen können.

Einige Beispiele aus dem klinischen Alltag des Inselspitals zeigen auf, wie Muslime ihre religiösen Bedürfnisse ins Spiel bringen:
- viele muslimische Patienten und Patientinnen kümmern sich um ihre religiösen Anliegen innerhalb der Familie. Sie verstehen dies als ihre (private) Angelegenheit und wünschen keine weitere Unterstützung, auch nicht von einem Imam oder einer anderen aussenstehenden muslimischen Person;
- einige muslimische Patientinnen und Patienten sind interessiert, sich allgemein über die Situation im Spital mit einer aussenstehenden, aber gut informierten Person (beispielsweise einem Seelsorger) unterhalten zu können. Es geht um Fragen der Orientierung im Spital, um soziale Anliegen, um allgemeine menschliche Anliegen, eher selten um (explizite) religiöse Unterstützung;
- in Krisensituationen (z. B. beim Tod eines Kindes) wird manchmal und besonders bei Muslimen, die bereits längere Zeit (beispielsweise als Zweitgeneration) in der Schweiz leben und sich ein Stück weit säkularisiert haben das Problem virulent, dass sie sich über religiöse Bräuche beim Sterben nicht mehr sicher sind. So kann das Anliegen entstehen, von einem Imam unterstützt zu werden;

---

[5] COHEN, S.R. ET AL.; BALBONI, T.A. ET AL.; SALSMAN, JOHN M. ET AL.

- manchmal werden ethische oder medizinische Konzepte, welche in der Klinik selbstverständlich sind, für Muslime, die sie nicht kennen oder andere Konzepte haben, zum existentiellen Problem: so wurde das Konzept von Palliative Care in mehreren Fällen so verstanden, dass es ein Mittel sei, das Sterben eines Menschen aktiv herbeizuführen. Oder das Konzept der Selbstbestimmung des Patienten wurde in einigen Fällen von muslimischen Angehörigen bestritten, weil der Entscheidungsprozess als familiäre Aufgabe aufgefasst wurde.

2.2 Bedürfnisse der Mitarbeitenden und der Leitungen von Institutionen

Für die medizinischen Mitarbeitenden des Spitals oder die Betreuungsfachpersonen in einer Altersinstitution kommen seit einigen Jahren im Rahmen einer patientenzentrierten Betreuung zunehmend die religiösen Aspekte der Betreuung in den Blick. Insbesondere Krisensituationen, langandauernde und komplexe Betreuungssituationen, aber auch der Umgang mit Angehörigen weckt bei Betreuenden die Frage, wie religiöse Besonderheiten am besten in die Begleitung einbezogen werden können. Das steigende Bewusstsein für religiöse Fragen im Kontext der Behandlung und Betreuung lässt sich auch an der steigenden Zahl von institutionellen und professionellen Guidelines, Lehrbüchern und Fortbildungsveranstaltungen in diesem Bereich ablesen. In Gefängnissen ist die Sensibilität für die religiöse Praxis oft besonders hoch, weil sie zudem ein Faktor sein kann, der in der Institution stabilisierend wirkt.

Neben dem Anliegen einer umfassenden Betreuung von Patienten und Bewohnenden sind religiöse Fragen und Anliegen aber auch für die Mitarbeitenden selbst von Bedeutung[6]. Muslimische Mitarbeitende des Reinigungsdienstes, welche muslimischen Patienten im Zimmer begegnen, werden von deren Situation, weil sie die Sprache und vielleicht auch die Kultur kennen, besonders angesprochen. Für muslimische Mitarbeitende ist es grundsätzlich auch wichtig in der Institution, in der sie arbeiten, ihre Religion ausüben zu können, also beispielsweise ihre Gebete durchführen zu können.

---

[6] Per 31. Dezember 2015 beschäftigt das Inselspital Mitarbeitende aus 83 verschiedenen Nationen (Quelle: INSELSPITAL BERN, Jahresbericht 2015 der Inselgruppe).

Die Leitungen von Institutionen sind interessiert an der Zufriedenheit ihrer Kundinnen und Kunden. Da sie einen öffentlichen Auftrag haben sind sie zudem auch verpflichtet, die Religionsfreiheit aller zu gewährleisten, das heisst, allen Bewohnenden zu ermöglichen, ihre Religion zu leben. So berufen sich etwa Leitbilder vieler Altersinstitutionen ausdrücklich auf die Gewährung der Religionsfreiheit und die Anerkennung kultureller Diversität.

2.3 Anliegen von Vertretern muslimischer Gemeinschaften

Es gab in den letzten Jahren vereinzelte Initiativen von Vertretern muslimischer Gemeinschaften um einerseits Zugang zu Institutionen zu erhalten und andererseits um grundsätzlich in ihrer seelsorglichen Bereitschaft und Tätigkeit anerkannt, unterstützt und finanziell entschädigt zu werden. Dies insbesondere dann, wenn sie von den Institutionen bereits in Einzelfällen beigezogen wurden.

Anliegen waren beispielsweise: Möglichkeit haben, auch ausserhalb der Besuchszeiten Besuche machen zu können; Information erhalten, wenn Patient/innen der Glaubensgemeinschaft hospitalisiert sind; Verfügbarkeit geeigneter Räume und Infrastruktur für Gebete und Waschungen; finanzielle Entschädigung der Einsätze.

3 Aktuelle Situation im Kanton Bern

3.1 Der interreligiöse Auftrag der Spezialseelsorge

Die Spezialseelsorge[7] hat im Kanton Bern den Auftrag, ihre Dienste allen Menschen, unabhängig von ihrer Religion und Weltanschauung anzubieten. Dies entspricht einerseits ihrem Selbstverständnis wie es in den Standards[8] festgelegt ist, andererseits dem Auftrag, wie er bei der Spital- und in der Gefängnisseelsorge vom Kanton festgelegt ist[9]. Sie erfüllt diesen Auftrag bei Muslimen indem sie:

---

[7] Mit Spezialseelsorge ist die professionelle Seelsorge gemeint, welche professionellen, ökumenischen kantonalen Standards entspricht und die bis heute von Seelsorger/innen der Landeskirchen und der jüdischen Gemeinde erbracht werden kann.

[8] INTERKONFESSIONELLE KONFERENZ (IKK).

[9] Dieser Auftrag ist in Artikel 53 des Spitalversorgungsgesetzes und in Artikel 15 der das Gesetz konkretisierenden Spitalversorgungsverordnung festgelegt.

- muslimischen Patientinnen, Bewohnern, Insassen und ihren Angehörigen anbietet, eine Begleitung aus ihrem religiösen, sprachlichen und kulturellen Kontext zu organisieren, wenn das erwünscht und möglich ist;
- muslimischen Patientinnen, Bewohnern, Insassen und ihren Angehörigen ihre Begleitung anbietet. Diese Begleitung verfolgt keine missionarische Absicht;
- in der Institution sich dafür einsetzt, dass eine Infrastruktur vorhanden ist, welche Muslimen die Ausübung ihrer Religion ermöglicht (u. a. Raum der Stille, Gebetsteppiche, Koranschriften);
- muslimischen Patientinnen, Bewohnern, Insassen und ihren Angehörigen bei medizinischen und ethischen Problemen und in der Austrittsplanung unterstützt.

3.2 Die Unterstützung durch Imame und weitere Personen aus den muslimischen Gemeinschaften

Im *Inselspital* unterhält die Spitalseelsorge ein Netzwerk zu Vertreterinnen und Vertretern verschiedener Religionen, dies unter anderem auch zu einigen Imamen und weiteren Muslimen und Musliminnen, welche aus verschiedenen kulturellen und sprachlichen Regionen stammen. Die Kontaktdaten der Vertreter/innen sind auf einer Liste vermerkt, welche der Inselseelsorge erlaubt, sie bei Bedarf anzufragen. Die Seelsorge spricht sich mit dem medizinischen Betreuungsteam bezüglich Anliegen und Zeitpunkt ab und informiert den muslimischen Seelsorger. Einmal jährlich organisiert sie ein Netzwerktreffen, bei dem die Vertreter/innen der verschiedenen Religionsgemeinschaften eingeladen werden. Ziele sind die Anerkennung und der Dank für die Einsätze, der Austausch über die gemachten Erfahrungen und das Aufnehmen von Anliegen und Wünschen.

Solche Listen existieren auch in einigen *anderen Spitälern und Altersinstitutionen und auch in den Zentren für Asylsuchende im Kanton Bern*, wobei es über die Listen hinaus keine verbindlichen Formen der Zusammenarbeit gibt. Im Bedarfsfall zeigt sich, ob die Liste überhaupt noch aktuell ist und ob die betreffende Person zur Verfügung steht. Die meisten Altersinstitutionen verfügen über keine Listen und werden im Einzelfall allenfalls recherchieren oder die Angelegenheit ganz den Bewohnenden und ihren Angehörigen überlassen.

In den *Gefängnissen* des Kantons Bern gibt es sehr unterschiedliche Lösungen. In einem Fall wird ein Imam direkt vom Gefängnis bezahlt und auch von den Mitarbeitenden des Gefängnisses beigezogen. In einigen anderen Gefängnissen kann ein Imam beigezogen werden, wobei keine Entschädigung vorgesehen ist (in einem Fall werden immerhin die Spesen vergütet). Die Triage wird von der Gefängnisseelsorge oder von Mitarbeitenden vorgenommen. Die Zeit wird teilweise vom Besuchskonto der Gefangenen abgezogen. In einem weiteren Gefängnis haben Imame ausdrücklich keinen Zugang.

4 Herausforderungen und Fragen für die Zukunft

Wenn die religiöse Begleitung von Musliminnen und Muslimen verbindlicher organisiert werden soll, gibt es einigen Entwicklungsbedarf. Im Folgenden werden beispielhaft einige fachliche, ethische und institutionelle Grundlagen und Herausforderungen benannt, welche für eine weitergehende und verbindlichere Integration islamischer religiöser Begleitung im institutionellen Kontext grundlegend sind. Damit sind keine professionellen Kompetenzen, wie sie für die Spitalseelsorge erforderlich sind, im Blick, sondern Voraussetzungen, die vorhanden sein müssen, wenn z. B. Ehrenamtliche verbindlich und in der Institution eingebundene Menschen in ihren religiösen Anliegen begleiten.

4.1 Fachliche Voraussetzungen

Folgende fachliche Voraussetzungen sind erforderlich:
- Sprachliche und kulturelle Kenntnisse: es geht einerseits um die Kenntnis der deutschen bzw. französischen Sprache, um sich in der Institution bzw. mit den Mitarbeitenden absprechen zu können. Andererseits sollte zumindest eine Grundkenntnis der jeweiligen Sprache der Patientinnen und Patienten und ihrer Angehörigen vorhanden sein, um sie in ihrer Situation gut begleiten zu können. Gerade in Krisensituationen und beim Sterben ist es besonders bedeutsam, die Muttersprache der Betroffenen zu sprechen oder zumindest zu verstehen.
- Kenntnisse verschiedener Traditionen innerhalb der muslimischen Gemeinschaft sowie dem schweizerischen Kontext: es geht darum Muslime in ihrem besonderen religiösen und kulturellen Wertesystem ansprechen zu können wie auch darum, Übersetzungen zwischen un-

terschiedlichen Wertesystemen leisten zu können. Schliesslich sollten die religiösen Gruppierungen innerhalb der muslimischen Gemeinschaft im Kanton Bern und deren Ansprechpersonen für religiöse Unterstützung bekannt sein.

- Kenntnis der Institutionslogik sowie wichtiger Felder des Gesundheits- und Betreuungssystems: es geht darum, die Behandlungs- und Betreuungsabläufe, die Zuständigkeiten und Verantwortlichkeiten unterschiedlicher Professionen sowie auch Grundlagen der interprofessionellen Zusammenarbeit zu kennen; dieses Wissen ist nötig, um die eigene religiöse Begleitung in der Institution passend einbringen zu können. Es sollten zudem wichtige Konzepte des institutionellen Kontextes bekannt sein (z. B. Behandlungs- oder Betreuungskonzept, ethische Leitlinien).
- Interkulturelle Sensibilität: es geht darum, Menschen anderer Kulturen und/oder mit anderen Überzeugungen in ihrer Andersheit wahrzunehmen, anzuerkennen und ohne sie beeinflussen zu wollen, in ihrer Andersheit zu begleiten. Wichtige Aspekte sind Dissensbewusstsein, Ambiguitätstoleranz und Empathie[10].
- Wahrnehmen und Achten der Grenzen der eigenen Fachlichkeit und sachgerechte Delegation.

4.2 Ethische und rechtliche Standards

Für die religiöse Begleitung in Institutionen ist das Grundrecht der Religionsfreiheit, welche in der Bundesverfassung im Artikel 15 ausgeführt wird, grundlegend. Dabei stehen nicht nur die Überzeugung an sich, sondern auch die sie unmittelbar zum Ausdruck bringenden Handlungen unter dem Schutz der Religionsfreiheit. Zur Religionsfreiheit gehört aber genauso die Freiheit *von* Religion, also die Freiheit eines Menschen, keiner Religion oder keiner bestimmten Religion angehören zu müssen (oder eine Religion zu wechseln), beziehungsweise das Recht, nicht an einen Gott zu glauben.

Für die religiöse Begleitung bedeutet die Religionsfreiheit, dass die Institution die Unterstützung in religiösen Dingen zulassen, ja unterstützen muss. Jeder Mensch hat das Recht, in seinem Lebenskontext an Werten und Traditionen der eigenen Glaubenstradition festzuhalten und sie aus-

---

[10] Vgl. dazu das hervorragende Büchlein von LAABDALLAOUI/RÜSCHOFF, hier S. 86.

zudrücken. Die Religionsfreiheit bedeutet aber zugleich, dass es immer in der Entscheidung des Einzelnen liegt, ob er sich selbst religiös versteht oder nicht, ob er religiös unterstützt werden will oder nicht (oder nicht mehr) - und in welcher Form. Jede Form von Zwang, Manipulation oder Bedrohung ist zu unterlassen.

In Folge der Artikel 7 (Menschenwürde) und Artikel 8 (Rechtsgleichheit) der Bundesverfassung sind die Beachtung der Würde und des Wertes jedes einzelnen Menschen grundlegend. Das bedeutet auch, dass die kulturelle und ethnische Vielfalt, das Geschlecht, die sexuelle Orientierung und die religiöse Diversität aller Menschen gewahrt und niemand diskriminiert werden soll.

4.3 Institutionelle Einbindung

Damit religiöse Begleitpersonen Glaubensangehörige in der Institution gut betreuen können, sind sie auf die Unterstützung der Institution angewiesen. Sie brauchen einen sichtbaren Status, der ihnen das Recht gibt, in der Institution tätig zu sein (Badge o. ä.). Die Institution muss darüber hinaus dafür sorgen, dass die Mitarbeitenden um den Dienst der religiösen Begleitung wissen und mit ihm kooperieren.

Es gibt viele offene Fragen zur Organisation: Es muss geklärt werden, wie religiöse Begleitpersonen verständigt werden können: Gibt es Listen mit Personen, die sich zur Verfügung stellen? Wo sind diese Liste einsehbar, wie werden sie aktualisiert? Sind die Kontaktdaten im institutionellen Kontext für alle verfügbar (z. B. im Inter- oder Intranet) oder ist nur die Seelsorge (im Sinne eines "Kompetenzzentrums") für die Triage zuständig?

Zentral ist die Frage nach der Entschädigung und nach dem Status der Begleitpersonen. Wird von einer ehrenamtlichen Tätigkeit ausgegangen, werden Spesen bezahlt oder wird eine finanzielle Entschädigung pro Einsatz entrichtet? Haben die Begleitpersonen einen Freiwilligenstatus, werden sie im Auftragsverhältnis honoriert oder gibt es Anstellungen? Weitere Fragen schliessen sich hier an: wie wird ein allfälliger Auftrag formuliert, welche zeitliche Bereitschaft wird erwartet, besteht eine Rechenschaftspflicht usf.?

Schliesslich soll erwähnt werden, dass sich die Begleiter/innen, je stärker sie institutionell eingebunden werden, sich auch dazu verpflichten müssen, die ethischen und anderen Richtlinien der Institution, in der sie ihren Dienst tun, zu befolgen.

4.4 Religiöse und fachliche Einbindung

In welchem Auftrag versieht ein religiöser Begleiter seinen Dienst? Damit die Begleiterin ermächtigt ist, Mitglieder einer bestimmten religiösen Gemeinschaft zu betreuen, scheint es unabdingbar zu sein, dass sie selbst Teil einer religiösen Gemeinschaft und von ihr für diesen Dienst beauftragt ist. Auch hier entstehen weitere Fragen: welche religiösen Gemeinschaften entsenden religiöse Begleiter/innen? Gibt es Kriterien der Auswahl? Sollten sich die religiösen muslimischen Gemeinschaften organisatorisch verbinden und in gemeinsamen Namen die religiöse Begleitung sicherstellen? Wie kann die Herausforderung der grossen Fluktuation gemeistert werden?

Neben der religiösen Einbindung ist auch die fachliche Einbindung wichtig – diese kann, muss aber nicht durch dieselbe Organisation gewährleistet werden. Hier geht es um Fragen der Qualitätssicherung: Wo kann die Begleitperson fachlichen Support erhalten, Supervision und Fortbildung? Wer ist für die Einhaltung der ethischen Standards zuständig?

5 Zukunfts-Modelle

Zurzeit existieren im Kanton Bern, wie oben skizziert, zwei Modelle der muslimischen Begleitung: a) Anstellung durch die Institution (Ausnahme) b) ehrenamtliche Tätigkeit (das gängige Modell).

Eine Weiterentwicklung der bestehenden Modelle könnte in drei Richtungen gehen:

5.1 Verbindliche ehrenamtliche Tätigkeit

Ein erstes Modell knüpft am ehrenamtlichen Modell an, welches aber weiter entwickelt und verbindlicher ausgestaltet wird. Die Begleitung wird von Ehrenamtlichen wahrgenommen, die verbindlich organisiert sind, in ihrer Tätigkeit begleitet werden und institutionell eingebunden sind. Das Beispiel des Luzerner Kantonsspitals (LUKS) zeigt auf, wie ein solches Modell konkret aussehen könnte[11]:

---

[11] Die Informationen verdanke ich dem reformierten Spitalseelsorger des LUKS, PHILIPP AEBI.

Im LUKS wirkt seit 4 Jahren ein ehrenamtlicher Besuchsdienst für muslimische Patient/innen, welcher der dortigen Spitalseelsorge zugeordnet ist. Die Gruppe besteht aus rund 10 Frauen und Männern, darunter einem Imam. Sie decken verschiedene Sprachen ab (Deutsch, Englisch, Französisch, Bosnisch, Albanisch, Türkisch und Serbokroatisch). Eine muslimische Person (mit Stellvertretung) koordiniert diese Gruppe und ist erste Ansprechperson für die Spitalseelsorge. Sie ist zugleich Mitglied der Islamischen Gemeinde Luzern (IGL). Die IGL ist eine Dachorganisation, welche die gesellschaftlichen Interessen der muslimischen Gemeinschaft im Kanton Luzern vertritt. Vier Mal jährlich treffen sich zwei Vertreter/innen der Spitalseelsorge mit dem muslimischen Besuchsdienst zur Supervision, zur Kontaktpflege, zum Austausch und zur Klärung anstehender Fragen. Die Mitglieder des ehrenamtlichen Besuchsdienstes haben für ihre Spitalbesuche einen Badge mit Namen und Foto. Dieser ist persönlich und nicht übertragbar. Die Koordinationsperson und die Stellvertretung haben überdies einen Ausweis, der dazu berechtigt, am Informationsschalter des LUKS die Liste der am jeweiligen Tag hospitalisierten muslimischen Patient/innen abzuholen. Patient/innen haben bei Spitaleintritt die Möglichkeit, eine Meldung an die eigene Religionsgemeinschaft zu untersagen. Diese Patient/innen sind nicht auf der Liste aufgeführt. Informationen über den Spitalaufenthalt eines/r Patient/in müssen vertraulich behandelt werden. Sie sind nur für die im Besuchsteam tätigen Personen bestimmt. Alle Besuchenden haben eine Verpflichtung zur Geheimhaltung unterschrieben. Ein Brief, der in verschiedenen Sprachen die Dienstleistungen der Spitalseelsorge in Kooperation mit der Begleitgruppe beschreibt, kann gezielt an Patient/innen und Angehörige abgegeben werden.

5.2 Muslimische religiöse Vermittlung und Begleitung

Eine Weiterentwicklung könnte darin bestehen, die ehrenamtliche Begleitung in eine professionellere Form zu überführen und die entsprechend ausgebildeten Begleitpersonen auch finanziell zu entschädigen. Voraussetzung wären bestimmte fachliche Standards und eine entsprechende Fortbildung in der Schweiz (z. B. CAS-Niveau). Weitere Voraussetzungen wären die Etablierung einer entsprechenden Qualitätssicherung und eine weitergehende institutionelle Integration. Die muslimischen Fachpersonen wären allerdings nicht nur für die Angehörigen derselben kulturellen Gemeinschaft zuständig, sondern könnten in allen Situationen, die Muslime betreffen, beigezogen werden. Sie wären verantwortlich, abzuklären, welche Bedürfnisse die Betroffenen genau haben und wer sie in ihrer Situation am besten unterstützen kann. Bei Bedarf müssten sie die Personen aus der entsprechenden religiösen Gruppierung und kulturellem Kontext beiziehen. Ihre Aufgabe wäre dabei die Vermittlung zwischen Fachpersonen aus dem Gesundheits- und Betreuungsbereich, den Patient/innen und ihren Angehörigen sowie dem muslimischen Unterstützungsnetz.

5.3 Muslimische Seelsorge als Teil der professionellen Spitalseelsorge

Der Begriff der *Seelsorge* ist zwar kein geschützter Begriff, er hat sich jedoch als Fachbegriff für einen bestimmten professionellen Standard vielerorts durchgesetzt. So ist etwa im Kanton Bern die Spitalseelsorge an Standards gebunden, welche einen theologischen Universitätsabschluss sowie eine pastoralpsychologische Zusatzausbildung erfordern. Ob der Begriff der Seelsorge auch für professionelle muslimische Seelsorge verwendet werden kann oder soll, ist umstritten[12]. Es wird argumentiert, dass der Begriff aus dem christlichen Kontext stammt und also nur für die christliche Seelsorge verwendet werden sollte. Andererseits kann der Ausdruck das Anliegen einer religiösen Unterstützung zum Ausdruck bringen, welches von verschiedenen Religionen geteilt wird. Das Adjektiv "muslimisch" oder "islamisch" präzisiert die Seelsorge, insofern sie eigene religiöse Grundlagen hat, die nicht identisch sind beispielsweise mit der christlichen Seelsorge[13].

Wenn angestrebt wird, die muslimische Seelsorge als Teil der Spitalseelsorge zu etablieren, hat dies zur Konsequenz, dass die professionellen Standards, die für die Spitalseelsorge gelten, auch für die muslimischen Fachleute gelten müssen. Dabei gibt es einigen Klärungsbedarf: entspre-

---

[12] Vgl. hier z. B. die Ausführungen von Prof. Dr. ABDULLAH TAKIM anlässlich der Deutschen Islamkonferenz im Februar 2016 in Berlin: „Und meine Barmherzigkeit umfasst alle Dinge" (Koran 7,156) – Das islamische Menschenbild und die Seelsorge im Islam.

[13] Ebd.

chen die unterschiedlichen theologischen Studienabschlüsse der Imame dem universitären Abschluss eines christlichen Theologen? Wie kann sichergestellt werden, dass die institutionellen und ethischen Standards erfüllt sind? Ist eine professionelle muslimische Seelsorge auch bereit und kompetent, sich um alle Patient/innen unabhängig ihrer Konfession zu kümmern, so wie es den professionellen Standards der bestehenden Spitalseelsorge entspricht?

6 Epilog

Der Rat der Religionen in Frankfurt hat für die interreligiöse Seelsorge "Empfehlungen für ehren- und hauptamtliche Angebote in Krankenhäusern und anderen sozialen Einrichtungen" mit folgender Intention formuliert: „Es ist unser Ziel, allen Menschen am Krankenbett die Möglichkeit zu bieten, auch im Sinne Ihrer Weltanschauung und Religion geistlich betreut zu werden."[14] „Wir wollen, dass Menschen in Krankheit oder gar Notsituationen auch in ihrer eigenen religiösen und kulturellen Bild- und Sprachwelt angesprochen werden können, von Menschen, die mit dieser Tradition und mit der Situation oftmals schwerstkranker Menschen vertraut sind."[15]

Diese Zielsetzung sollte auch für die Schweiz gelten. Angesichts der Tatsache, dass in der Schweiz rund fünf Prozent der Bevölkerung muslimische Mitbürgerinnen und Mitbürger sind, wird es in den nächsten Jahren darum gehen, die Grundlagen und Möglichkeiten der religiösen Begleitung für diese Bevölkerung weiterzuentwickeln. In diesem Beitrag wurden einige Perspektiven aufgezeigt. Die professionelle Spitalseelsorge hat in dieser Diskussion als die spezialisierte Fachgruppe für spirituelle und religiöse Fragen eine besondere Verantwortung.

---

[14] RAT DER RELIGIONEN, S. 5.
[15] Ebd., S. 5.

Literaturverzeichnis

BALBONI, T.A. ET AL.
- Religiousness and spiritual support among advanced cancer patients and associations with end-of-life treatment preferences and quality of life, in: Journal of Clinical Oncology 25 (2007), S. 555–560.

COHEN, S.R. ET AL.
- Quality of life in terminal illness, in: Palliative Medicine 9 (1995), S. 207–219.

INTERKONFESSIONELLE KONFERENZ (IKK)
- Spital-, Klinik- und Heimseelsorge. Leistungsprofil und Qualitätsstandards, Bern 2011.

LAABDALLAOUI, MALIKA/RÜSCHOFF, IBRAHIM
- Umgang mit muslimischen Patienten, Bonn 2010.

RAT DER RELIGIONEN
- Seelsorge interreligiös. Empfehlungen für ehren- und hauptamtliche Angebote in Krankenhäusern und anderen sozialen Einrichtungen, Frankfurt 2012.

SALSMAN, JOHN M. ET AL.
- A meta-analytic approach to examining the correlation between religion/spirituality and mental health in cancer, in: Cancer 121 (2015), S. 3769–3778.

Das Projekt „Muslimische Notfallseelsorge" im Kanton Zürich

Muris Begović

Inhaltsverzeichnis

1	Ausgangslage	114
2	Die Zusammenarbeit mit Behörden und der bestehenden Notfallseelsorge	115
3	Das Pilotprojekt und seine Struktur	117
4	Die Ausbildung der Notfallseelsorgerinnen und Notfallseelsorger	118
5	Herausforderungen und Perspektiven	119
6	Fazit	121
Literaturverzeichnis		123

Der kantonale Dachverband „Vereinigung Islamischer Organisationen Zürich" (VIOZ) wurde 1995 als Verein gegründet, um die im Kanton Zürich beheimateten Muslime in unterschiedlichen Bereichen zu vertreten und ihnen gegenüber Behörden und Institutionen eine Stimme zu geben. Aktuell verzeichnet die VIOZ über 30 muslimische Mitgliedsorganisationen, die insgesamt über 40 Moscheen im Kanton Zürich betreuen. Die Moscheegemeinden in der Schweiz und so auch im Kanton Zürich sind äusserst heterogen geprägt und hauptsächlich nach ethnischen, kulturellen und sprachlichen Hintergründen organisiert. Gleichzeitig ist die Mehrheit der muslimischen Bevölkerung im Kanton Zürich an keine muslimische Gemeinde gebunden oder besucht nur zu besonderen Anlässen, wie Hochzeiten oder Ramadan, eine Moschee. Gerade in Krisensituationen haben aber auch diese Menschen das Bedürfnis nach einem seelsorgerischen Beistand, der mit ihrem eigenen sprachlichen, kulturellen und religiösen Hintergrund vertraut ist. Die für Notfälle und Krisensituationen zuständigen Institutionen wie Kirchen, Spitäler oder Polizei, sind sich der Heterogenität islamischer Organisationen meist nicht gewahr, weshalb sie in solchen Fällen oft nicht wissen, an wen sie sich wenden sollen.

Mit finanzieller Unterstützung des Kantons Zürich konnte die VIOZ im Juni 2014 das Projekt der Muslimischen Notfallseelsorge Zürich starten. Das Projekt hatte in erster Linie zum Ziel, die Qualitätssicherung der muslimischen Seelsorge in staatlichen Institutionen sicherzustellen. Damit dient es sowohl den Mitgliedern muslimischer Gemeinden und der muslimischen Bevölkerung im Kanton Zürich als auch der Gesellschaft insgesamt. Die VIOZ hat es geschafft, sich als Ansprechpartner vieler Institutionen im Kanton Zürich zu etablieren. Mit diesem Projekt haben die Zürcher Behörden rund 20 Jahre nach Gründung der VIOZ erstmals ein spezifisch auf den Islam bezogenes Projekt finanziell unterstützt.

1 Ausgangslage

Im Kanton Zürich leben ungefähr 100.000 Muslime.[1] Bei einer Datenerhebung der 32 Mitgliedsorganisationen durch die VIOZ wurden insgesamt 28.000 Mitglieder aus den Moscheevereinen gezählt. Die Anzahl Moscheebesucherinnen und Moscheebesucher im Kanton Zürich, die nicht Mitglieder, Mitglied einer Moschee in einem anderen Kanton oder bei einer Moschee sind, die nicht dem kantonalen Dachverband angegliedert ist oder ihre Spenden anonym an die Moscheen leisten, schätzt die VIOZ auf rund 20%. Das bedeutet, dass etwa die Hälfte der im Kanton Zürich lebenden Musliminnen und Muslime nicht an eine islamische Organisation wie eine Moschee gebunden sind. Eine aktive Mitgliedschaft in einer Moschee lässt noch keine Rückschlüsse über die innere religiöse Überzeugung des Einzelnen zu. Die Erfahrung zeigt jedoch, dass in Notsituationen gerade die Religion eine wichtige Rolle spielen kann, unabhängig davon, wie oft jemand die Moschee besucht oder ob jemand Mitglied einer Moschee ist. Gerade die nicht an eine Moschee gebundenen Musliminnen und Muslime haben es meist schwerer, eine muslimische Vertrauensperson in einer persönlichen Notlage zu finden, die ihnen seelsorgerisch helfen kann. Das Angebot der Muslimischen Notfallseelsorge Zürich richtet sich also primär an die ca. 50% Zürcher Musliminnen und Muslime, die zwar ohne feste Bindung an eine Moschee sind, bei denen

---

[1] Vgl. VIOZ.

in einer Notsituation allerdings ein seelsorgerischer Beistand relevant werden könnte. Die Mitgliedsorganisationen der VIOZ sind dementsprechend auch froh, dass die Muslimische Notfallseelsorge Zürich diese Aufgabe übernimmt. Gerade auf diesem Wege kann Menschen geholfen werden, die sonst nicht erreicht würden.

Im Rahmen der VIOZ wurden während der letzten 20 Jahre Kontakte mit verschiedenen Institutionen gepflegt. Mit Kirchen, Spitälern oder der Kantonspolizei wurde für verschiedene Anliegen nach Lösungswegen gesucht, die nur so lange funktionieren konnten, wie die einzelnen Personen gewillt waren daran zu arbeiten. Es gab aber keine institutionalisierten Lösungsansätze, wenn es um Fragen der muslimischen Bevölkerung im Kanton Zürich ging. Durch die jahrzehntelange Zusammenarbeit entstand ein Vertrauensverhältnis zu den einzelnen Personen, welches eine Art Ersatz für die fehlende Institutionalisierung darstellte. Das Vertrauensverhältnis führte aber auch dazu, dass das Projekt der Muslimischen Notfallseelsorge Zürich gestartet werden konnte und das erste Projekt dieser Art wurde.

2 Die Zusammenarbeit mit Behörden und der bestehenden Notfallseelsorge

Die Zusammenarbeit der VIOZ mit verschiedenen Behörden hat sich während der letzten 20 Jahre positiv entwickelt. Der Kanton Zürich hat 2010 eine Imamplattform initiiert, um mit Muslimen über Themen wie „Muslimische Grabfelder" oder „Moscheebau" zu diskutieren. Im Zeitraum zwischen 2010 und 2014 organisierte die Fachstelle für Integrationsfragen Treffen mit den im Kanton Zürich tätigen Imamen aus den verschiedenen muslimischen Gemeinden. Konkretes Ergebnis war ein Leitfaden „Islamische Religionspraxis im Arbeitsalltag: Empfehlungen für Arbeitgebende und Arbeitnehmende".[2] Neben der Imamplattform wurde bis Ende 2014 eine Dialogplattform geführt, welche mit Vertretern muslimischer Organisationen und interreligiöser Dialog-Akteure einen Dialog zu Fragen von Islam und Gesellschaft ermöglichte. Um die Vernetzung und den Austausch zwischen der Fachstelle für Integrationsfragen und den muslimischen Gemeinden weiter zu fördern, besuchen die Vertreter der Fachstelle für Integrationsfragen die Gemeinden vor Ort und tauschen sich mit den zuständigen Vereinsverantwortlichen über die Anliegen der

---

[2] Download von: KANTON ZÜRICH.

muslimischen Bevölkerung im Kanton Zürich aus.³ Die Fachstelle für Integrationsfragen unterstützt das Projekt zur Muslimischen Notfallseelsorge und führt dessen Angebot auf ihrer Website auf. Diese Zusammenarbeit der VIOZ mit dem Kanton ergänzt die seit den Anfängen bestehende Zusammenarbeit mit der Stadt Zürich. Diese hat zur Vorbereitung der Grabfeldfrage die Gründung der VIOZ angeregt und gefördert und in der Folge die Zusammenarbeit auf verschiedenen Gebieten erfolgreich weitergeführt. Ansprechstelle dafür ist die städtische Integrationsförderung, die gemeinsam mit der VIOZ seit 2006 auch den jährlichen Empfang des Stadtpräsidenten bzw. der Stadtpräsidentin anlässlich des Fastenmonats Ramadan vorbereitet. Dazu eingeladen sind die Imame und Präsidien aller Moscheen, der Vorstand der VIOZ, Vertretungen des Stadtrats und der Stadtverwaltung, sowie weitere Akteure, die im interreligiösen Dialog tätig sind.

Die Entstehung und Entwicklung eines institutionalisierten Angebots für muslimische (Notfall-)Seelsorge in Zürich verläuft in vielen Aspekten ähnlich wie zum Beispiel in Deutschland oder in anderen Ländern Europas. Dies kann als Teil eines Integrationsprozesses betrachtet werden, der für islamisch-religiöse Strukturen in Europa stattfindet, da Musliminnen und Muslime hier inzwischen heimisch werden und sich nicht mehr als Gäste fühlen.⁴

Die Grundidee bei der Muslimischen Notfallseelsorge Zürich bestand von Anfang an darin, mit der bereits bestehenden Notfallseelsorge – welche ökumenisch organisiert ist – zusammenzuarbeiten. Es sollte eine Stelle für muslimische Notfallseelsorge geschaffen werden, die zusammen mit den Notfalldiensten des Kantons und der kirchlichen Notfallseelsorge eine interreligiöse Zusammenarbeit aufbaut.

> „Islamische Gemeinschaften haben zwar auch Mechanismen und einzelne Strukturen, um Gläubige in Notsituationen zu begleiten. Dennoch ist die institutionell organisierte Seelsorge im Islam ein vergleichsweise neues Phänomen. Dabei hat offenbar der Kontakt mit den Kirchen dazu beigetragen, […] über den Aufbau ähnlicher Strukturen nachzudenken."⁵

Da die kirchliche Notfallseelsorge bereits mit der Polizei und anderen Blaulichtorganisationen zusammenarbeitet, war das Ziel eine Kooperati-

---

[3] Vgl. ebd.
[4] Vgl. GÖLE.
[5] GORZEWSKI, S. 98.

on zwischen den drei Akteuren Polizei, kirchliche Notfallseelsorge Zürich und der Muslimischen Notfallseelsorge Zürich zu schaffen:

> „Notfallseelsorge geschieht in Zusammenarbeit mit den Blaulichtorganisationen (Polizei, Sanität und Feuerwehr) und wird von diesen angefordert."[6]

Eine Herausforderung im Rahmen des Projekts für die VIOZ besteht somit darin, mit unterschiedlichen Akteuren zusammenzuarbeiten. Daher ist das Projekt in einem Dreieck der Kommunikation und Zusammenarbeit situiert:

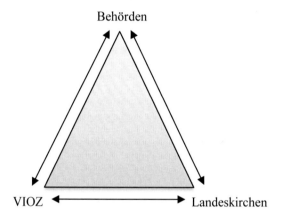

Abbildung 1: Schematische Darstellung der drei beteiligten Akteure.

3 Das Pilotprojekt und seine Struktur

Mit dem Projekt „Muslimische Notfallseelsorge Zürich" machte sich die Vereinigung der Islamischen Organisationen zum Ziel, eine zentrale Stelle zu schaffen, welche den Behörden, öffentlichen Institutionen wie auch den Muslimen im Kanton Zürich 24 Stunden an 365 Tagen während einer Pilotphase von zwei Jahren in Notfällen zur Verfügung steht.

Für dieses Projekt wurden zwei 100%-Stellen vorgesehen und es wurden Aus- und Weiterbildungskurse für muslimische Notfallseelsorger organisiert. Nebst den Ausbildungsstandards, die in dieser Zeit definiert wurden, wurden auch Checklisten bzw. ein kompletter Checklistensatz für den Einsatz der Notfallseelsorge bei Grossereignissen erarbeitet.

---

[6] NOTFALLSEELSORGE ZÜRICH.

Das Projekt wurde in folgende drei Hauptphasen gegliedert:
- 3–6 Monate: Erarbeitung der Grundlagen – Operatives Konzept und Checklisten
- 3–6 Monate: Initiale Bereitstellung – Infrastruktur, Ressourcen, Verträge
- 12–18 Monate: Operative Angebotsentwicklung und Evaluation

In der Zeit vom Juni 2014 bis Dezember 2016 wurde das Projekt zur Muslimischen Notfallseelsorge durchgeführt. Sämtliche Daten, von Einsätzen bei der Notfallseelsorge über die Ausbildungen der Notfallseelsorgerinnen und Notfallseelsorger wie relevante Punkte, wurden während dieser Zeit schriftlich notiert und im Büro der VIOZ archiviert.

Die Muslimische Notfallseelsorge machte sich während dieser Zeit bei der Notfallseelsorge der Zürcher Landeskirchen, den Notfalldiensten wie Polizei, Sanität, Spitäler und anderen Institutionen bekannt, um die Möglichkeit zu schaffen, in die bestehenden Angebote integriert zu werden. Die Ausbildung der muslimischen Notfallseelsorgerinnen und Notfallseelsorger war ebenfalls ein tragender Pfeiler im Projektverlauf.

Da es sich bei der Muslimischen Notfallseelsorge Zürich um ein Pilotprojekt handelte, wurde während des Projekts wie auch danach über das Vorgehen, die Sicherung der Qualitätsstandards und über Verbesserungsmöglichkeiten gesprochen.

4 Die Ausbildung der Notfallseelsorgerinnen und Notfallseelsorger

Einer der Eckpfeiler der Muslimischen Notfallseelsorge Zürich bestand aus der Ausbildung der muslimischen Notfallseelsorger. In den Monaten Januar und Februar 2015 wurden die ersten Islam-spezifischen Grundkurse für Muslimische Notfallseelsorge angeboten und im Anschluss daran, im April 2015, zusammen mit einer Stiftung die erste zertifizierte Grundausbildung in psychosozialer Nothilfe angeboten, welche die NNPN-Standards (Nationales Netzwerk für psychologische Nothilfe NNPN) erfüllt. Die Ausbildung der muslimischen Notfallseelsorger war offen für alle Musliminnen und Muslime, welche einerseits bereit sind, Menschen in Notsituationen zu helfen und andererseits die vorab festgelegten Bedingungen und Kriterien erfüllen. Der Ausbildungshintergrund der Teilnehmerinnen und Teilnehmer wies ein weites Spektrum auf. Er reichte von Theologinnen und Theologen über Pflegefachpersonal und Ärzteschaft bis zu Studierenden der Islam- und Religionswissenschaften. Trotz gewisser Bedenken seitens der Leitung des Projekts, dass das Interesse bei muslimischen Gemeinschaften nicht so gross sein könnte, gingen für die ersten Kurse über 30 Anmeldungen ein. Nach einem festgelegten Assessmentverfahren wurden aber nicht alle Personen aufgenommen. Somit konnten einige Teilnehmerinnen und Teilnehmer gar nicht am Kurs teilnehmen, eine Anzahl bekam lediglich eine Teilnahmebestätigung, wobei die Mehrzahl der Teilnehmer ein Zertifikat erhielt.

Das Ziel der Ausbildung war es Fachleute auszubilden, die sowohl in islamisch-religiöser als auch in seelsorgerischer Hinsicht Personen in Notsituationen adäquat helfen können. Ein Anliegen bestand auch darin, eine genügende Anzahl an Personen auszubilden, um einen 24-Stunden-Bereitschaftsdienst gewährleisten zu können. Da bei den ersten beiden Kursen die Anzahl der Ausgebildeten nicht ausreichend war, wurden die Kurse wiederholt angeboten.

Mittlerweile wurden über 30 muslimische Notfallseelsorgerinnen und Notfallseelsorger ausgebildet. Hinzu kommt, dass rund 20 Imame mit verschiedenen sprachlichen und kulturellen Hintergründen als professionelle Unterstützung der muslimischen Notfallseelsorge zur Verfügung stehen (Stand Juni 2016). Grundsätzlich wird die Seelsorge auf Deutsch angeboten. Da aber in Krisensituationen seelische Probleme am einfachsten in der Muttersprache ausgedrückt werden können, wurde das Angebot in Bezug auf die Sprachen erweitert. Da die meisten ausgebildeten Seelsorgerinnen und Seelsorger einen Migrationshintergrund haben, bietet die Muslimische Notfallseelsorge Zürich heute ihr Angebot in folgenden Sprachen an: Albanisch, Arabisch, Bosnisch, Deutsch, Englisch, Indonesisch, Türkisch und Persisch.

5 Herausforderungen und Perspektiven

Das Ziel, die Zusammenarbeit mit der Notfallseesorge Zürich in schriftlicher Form festzuhalten, wurde nicht erreicht. Es gab lediglich mündliche Zusagen, dass man an einer Zusammenarbeit interessiert sei. Ein Grund dafür lag darin, dass die Mitarbeitenden der jeweiligen Stellen nicht selbst Entscheidungen treffen konnten, sondern sich mit Vorgesetzten und Exekutivgremien koordinieren mussten. Das führte dazu, dass sich die Vertreter der Polizei und der Notfallseelsorge Zürich jeweils nach einem Treffen mit der Muslimischen Notfallseelsorge zusätzlich intern beraten mussten. Dadurch verstrich viel Zeit zwischen den einzelnen Sitzungsterminen und die Verhandlungen kamen entsprechend langsam voran. Es wurde stets eine grundsätzliche Offenheit gegenüber dem Projekt ausgedrückt, aber konkrete Schritte, um eine Vereinbarung für die Zusammenarbeit voranzutreiben, wurden nicht getätigt. Vorsicht und Skepsis sowie manchmal gar Mistrauen gegenüber den verantwortlichen und ausgebildeten muslimischen Notfallseelsorgerinnen und Notfallseelsorgern kamen deutlich zum Vorschein.

Die Muslimische Notfallseelsorge Zürich befand sich deshalb in der Lage, dass sie mit beiden Stellen unabhängig voneinander kommunizieren und Lösungen mit den beiden Stellen finden musste. Auch hier wurde das Voranschreiten einer Vereinbarung erschwert, da sich die beiden Stellen jeweils auf die andere Stelle bezogen, mit der Aussage, dass erst eine Zusammenarbeit zustande kommen könne, wenn gleichzeitig mit der anderen Stelle eine Lösung für die Zusammenarbeit gefunden werde. Die Polizei wollte verständlicherweise selbst nicht, je nach Fall, eine andere Stelle kontaktieren müssen und erwartete daher, dass die Muslimische Notfallseelsorge Zürich sich in die bestehende kirchliche Notfallseelsorge eingliedert, was auch ein Ziel der Muslimischen Notfallseelsorge Zürich selbst ist. Doch im Gegenzug hat die Zürcher Notfallseelsorge folgendes Problem genannt: Die Muslimische Notfallseelsorge Zürich sei noch nicht aktiv und es fehle den muslimischen Notfallseelsorger an Erfahrung. Dadurch befand sich das Projekt zur Muslimischen Notfallseelsorge Zürich in einer Art Sackgasse. Eine grosse Herausforderung bestand vor allem in der bestehenden Unsicherheit, ob die jeweilige andere Stelle konkrete Schritte in Richtung einer Zusammenarbeit akzeptieren würde.

Zudem berichteten Medien, dass unter den ausgebildeten Notfallseelsorgerinnen und Notfallseelsorger eine Person sei, die in der Vergangenheit einem Verein nahe gestanden habe, der in der Öffentlichkeit als Vertreter einer fundamentalistischen Strömung des Islams bekannt ist. So geriet das Angebot in Verruf und wurde für mehrere Monate auf Eis gelegt. Dieser Schritt, der anfangs als negativ wahrgenommen wurde, hatte letztendlich eine positive Wendung. Die erwähnten Probleme wurden von allen Beteiligten erkannt, was dazu geführt hat, dass alle gemeinsam nach einer Lösung suchen, um die Situation zu verbessern. Die Justizdirektion des Kantons Zürich hat, nach internen Abklärungen, in der Zwischenzeit eine Arbeitsgruppe zusammengestellt, worin die relevanten Akteure – reformierte und katholische Körperschaften und die VIOZ – zusammen mit der Justizdirektion Herausforderungen und Lösungsmöglichkeiten erörtern. So ist nebst der Erarbeitung gemeinsam gültiger minimaler Voraussetzungen für muslimische Seelsorgerinnen und Seelsorger auch die Koordination eines systematischen Angebots der muslimischen Seelsorge in öffentlichen Institutionen ein zentraler Punkt. Es wurde erkannt, dass mit dem Notfallseelsorgeprojekt eine wichtige Basis für muslimische Seelsorge in Institutionen geschaffen wurde, auf der weiter aufgebaut werden soll.

6 Fazit

Das von den Behörden unterstützte Pilotprojekt Muslimische Notfallseelsorge wurde während zwei Jahren professionell aufgebaut und geführt. Mit den zwei Schienen der Ausbildung – einerseits eine spezifisch islamische Ausbildung, andererseits die religionsunabhängige Ausbildung der Notfallseelsorgerinnen und Notfallseelsorger – wurden Standards angestrebt und gesetzt. Dass diese Standards nicht denjenigen entsprechen, die zum Beispiel die Kirche hat, liegt zum Teil daran, dass die Institutionalisierung der islamischen Seelsorge Neuland ist. Gemeinsame Standards sollen über den Dialog zwischen den Landeskirchen im Kanton Zürich und der VIOZ definiert werden.

Die Evaluation hat gezeigt, dass das Angebot der Muslimischen Notfallseelsorge Zürich nicht nur von den Blaulichtorganisationen genutzt wurde, sondern auch von anderen staatlichen Institutionen. Zudem gab es viele Einsätze in Spitälern, wo Patienten oder Angehörige des Patienten explizit nach muslimischen Seelsorgern gefragt haben. In solchen Fällen wurde die Muslimische Notfallseelsorge Zürich von den christlichen Seelsorgern vor Ort kontaktiert. Dabei handelte es sich um Seelsorge und Beistand für Patienten und ihre Angehörige, insbesondere im Endstadium von Krankheiten. Das Pilotprojekt hat gezeigt, dass der Bedarf nach muslimischer Seelsorge sehr gross ist. Obwohl das Projekt in Verruf kam und die wichtigsten Partner das Angebot der Muslimischen Notfallseelsorge nicht aktiv in Anspruch nahmen, wurde wöchentlich mindestens ein Fall verzeichnet, zu dem die Muslimische Notfallseelsorge hinzugezogen wurde.

Es ist festzuhalten, dass die verbindliche Zusammenarbeit mit öffentlichen Institutionen ausbaufähig ist. Durch die beratende Funktion, die der Kanton mittlerweile wahrnimmt, eröffnen sich hier neue Möglichkeiten.

Das Dreieck der Kommunikation und Zusammenarbeit (Kapitel 2) hat gezeigt, dass die Ausbildung muslimischer Seelsorgerinnen und Seelsorger ein zentraler Pfeiler ist und deshalb das erwähnte Dreieck zu einem Viereck erweitert werden muss:

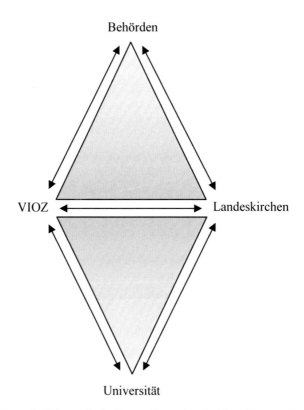

Abbildung 2: Schematische Darstellung der drei beteiligten Akteure, mit Erweiterung um die Ausbildungsstätte

Mit einer qualitativ guten Ausbildung von muslimischen Seelsorgerinnen und Seelsorgern ist zu erwarten, dass die unterschiedlichen Institutionen in der Lage sein werden, sich zu öffnen und eine verbindliche Zusammenarbeit zu definieren.

Literaturverzeichnis

GORZEWSKI, ANDREAS
- Die Türkisch-Islamische Union im Wandel, Wiesbaden 2015.

GÖLE, NILÜFER
- Europäischer Islam. Muslime im Alltag, Berlin 2016.

KANTON ZÜRICH
- Muslimische Bevölkerung, abrufbar unter http://www.integration.zh.ch/internet/justiz_inneres/integration/de/welcome/religionsgemeinschaften/muslime.html#title-content-internet-justiz_inneresintegration-de-welcome-religionsgemeinschaften-muslime-jcr-contentcontentPar-textimage_7, besucht am 28. September 2016.

NOTFALLSEELSORGE ZÜRICH
- Leitsätze, abrufbar unter http://www.nfszh.ch/notfallseelsorge-zuerich/konzept/leitsaetze, besucht am 28. September 2016.

VIOZ
- Über uns, abrufbar unter http://vioz.ch/sports/wir-sind-vioz/, Stand 6. Januar 2014, besucht am 25. Mai 2017.

L'aumônerie musulmane de Genève
Entretien avec Dia Khadam

Baptiste Brodard

Baptiste Brodard (BB) : Pour commencer, pouvez-vous me raconter comment vous avez commencé à travailler comme aumônière aux hôpitaux ?

Dia Khadam (DK) : Ce n'est pas moi qui ai commencé à faire ce travail. Je travaillais à la mosquée, au lavage mortuaire et accompagnement de familles en deuil et puis c'est par là que j'ai été appelée par le chef, qui est donc Omar Seck, pour venir. Comme j'étais touchée par tout ce qui est « mort », « fin de vie », et ainsi de suite, c'était la base de cette demande. Avant que je fasse ce travail de lavage rituel, j'avais fait un travail sur tout ce qui est sciences religieuses, ce qui m'avait permis de faire ce travail de lavage en accompagnant quelqu'un qui était là avant moi. C'était une autre dame qui était Suisse, convertie aussi, qui avait commencé à faire ce travail de lavage et je le faisais avec elle. On a eu de tous les cas, dans cette petite chambre de la mosquée. Après, c'est Monsieur Omar Seck qui m'a appelée pour voir si j'accepterais de travailler à l'aumônerie avec lui.

BB : Comment réagissent les patients musulmans en général ?

DK : L'aumônerie, ils ne savent pas ce que cela veut dire. Quand on parle avec les patients musulmans, ils ne savent pas ce que c'est et nous expliquons que c'est l'accompagnement spirituel des personnes qui sont en souffrance à l'hôpital. Parce que eux, quand ils demandent, ils disent : « On veut un imam » et puis en me voyant, moi, arriver, ils disent : «Toi, tu es un imam ? Depuis quand en Islam il y a des imams musulmans femmes ? ».

Nous venons en tant qu'*accompagnateur spirituel*. On n'est pas imam, car on n'a pas fait la même théologie que les imams, mais on est accompagnateurs spirituels et quand nous voyons qu'il y a une nécessité ou une demande spécifique de patient, c'est là qu'on va demander aux imams qu'on connaît. Ils viennent avec nous pour accompagner ces personnes qui sont malades ou en fin de vie.

BB : Comment votre service est-il organisé ?

DK : L'aumônerie musulmane à l'hôpital cantonal est une association, *l'Association d'aumônerie musulmane de Genève*. Mais on a un accord avec l'hôpital pour aller faire ce travail au sein de l'hôpital. On a des badges qui sont reconnus par l'hôpital, pour dire qu'on travaille chez eux. Il y a des aumôneries permanentes et des aumôneries non permanentes. Les aumôneries permanentes sont catholiques et protestantes et les aumôneries non permanentes sont, par exemple, les aumôneries juives, musulmanes, orthodoxes et les autres chrétiens. Et ça, c'est celles qui sont officielles et qui travaillent avec l'hôpital. Donc, on est appelés par l'unité de médecine, ou bien on est appelés sur demande du patient lui-même, ou on a une liste chaque semaine. Je vais visiter le premier, deuxième ou troisième étage et tous les patients musulmans qui sont là, je peux les voir. Et ça, c'est en accord avec l'hôpital. On a une liste.

BB : Comment est-ce que vous réussissez à trouver les patients musulmans à l'hôpital ?

DK : Nous pouvons passer directement dans les étages. Il y a dans notre communauté ici beaucoup de monde qui ne nous connaît pas. Alors c'est là où je vais aller, seulement pour les patients musulmans, me présenter, les accompagner. Ou bien, on est aussi appelés par les autres aumôneries qui nous disent, en visitant ces patients : « On a vu un patient musulman et il aurait peut-être besoin de votre aide » et on va le visiter. C'est vraiment une collaboration très, très riche avec les autres aumôneries. Nous avons partagé les lieux entre les aumôniers musulmans parce que je ne peux pas visiter les cinq sites de l'hôpital. Omar Seck s'occupe du site de Belle-Idée entièrement. Le secteur de psychiatrie, c'est Omar Seck. Après, il y a la pédiatrie où c'est une de nos sœurs qui travaille et tous les autres sites, qu'on appelle le grand hôpital, c'est moi. Par rapport à ça, il y a aussi les autres hôpitaux comme Loëx, Trois-Chênes et Bellerive. Là aussi, c'est à l'appel. Dès qu'il y a une situation un peu dure, on y va. C'est le personnel de l'hôpital, les autres aumôniers ou la famille qui nous appellent.

BB : Et vous voyez autant les hommes que les femmes et les enfants ?

DK : La plupart du temps des femmes. Moi, je m'occupe des femmes et quand il y a besoin, des enfants aux soins intensifs. S'il y a d'autres personnes, c'est à l'appel. S'il y a des hommes, je peux y aller à l'appel sans autre.

Mais lorsqu'il y a une femme, ils sont beaucoup plus timides, spécialement au moment de la maladie. Ils sont beaucoup plus faibles, alors c'est par pudeur et je dis toujours, quand je vais vers l'unité, ce que je fais. Je demande toujours à l'unité : « Demandez au Monsieur s'il accepte de me voir, s'il en a besoin ». Il y a des personnes qui disent « non merci », d'autres « oui j'aimerais bien ». Il y a aussi quelques hommes qui ont eu les larmes aux yeux en me voyant arriver parce que ça leur a fait plaisir. C'est comme leur mère ou leur sœur qui vient les visiter. Ils étaient enchantés. Bien sûr, on ne se touche pas, mais seulement le fait d'être là, de faire des invocations (*doua*) et de lire le Coran avec eux, des invocations tout simplement et après je m'en vais. C'est important qu'on soit à leur écoute. S'il y a besoin, j'y vais. S'il n'y a pas besoin, je n'y vais pas.

BB : Est-ce que ça vous est déjà arrivé de voir des « non musulmans », des gens d'autres confessions ?

DK : Quand j'étais plusieurs fois présente lors d'une annonce difficile, c'est là que j'ai vu des gens en train de pleurer ou de vraiment paniquer. J'étais là pour leur dire qui j'étais, pour qu'ils ne soient pas choqués et c'est là qu'ils m'ont livré plein de choses. On était vraiment ravis par rapport à ça. Mais c'est vraiment à des moments précis où j'étais là par hasard. Je n'y vais jamais, parce que je dis qu'il faut respecter l'intimité de l'autre et les besoins de l'autre. Le principe, c'est que chaque aumônier voie les patients de sa religion. Mais en tous cas, avant tout, nous, on est des êtres humains et c'est les êtres humains qui appellent à la collaboration. Alors on est là non pas pour la spiritualité telle quelle, mais pour l'aide qu'on peut apporter par le soutien moral. Dans les moments difficiles, quand ils voient quelqu'un qui est là pour leur offrir un bras ou une tasse d'eau ou n'importe quoi d'autre, ils sont très, très preneurs et ils nous remercient infiniment pour ça.

BB : Quelles sont vos heures de travail ?

DK : Notre travail est bénévole à 100%, donc je m'organise pour avoir une journée à deux journées par semaine et quelquefois, en cas de besoin, le matin et le soir. Le soir, c'est l'angoisse de la nuit qui arrive ou bien le matin, quand on se réveille et qu'on a mal partout, pour un petit coup de pouce pour avancer. J'ai eu ça dans plusieurs hôpitaux, on m'a appelée par la famille, dès qu'on se connaît un peu. Eux, ça les rassure que je sois là dans ces moments difficiles de fin de vie d'un de leurs proches. Je me rappelle que j'ai été, il n'y a pas longtemps, pendant cinq jours comme ça, le matin et le soir, le matin et le soir, jusqu'à 10 heures, 11 heures du soir et après, une fois, je suis restée jusqu'à 4 heures.

BB : Quelle est la durée des rendez-vous ?

DK : Ça dépend de la personne, de ses besoins. Une fois, une équipe médicale m'a demandée pour une jeune fille qui avait 19 ans et qui était en fin de vie. Je comprends très bien la situation de la famille, parce que personne ne peut être à la place de l'autre. Nous, on ne vit pas ce que la famille vit. Quelquefois, par protection de leur intimité, de leur couple, de leurs autres enfants, ils doivent faire en sorte de mettre des cadres, même pour eux. Alors l'unité de médecine m'a appelée en disant : « Voilà, il y a une dame en fin de vie et sa famille, la mère et le père, la laisse de 9 heures du soir à 9 heures du matin et on sent que c'est la fin. Il faut absolument, si vous pouvez, passer une heure pendant la soirée ». Alors la famille est partie à 9 heures et moi je suis arrivée à 10 heures, je m'en rappelle toujours, c'était en été, et puis on voyait, parce qu'il y a des paramètres, on voit qu'il y a des choses qui vont mal. Je suis restée toute la nuit avec elle. A chaque fois, je faisais des invocations, je lui tenais la main et au moment de partir, je sentais que quelque chose n'allait pas, je restais. C'était de 10 heures du soir jusqu'à 9 heures et demi du matin.

BB : Que faites-vous concrètement lors d'une tournée avec un patient ?

DK : Le plus important quand j'y vais, je prends ma liste, par exemple quand il n'y a pas d'urgence, et je vais dans les chambres. Avant toute chose, je vais vers l'unité et je me présente, je dis que je suis Dia Khadam, que je suis de l'aumônerie musulmane. Certaines unités me connaissent, d'autres ne me connaissent pas. Je leur demande si cette femme est là, ils me disent, et je vais là-bas, je me présente auprès de la dame, je dis : « Voilà, je suis là pour offrir un sourire, je suis là pour être avec toi pendant un certain moment et si tu es là, si tu as besoin de moi, je suis là ». Certains me disent « Non, non, non, on ne veut pas tout ce qui est religieux », malgré qu'ils soient musulmans. Et j'accepte, je sors, voilà, je dis : « Heureuse de vous avoir connu » et je pars.

D'autres me disent que seulement le fait de me voir... Je ne sais pas pourquoi, je fais pleurer les gens, parce qu'ils sont très, très émus et spécialement quand ils me voient avec le foulard, ça leur fait la plupart du temps... C'est très important pour moi, quand je vais à l'hôpital, je m'habille en clair, je ne m'habille jamais en couleurs foncées et je choisis bien ma journée. Ça veut dire que je ne vais pas à l'hôpital quand je suis de mauvaise humeur ou quand j'ai des soucis. J'y vais pour vraiment être avec les patients. Et quand j'y vais, je fais ce parcours et après, il y'en a certains qui me tiennent la main, qui m'embrassent la main, qui me disent: « Dieu vous envoie ».

Et puis il y a ce cas qui est aussi resté dans ma mémoire, c'est une dame. On m'a appelée à la maternité et on m'a dit : « Il y a une personne au troisième étage qui a besoin de te voir et c'est urgent ». J'y suis allée, je suis arrivée au troisième étage et il n'y avait personne dans la chambre. Alors je me suis dit que peut-être, il n'y avait pas de problème et je suis repartie. Et je suis descendue dans la même chambre mais au deuxième étage et là j'ai vu une dame. Je me suis dit « voilà, je me suis sûrement trompée, ce n'est pas au troisième, c'est au deuxième » et c'est vrai, je m'étais trompée, mais cette dame était musulmane. Je suis arrivée vers elle et le fait de me voir, elle a tellement pleuré, elle s'est levée tout de suite en me voyant. C'était une dame de l'Afrique. Elle m'a serrée dans ses bras et elle a pleuré, pleuré, pleuré. Elle m'a fait pleurer tellement c'était intense, parce que je lui ai dit : « Voilà, si je vous dis que je reste dix minutes » et j'étais inclinée parce qu'elle était dans une chaise, j'étais inclinée vers elle, et elle me serrait, serrait, serrait, et tout d'un coup, elle m'a lâchée et elle m'a dit : « Tu sais, c'est Dieu qui t'a envoyée ». Je voulais lui dire que j'avais une liste, mais je ne savais plus quoi dire. Elle m'a dit que Dieu m'avait envoyée parce qu'elle avait dit un verset du Coran : « si Dieu ordonne quelque chose, il en sera ainsi », et elle m'a dit : « Dans nos habitudes, on prie très fort et ce qu'on veut s'exaucera à la fin de la septième fois qu'on le dit et moi à la septième fois, tu es entrée, je te jure ». Et moi, je n'arrivais pas à trouver les mots et j'avais des frissons. J'ai dit qu'on est aussi quelque chose de très fort, on est guidé par Dieu. C'était magnifique, cette rencontre. Je lui ai demandé pourquoi elle avait dit ce verset et elle m'a dit qu'elle avait besoin de compagnie et que j'étais arrivée au bon moment. Et là, elle s'est délivrée, on est restées à peu près une heure et demi, elle me parlait, parlait, parlait sans arrêt, pour extérioriser. Elle m'a dit : « Tu sais, avant j'étais malade, maintenant, je ne le suis plus par ta présence ». Et ça m'a beaucoup touchée, ces mots qu'elle a dits, parce que je me suis dit qu'au moins, j'avais gagné ma journée. Parce que tu sais, quand tu rends du bien à quelqu'un, c'est tellement magnifique.

BB : Est-ce que l'équipe médicale demande des avis, sur l'approche de certains patients de confession musulmane par exemple ?

DK : De confession musulmane mais aussi d'autres cultures qu'ils n'arrivent pas à comprendre et c'est là où je viens. Comme par exemple, je ne sais pas si je peux le dire, c'est une femme qui a appelé pour un cas qui est pour eux compliqué, et moi je suis venue innocente. C'est le professeur de soins intensifs de pédiatrie, qui m'a dit : « Dia, on a besoin de vous. Il y a une dame. On doit débrancher la machine pour son fils de 8 ans, et puis il faut absolument que vous veniez ; elle, elle refuse catégoriquement ». Et bien sûr, eux se basent sur leurs paramètres. Cette dame venait de Neuchâtel, elle était somalienne. Et puis il fallait venir la voir. Je suis allée vers elle et quand elle m'a vue, elle s'est lancée dans mes bras, elle m'a dit : « Heureusement que tu es là ! ». Et je me suis présentée, c'était la première fois que je la voyais. Une seule fois et je ne l'ai plus revue après. Je l'ai revue, peut-être oui, au moment du lavage de son fils. Elle me disait : « Le professeur, voilà, il dit qu'on doit débrancher la machine. Il n'y a plus d'espoir, il y a l'arrêt cérébral et ainsi de suite ». Ils savent. Par rapport au tronc cérébral, nous dans tout ce qui est musulman, c'est le Conseil Européen de la Fatwa qui a émis un avis religieux. Ils ont dit que quand il y a l'arrêt cérébral avec le tronc cérébral, ça veut dire que la mort a commencé.

BB : Et vous avez expliqué ça par rapport à la théologie ?

DK : Non, non, justement, tout le monde lui disait ça et elle ne voulait rien écouter. Elle ne voulait rien entendre. Elle m'a appelée, m'a tirée et elle m'a dit : « Dia ». Et malgré que c'était la première fois que j'étais à son écoute, je lui ai dit : « Je suis là, de quoi avez-vous besoin? ». Je l'ai prise et elle, malgré que c'était une personne assez âgée, elle s'est posée sur mon épaule et me disait : « Dia, je dois faire une opération pour mon fils ». J'ai demandé comment je pouvais l'aider. Et puis elle m'a dit : « J'ai besoin qu'on fasse une opération avant qu'on enlève les machines ». Je lui ai demandé quelle opération? Et elle me dit, mais elle ne parlait pas arabe, elle ne parlait pas français, donc elle m'a fait le geste de la circoncision et elle me disait : « Personne ne m'écoute, moi je vais aller en enfer ». Je dis : « Mais tu n'iras pas en enfer, pourquoi ? » Elle m'a dit qu'en islam, si on ne fait pas la circoncision à notre enfant, on part en enfer parce qu'on est responsable. Et c'est là où je lui ai emmené des paroles prophétiques, disant que c'est vraiment recommandé, mais pas obligatoire. Donc ça, c'est une des choses très importantes qu'on fait, dans notre travail, c'est de faire la différence entre tout ce qui est culturel et tout ce qui est religieux. Et pour elle, c'était la même chose. Et le fait que ça vienne de moi, le fait que je vienne avec confiance et qu'elle me parle à moi, femme, de ce qui peut provoquer de la pudeur en elle, a fait que ça a décoincé cette situation. On a pu régler ce problème et on a pu débrancher la machine avec elle, et puis j'étais avec elle pour la finalisation de tout ce parcours.

BB : Est-ce qu'il y a des attentes que vous ne pouvez pas combler ou des demandes auxquelles vous ne répondez pas ?

DK : Oui, on leur dit, s'ils veulent de l'argent ou des choses comme ça, qu'on ne peut pas. On leur transmet le numéro de l'assistante sociale de l'hôpital et elle s'en charge. Il y a aussi les cas où par exemple, des patients, quand ils sont en fin de vie, qu'il y a un décès de patient, il faut accompagner la famille en dehors. Normalement, dans l'aumônerie, on ne fait pas ça, on leur donne des numéros de téléphone et eux, ils téléphonent. Nous non, on donne le cadre jusqu'à l'acheminement, soit au cimetière, soit pour le rapatriement. C'est un travail qu'on fait en dehors de l'hôpital pour rassurer la famille et pour les accompagner au mieux dans leurs besoins. Ça c'est le social, on le fait indirectement. Tout ce qui est social, humain, on le fait.

BB : Est-ce que ça vous arrive d'avoir des questions d'ordre religieux où ils veulent un avis ?

DK : Bien sûr, nous on est préparés à tout, mais il y a des choses qui sont impossibles. Comme par exemple, quand il y a un cas de mort cérébrale mais il y a un tronc cérébral qui n'est pas encore mort, il est actif. Nous, on sait en général que si le tronc cérébral et le cerveau sont décédés, c'est fini et on peut le dire, mais quand il y a des questions précises comme ça, on emmène des imams, toujours. Et des médecins musulmans aussi, alors, on fait les connections. Et comme je vous l'ai dit, on a des colloques de médecins où ils nous demandent notre avis avec la famille, ils disent qu'en tant que médecin, leur avis est comme ça, et puis la famille dit par exemple, que dans cette situation, ils ne sont pas prêts à enlever la machine. Même si on sait qu'en enlevant la machine, le patient va partir. Mais la famille ne veut pas. Alors, on amène un imam qui va donner son point de vue et la famille dit : « On n'a pas confiance avec cet imam, on veut un autre imam », alors on amène l'imam qu'ils veulent et puis on voit l'imam et on lui explique le cas.

BB : Quelles sont les attentes principales des patients envers votre service ?

DK : Dans la plupart des cas, c'est l'accompagnement spirituel. Spécialement à la fin de vie, avant que l'âme ne parte, on est là pour appuyer le malade, appuyer sa famille et appuyer après le décès. On est là pour ça. On est tout minuscule dans la chambre, s'il est accompagné de sa famille, je donne de l'eau, j'accompagne, je leur donne une petite tape sur le dos en disant courage. C'est leur rappeler le parcours de notre vie en disant « c'est la vie, c'est le destin et la destinée, on en peut rien faire si Dieu le choisit, il choisira au bon moment ». Dieu sait, pas nous. C'est un rappel à la famille, un petit peu. Et puis au moment où ils perdent les pédales, ou bien s'ils ne sont pas bien, c'est là où on les accompagne, où on les prend à l'extérieur. On fait un travail psychologique et spirituel. Une des choses de notre travail, c'est aussi l'accompagnement dans le Coran, de dire des sourates entières et ça peut prendre des jours et des jours et c'est là où je rappelle : « Est-ce qu'il y a des conflits de famille, est-ce qu'il y a des dettes? », pour que l'âme parte doucement, sans qu'il y ait un retour vers quelque chose de négatif. Pour qu'ils disent qu'au moins, on a tout appelé, parce que la famille, quand ils sont dans ces moments là, ils sont dans l'inconscience totale de ce qui va leur arriver et ils sont sous le choc, dans le déni, ils ne veulent pas croire, ils sont tout autre que spirituels. Ils sont dans la colère, en disant, comment Dieu m'aime ? Et jamais je ne dis : « Dieu l'aime, c'est pour ça qu'il l'a choisi. » Il y a beaucoup de monde dans notre culture qui le disent mais moi, ici, avec mon parcours d'apprentissage de psychologie, jamais, jamais je ne dirais ça. Il y a des choses pour lesquelles il faut choisir les mots, il faut choisir le moment, il faut soigner le verbal et le non verbal dans notre attitude, il y a plein de choses auxquelles on doit faire face auxquelles on n'a jamais fait face auparavant. Il faut toujours être très prudent par rapport à tout ce qu'on a appris du côté spirituel et du côté psychologique, qui est très important.

BB : Quelle est votre formation pour l'aumônerie ?

DK : Nous avons été formés par l'hôpital. En arrivant à l'aumônerie, nous avons des parcours de formation continue à faire. Et une des formations que j'avais faite avant déjà, c'était *L'écoute active*. C'était un parcours de quatre cours, avec aussi *Ecoute et conflit*. C'est aussi une des choses que j'ai faites, et bien sûr d'autres formations qui sont liées à l'hôpital par rapport aux soins, et ainsi de suite. Tout ce parcours, on devait le faire et c'était grâce à Dieu que j'ai pu le faire. Maintenant, je participe aussi à des colloques de médecins, des colloques de soignants, s'ils ont besoin pour un cas spécifique, j'y vais pour entrer dans l'interculturel. Quand il y a un colloque à faire, c'est pour l'interculturel.

J'ai demandé des formations en plus. J'ai fait une formation appelée *Relation d'aide*. Avant toute chose, il faut connaître sa personnalité, se connaître soi-même, savoir qui tu es, ce que tu as au fond de toi, faire le ménage. Et après, la deuxième année, c'est: *Comment faire du bien et comment venir en aide ?* Ce n'est pas venir en aide pour venir en aide, non. Parce qu'il y a beaucoup de monde qui dit : « Nous, on veut être dans l'aumônerie, on veut faire des choses ». Je dis : « Pourquoi ? Quel est votre but ? ». Ils me disent : « Nous, on veut faire de l'aumônerie parce qu'on a besoin de points devant Dieu ». C'est quoi ça ? Qu'est-ce que ça veut dire, on veut des points pour se rapprocher de Dieu ? De quels points tu parles ? Quelle est l'intention qui est en toi ? Moi, quand je vois des gens qui disent qu'ils veulent arriver au paradis facilement... Quel est l'être humain qui est entre tes mains ? Quels sont ses besoins à lui, est-ce que tu as écouté ses besoins à lui ? On ne peut pas devenir aumônier comme ça. Il y a un travail énorme, énorme.

BB : Quelles sont vos motivations à vous par rapport à ce travail ?

DK : Ma motivation vraiment, c'est que j'ai été à un moment donné touchée par la maladie de ma fille, et puis, j'avais besoin de gens qui viennent m'aider là où j'étais, ça veut dire, d'être dans le silence. J'avais besoin de présence humaine dans le silence. C'est la maladie de ma fille qui a fait que j'accepte ce travail. Il y a eu des aumônières catholiques et protestantes qui sont venues me dire : « On est des aumônières » et j'ai dit qu'elles faisaient un travail magnifique et j'ai demandé s'il y avait des aumôneries musulmanes, et on m'a dit « Non, il n'y en a pas, il y'en a une qui est là mais c'est tout. » J'ai dit ok, je n'ai pas fait appel, car j'étais très bien entourée et moi-même je ne voulais que le silence, j'ai coupé court avec tous mes amis, j'avais besoin de me concentrer sur moi et ma fille, rien d'autre, je ne voulais pas de jugement, ni des paroles qui ne sont pas bien, ni qu'on me dise que ma fille était malade, et de la discrétion, du calme.

BB : Quel est le cadre de coopération entre l'aumônerie musulmane et l'hôpital ?

DK : On a signé un accord de partenariat avec l'hôpital et cet accord fait en sorte qu'on a le droit d'y entrer, n'importe où je suis, je peux ouvrir la porte d'entrée de l'hôpital au cas où il y a besoin. Et c'est comme quelqu'un qui te donne une carte de banque et te dit « voilà où est mon argent » et tu dois faire attention. Et pour moi c'est quelque chose de très important à protéger, ce don de l'hôpital. Le pouvoir de me permettre d'y entrer et d'avoir la discrétion, cette pudeur d'accepter où je vais. Il y des moments où on m'appelle et on me dit « Dia, viens » et je ne sais pas ce qui m'attend à l'hôpital. Je demande seulement des choses précises, est-ce qu'il parle arabe, français, pour avoir une communication, et j'y vais. Je ne demande pas plus. Et l'important pour eux, c'est de voir ce que veut l'équipe médicale, et c'est là que mon rapport avec l'équipe médicale est très important. On a une rencontre et après je vais visiter les patients et je vais voir leur famille et de quoi ils ont besoin. C'est comme je vous ai dit au départ, c'est à l'appel de l'aumônerie de garde de l'hôpital, il y a un patient musulman à visiter. On a de très bons contacts avec la hiérarchie de l'hôpital, il y a le secrétariat de l'aumônerie, après il y a la responsable qui est extraordinaire, elle s'appelle Madame Rosset et elle a fait un énorme travail avec nous pour tout ce qui est le côté douceur avec les patients musulmans. On a beaucoup de chance d'avoir cette interlocutrice, on dit nos mots, nos besoins, les besoins de patients, c'est un travail collectif. Sans son aide, on ne serait pas là où on est. Il faut un interlocuteur qu'on respecte et qui respecte notre travail et on a de la chance de l'avoir. On a aussi un travail de coordination avec les autres aumôneries qui sont aussi extraordinaires dans cette ouverture pour l'interreligieux, l'interhumain. Quand il y a quelque chose, j'y vais. Eux sont beaucoup plus présents que nous car ils sont permanents et ça c'est magnifique.

BB : Est-ce que vous voulez encore rajouter quelque chose ?

DK : Pour moi c'est très important de dire qu'à l'hôpital, on voit de tout, on voit des gens qui acceptent de nous voir comme il y a des gens qui n'acceptent pas. Et il faut être ouvert à ça et attentif. Ne pas dire : « Je suis aumônière et j'ai le droit ». C'est pourquoi je le répète, parce que quand on est sur un lit d'hôpital, personne ne peut penser ce qu'on pense, on n'a pas à les juger, on n'a pas à être avec eux si eux ne le souhaitent pas, et ça c'est impératif. S'ils le veulent, ils m'appelleront.

BB : Je vous remercie pour votre temps, c'est très gentil.

DK : Je vous en prie. Merci à vous.

Le « soin spirituel » pratiqué à l'hôpital
Un regard en néonatologie
Entretien avec Isaline Chammartin, infirmière

Paola Juan/Irene Becci

Inhaltsverzeichnis

1	Introduction	135
2	Soin spirituel : une notion plurielle	136
3	La néonatologie	139
4	Accompagnement spirituel : une pluralité de soignants	139
	4.1 Les boîtes de décès	141
	4.2 Baptême	141
	4.3 Félicitations	141
	4.4 Nommer	142
	4.5 Carrés de coton	142
	4.6 Marquer les passages	143
	4.7 Formation pour l'accompagnement spirituel des infirmiers/ières	143
5	Conclusion	145
	Bibliographie	145

1 Introduction

La définition de la santé par l'Organisation mondiale de la Santé et communément admise dans le domaine des soins est « état de bien-être complet physique, mental, social et spirituel ». Cette définition se veut ainsi inclusive et pose les soignants dans leur pratique professionnelle face aux questions suivantes : à partir de quand, dans quelle situation intervient le besoin d'un soin spirituel ? Comment percevoir la « détresse spirituelle » ? Où commence le travail de soins spirituels d'un aumônier et s'arrête celui du médecin, du psychologue ou de l'infirmière ? Cet article se propose d'explorer cette notion de soins spirituels à travers le témoignage d'Isaline Chammartin, infirmière au service de néonatologie du Centre Hospitalier Universitaire Vaudois (CHUV). Sur la base de son expérience dans cet hôpital depuis 17 ans et d'un travail théorique, ce sera l'occasion de comprendre les enjeux de l'utilisation de la notion de « soin spirituel » et finalement d'interroger la fonction de la spiritualité dans le domaine des soins. Nous verrons à travers un certain nombre d'exemples que la notion de soins spirituels est un concept pluriel, certes ambivalent et complexe dans ses manifestations mais bel et bien présent dans le quotidien des soignants.

2   Soin spirituel : une notion plurielle

Dans le cadre d'un atelier portant sur « Medecine and spiritual care » tenu à l'Université de Fribourg en mai 2016 et auquel nous avons participé avec Isaline Chammartin, différents membres du corps hospitalier abordent la question de la définition de la spiritualité. Mme Schaller, médecin cheffe en médecine interne au CHUV présente une multiplicité, voire une infinité de définitions à partir de différentes études psychologiques. En conclusion pour elle chacun a une autre définition de spiritualité mais « au final, tout le monde voit de quoi il s'agit ». A cela, un aumônier présent dans le public réplique que la spiritualité c'est *plus* que ça, c'est quelque chose qu'il a *expérimenté*.

Ces deux acteurs semblent ici suggérer que le spirituel se définit par le fait même qu'il est indéfinissable, qu'il ne peut se mettre en mots mais peut juste être expérimenté – et que les aumôniers sont les professionnels de cette « expérience ». D'un point de vue scientifique, une telle définition pose problème, car elle est *incommensurable* ; un sentiment interne n'est pas traduisible à l'autre. Les émotions religieuses ressortent donc d'un usage *emic* de cette notion.

Il existe aujourd'hui une valorisation de la « dimension spirituelle » dans les nouveaux modèles médicaux présentés comme complémentaires à la médecine, comme par exemple les soins palliatifs, ou la « integrative medecine ». Cette préoccupation accrue pour la dimension « spirituelle » est notamment prise en considération dans le modèle « bio-psycho-social » auquel elle vient s'ajouter : « bio-psycho-social-spirituel ». La notion de douleur totale émerge, intégrant ces quatre dimensions dans l'appréhension de l'état de souffrance générale du patient et incluant des préoccupations de sens au point de vue des modes de soutien à apporter. Institutionnellement, une sphère du soin spirituel, voire religieux, est assurée par les aumôniers – bien que, comme le souligne WALTER, la « spiritual care is [...] difficult to differentiate from sociopsychological – emotional care »[1]. Parlant de sa pratique, Isaline Chammartin exprime effectivement qu'elle trouve compliqué de faire la distinction entre ce qui est purement émotionnel et ce qui est spirituel. Elle délimite cela avec ses propres termes en définissant la spiritualité ainsi[2] :

« C'est un passage de l'esprit à la matière qui à mon avis se fait dans une certaine mesure dans ces petits gestes à un certain moment. [...] Il y a quelque chose pour moi qui vient d'une autre dimension si tu veux. »

Dans la pratique des soins médicaux, une manière de tenir compte de la spiritualité des patients est proposée par le modèle STIV qui se veut un outil à disposition des aumôniers en dialogue avec l'équipe médico-soignante. Selon ce modèle, la spiritualité est définie par quatre dimensions : (1) le sens (équilibre de vie), (2) la transcendance (la manière dont la personne est en lien avec une réalité extérieure à elle-même, dans laquelle elle s'enracine fondamentalement), (3) les valeurs (son échelle de valeur, les priorités à prendre en compte dans la prise en charge thérapeutique), qui permettent à la personne de (4) définir son identité. Il s'agit là de « questions existentielles »[3].

« La spiritualité de la personne hospitalisée est définie par la cohérence singulière qu'elle donne à connaître lorsqu'elle déclare son sens à l'existence, manifeste ses valeurs et désigne sa transcendance. Cette cohérence fonde son identité »[4].

Cette définition semble pourtant rester liée à un discours théologique, et non critique ; elle fait écho à la définition de Bruce Lincoln de la religion : un « discours dont la caractéristique spécifique est un désir de parler des choses éternelles et transcendantes avec une autorité tout aussi transcendante et éternelle »[5]. Notons que telle que présentée ici, la dimension spirituelle est montrée de façon positive. Cette définition insiste

---

[1] WALTER, p. 133.
[2] Cette infirmière est en effet sensible au courant néo-chamanique, qui lui donne certaines ressources spirituelles particulières à titre personnel et qui l'aide dans son quotidien d'infirmière.
[3] BERGHÄNDLER, p. 162, 163.
[4] Définition de la spiritualité, CHUV, 2004, cité par ROUILLER.
[5] LINCOLN 2012, cité par BORGEAUD, p. 16-17.

sur le caractère constructif et thérapeutique de la spiritualité, dans le sens où elle permet de *fonder* son identité individuelle. Elle évite la référence à un cadre institutionnel, à des êtres surhumains, dieux ou autre figure et préfère faire référence à une « transcendance », à un « sens », à « quelque chose qui est plus grand qu'elle » (Françoise, aumônière).

La spiritualité du patient est aussi ce qu'en dit le patient[6]. Un critère important pour définir s'il faut recourir au soignant spirituel (à l'aumônier), est de simplement demander au patient s'il se considère comme « spirituel ».

« J'ai l'impression qu'on est tous en train de revenir à la notion d'identité, aux besoins de la personne soignée, à qui elle est, que ce soit individualisé. La personne (ici les parents) va participer aux décisions par rapport aux soins ; ils sont considérés comme complètement partie prenante du processus de guérison. » (Isaline Chammartin)

Comme le souligne WALTER, le spirituel est aussi associé à certaines valeurs auxquelles peut s'identifier un individu : bien-être, préoccupation pour la nature, solidarité et anti-consumérisme : « […] The term spirituality is […] often modified by adjectives associated with some of the major cultural movements of the 1960s and post-1960s era, including New Age spirituality, postmodern spirituality, and most notably, feminist spirituality. »[7]

Selon HUSS[8] la spiritualité est une notion hybride, traversant les distinctions entre le domaine séculier et religieux. Pour Isaline Chammartin également la spiritualité est une notion ouverte et inclusive. Ce concept semble multi-dimensionnel et multi-référentiel. En ce sens, c'est une notion inclusive de différentes traditions religieuses et confessions, qui permet aux aumôniers de toutes confessions confondues de se présenter comme « accompagnants spirituels ». Cette capacité à inclure est utile dans un contexte de pluralité religieuse (et non-religieuse) dans l'institution laïque qu'est l'hôpital.

---

[6] ROUILLER.
[7] WALTER, p. 135.
[8] HUSS, p. 51.

3   La néonatologie

Le lieu de travail d'Isaline Chammartin, l'hôpital, est un endroit particulier pour les patients qui y séjournent, qui se retrouvent dans une situation de grande dépendance et de détresse. Le service de néonatologie s'occupe des nouveau-nés en situation de danger vital. Il s'agit des soins intensifs, un endroit de crise, « la planète Mars », nous a dit Isaline Chammartin. De crise, car en premier lieu la naissance d'un bébé est en elle-même une crise. « Dans le sens c'est un énorme changement dans la vie des gens. »

Il y a la séparation de l'enfant d'avec sa mère, qui constitue une double crise pour la mère ; ensuite la maladie de l'enfant, avec ses incertitudes, ses hauts et ses bas. Enfin, si cela arrive, le décès du bébé.

4   Accompagnement spirituel : une pluralité de soignants

La notion de soins spirituels est un concept pluriel ; cela se fait voir également dans la prise en charge du soin spirituel par les différents soignants : infirmières, aumôniers, médecins.

L'aumônier, tout d'abord, considéré comme expert de cette question, a le rôle d'assurer le « spiritual care ». Mais à partir de quand, dans quelle situation doit-on appeler l'aumônier ? Comment percevoir la « détresse spirituelle » ? Où s'arrêtent et où commencent les droits de regard et d'intervention des aumôniers sur les patients et en direction du personnel soignant ? Où commence son travail de soins spirituels, à partir de quand intervient-il, et jusqu'à quand est-ce du ressort du médecin, du psychologue ou de l'infirmière ? Derrière ces questions, l'enjeu est à nouveau celui de l'utilisation de l'étiquette « soin spirituel » et la fonction de la spiritualité dans le domaine des soins.

Sur le terrain, Isaline Chammartin note la qualité de l'aumônier en tant qu'accompagnant spirituel, en relation à son aisance sociale en plus de ses compétences théologiques.

« J'ai passé deux ans aussi aux soins intensifs de pédiatrie où l'aumônier c'était quelqu'un, il avait une personnalité, quelqu'un vraiment d'hyper facile dans le contact, hyper disponible, hyper présent, et puis pas du tout axé – enfin si tu veux, lui c'est quelqu'un de très croyant, enfin c'est un chrétien croyant pratiquant mais ça se ressentait pas. Et nous on l'appelait vraiment facilement. C'est-à-dire que quand il y avait quelque chose où vraiment ça nous dépassait au niveau de comment les gens vivaient la situation on l'appelait.

Paola Juan : donc ce que tu dis c'est que l'aumônier là il avait des compétences qui dépassaient les compétences théologiques ?

Isaline Chammartin : Voilà. Et puis du coup on l'appelait facilement. […] Je trouvais que c'était très intéressant comme il incarnait son rôle, je trouvais qu'on était assez pile dans l'endroit où j'pense que c'est un joli boulot et puis multiconfessionnel […]. »

« Je pense qu'on a beaucoup tendance à mélanger religieux et spirituel. C'est pour ça que je pense que ça marche bien suivant la personne – parce que tu as des personnes qui ont une formation théologique qui sont des personnes magnifiques – mais que ça doit dépasser ça quelque part, pour moi. Tu peux être un bon accompagnant religieux et pas spirituel. »

« A l'entrée on va demander de quelle religion les parents sont. Mais religion, on dit pas quelles sont vos croyances. Et puis pour moi c'est pas pareil... Moi si on me demandait ça, je pense que je dirais : moi je suis de culture chrétienne mais je suis pas pratiquante. Alors que ça correspond pas du tout à qui je suis au niveau spirituel. Ça a à voir pour une catégorie de la population. Donc ça c'est une question qui est beaucoup trop simplifiée par rapport à la réalité. » (Isaline Chammartin)

Cette manière de distinguer entre soin spirituel et religieux serait liée à un certain contexte socio-culturel. « This separation of spiritual care from religion is more often articulated by nurse authors than by chaplain authors, and more often in Britain than in less secular countries »[9].

Selon WALTER[10], il est très courant de contraster les termes *spiritualité* et *religion*, ces termes étant attachés à certaines images qui les valorisent ou les dévalorisent dans le discours commun. La religion est présentée comme plus vieille, dogmatique et conservatrice tandis que la spiritualité est attachée à des valeurs positives comme la pureté ou la modernité. La spiritualité serait plus « rationnelle » que la religion. En effet, cette notion ne prend pas en compte la croyance en des êtres surhumains dans sa définition officielle (STIV), mais seulement une dimension d'ancrage, qui fonde l'individu, ce qui fait qu'être équilibré spirituellement est considéré comme une attitude saine. La notion de soins spirituels est un concept pluriel ; d'après Isaline Chammartin, un tel soin se manifeste aussi à travers la mise en place d'un certain nombre de rituels. « Après, pour moi, ça se mélange vite avec l'aspect psychologique, réflexif, émotionnel ». A

---

[9] WALTER, p. 133.
[10] WALTER, p. 135.

nouveau, c'est la question des *limites* du travail de soin spirituel qui se pose ici. Les passages tirés de cette conversation avec Isaline Chammartin illustrent ce que la notion de spiritualité peut couvrir dans le quotidien d'une professionnelle en soins infirmiers :

4.1   Les boîtes de décès

« Au départ, c'était une mère qui avait perdu son nouveau-né, et qui avait créé ça, pour préparer des petites attentions quand un enfant décède. Et nous on sait qu'il y a cette boîte, ça fait vraiment partie des choses qu'on fait. De donner un petit cœur, avec un cœur plus grand pour les parents et un plus petit pour l'enfant, une petite boîte, une grande boîte, enfin, il y a plein de petits objets comme ça, il y a un texte qui est écrit. Nous les parents d'enfants décédés on les revoit, on les voit une semaine à deux mois après, on fait des entretiens médicaux infirmiers pour voir comment ça se passe. Donc quelque part on serait pas obligés de le faire là c'est plus un lien, après ça dépend comment on définit spirituel c'est toujours ça le problème, moi c'est en lien avec le *spirit* esprit, mais c'est aussi tout ce qui touche au sens – mais tu vois, moi j'ai pas du tout de définition académique ou quoi, c'est pas quelque chose où j'ai assez réfléchi. »

4.2   Baptême

« C'est hyper rare, mais c'est déjà arrivé qu'une collègue baptise un bébé. Je lui ai demandé mais t'as fait comment parce que moi si je devais baptiser un enfant, j'inventerais le rite par rapport à tous les rituels que j'ai pu faire au niveau chamanique beaucoup plus que chrétien. Moi ça m'est déjà arrivée d'assister l'aumônier pour un baptême, parce que j'étais l'infirmière responsable et des conditions particulières. Ça c'est des situations très extrêmes, ça arrive pas souvent, elle [sa collègue] était remplaçante. »

4.3   Félicitations

« Il y a un moment, quand l'enfant il naît, où assez rapidement, même si c'est la fin du monde, si ça se passe pas bien du tout, nous on va féliciter les parents. Bon, tu me diras c'est peut-être plus un rite social que spirituel, mais l'enfant il est là quoi qu'il se passe. Et de dire 'félicitations' aux parents, je pense que ça on le fait toutes, c'est presque comme signifier 'il est né'. Et je trouve que c'est hyper fort de faire ça ; je sais pas pourquoi, mais pour nous c'est hyper important et je pense que pour les parents aussi. […] Il est né, il est là et puis on le signifie aux parents. Et puis il y en a beaucoup qui diront : c'est pas parce qu'il est malade qu'ils ont pas droit aussi à des félicitations. Mais pour moi il y a vraiment comme un acte de dire ; de poser, pour moi c'est presque un peu superstitieux, c'est-à-dire on pose d'abord la vie avant la maladie ; avant le fait qu'il est pas bien et de dire : félicitations. Même si ce bébé il fait 500 grammes. Eh bien bravo. Voilà, votre enfant il est là. Voilà, celui-là c'est un que j'ai un peu conscientisé, mais il doit y avoir plusieurs choses comme ça qui, que j'arrive pas encore à te donner, c'est des choses comme ça, ou ça paraît des petits détails et puis je pense qu'en fait c'est assez fort, ce sont nos rites. »

4.4   Nommer

« Il y a un autre truc que je trouve hyper fort aussi c'est, quand on sait qu'un enfant il va naître et que ça va être difficile, il attend et – bon c'est des moments un peu tendus quand même – bon, il y a le papa qui attend avec nous souvent, si par exemple c'est une césarienne il va pas forcément être tout de suite vers la maman, du coup, nous on lui demande alors comment il va s'appeler, vous avez déjà un prénom – et de recevoir le prénom de l'enfant avant qu'il soit né, je trouve ça hyper fort pour moi. Il est pas encore là, mais on a déjà le nom. C'est presque comme si on avait pas le droit. »

4.5   Carrés de coton

« On a des petits carrés de coton qu'on donne aux mamans et aux papas. L'idée c'est qu'à un moment donné dans notre évolution de la compréhension du nouveau-né on s'est rendus compte que le sens olfactif est hyper fort, et du coup on va demander à la maman ou au papa de porter sur lui un tissu qui prend l'odeur, après on pose sous le nez de l'enfant et il sent l'odeur du tissu. C'est devenu aussi un rituel parce que moi ça me fait rire, certains enfants ils ont des machines qui les aident à respirer, ils peuvent pas sentir les odeurs, ça prend tout le nez, et on le fait quand même. Et par rapport à la mère ; parce que tu as des histoires de lait maternel, tu vois il a goûté le liquide amniotique et tout ça. Et puis le père c'est super, mais si tu veux il s'est rendu compte que l'odorat du nouveau-né, l'odeur de la mère ça lui rappelle un milieu qu'il connaît et ça aurait tendance à diminuer les signes de stress. Alors bon c'est super, mais après on demande au papa aussi de faire ça, ça a moins de sens. Et puis donc il y a ce truc d'odeur, et pour moi à un moment donné ça fait presque un truc d'objet transitionnel. Là de nouveau, je me rends compte qu'il y a une espèce d'acte où - si je compare avec le chamanisme - c'est presque un truc d'effigie où tu fais une effigie pour soigner quelqu'un, où t'aurais la poupée qui représente la personne, eh bien là c'est le tissu qui représente le parent que tu mets vers le bébé. Enfin, c'est des choses où comme ça, il y a pas beaucoup de sens, mais où en fait je crois qu'il y en a beaucoup. [...] Pour les parents y a un côté où ils se sentent utiles, ça je pense c'est hyper fort. Ils laissent quelque chose d'eux. Là on est aussi au niveau émotionnel. Mais on essaie vraiment de marquer tous les passages. Marquer les passages, ça aussi c'est hyper spirituel ou religieux, je sais pas. Mais ça fait partie de la spiritualité. »

4.6 Marquer les passages

« Quand l'enfant, s'il a un mois de vie on va faire des photos du bébé, on va peut-être faire une empreinte de la main, on va faire une petite empreinte, on va mettre un mot avec des petits cœurs, comme tu fêterais un anniversaire si tu veux. Mais personne nous le demande. Mais on va marquer ce moment-là. Et les parents souvent ils sont dans une situation un peu de crise, ils vont pas penser à fêter ça. Ou le bébé qui arrive à un kilo. Alors là aussi nous on est en train de faire des petites cartes. Mais c'est pas qu'on est en train de faire des découpages toute la journée. On a pas le temps de faire ça. Mais on le fait. On fait une petite photo, un petit – et je pense qu'on le fait parce que c'est émotionnel, c'est pour accompagner les parents, on sait que ça va faire très plaisir aux parents de voir ça, mais je trouve que ça va presque un pas plus loin. C'est aussi marquer ce passage, le changement. »

4.7 Formation pour l'accompagnement spirituel des infirmiers/ières

Dans la conversation avec l'infirmière, il ressort que ces sous-entendus des termes sont ressentis, mais pas explicités : « On est pas formé pour les questions de spiritualité. Et là, moi je pense qu'il y aurait quelque chose à faire. Pour nous, les infirmiers. Pour moi, les deux questions c'est un peu : d'abord les histoires d'aumôniers, elles sont en plein questionnement. On est dans un moment charnière. Ils se redéfinissent. »

Le fait de travailler avec des personnes qui sont en des situations extrêmes, confrontées à des questions de vie et de mort, confronte Isaline Chammartin de manière récurrente à des problèmes spirituels ; à comprendre qu'il est essentiel de se poser des questions sur le sens et la représentation de la maladie pour les patients.

« J'ai une collègue qui travaillait aux soins palliatifs, et elle je sais qu'elle avait eu besoin de lire le livre tibétain des morts. Comme s'il manquait quelque chose pour ces personnes qui étaient à ce moment charnière, au niveau spirituel. Et là je pense qu'il y avait beaucoup d'intervenants spirituels. Et je pense que ça, chacun avec notre sensibilité, mais comme infirmier tu vis ce truc de, je pense qu'il doit pas y avoir beaucoup d'infirmières qui n'ont jamais vécu le décès d'un de leurs patients. Quand tu expérimentes ce moment du passage entre la vie et la mort. C'est tellement plus fort et loin. Enfin déjà, je trouve que ça rend humble pour commencer. Ça nous dépasse tellement. C'est quelque chose qui touche à quelque chose de transcendantal. [...] Ce feeling de voir la personne ou tu sens que tout à coup c'est une coquille vide le corps, tu vois, je veux, dire, je pense que toi tu peux sentir je sais pas si tu as déjà vu quelqu'un qui est mort, mais c'est vide. Je sais pas si tu as vécu ça. Un truc plus reconnaissable au niveau énergétique. Un corps inanimé ; il y a plus l'âme. Et de sentir ce moment où ça part. »

Selon Isaline Chammartin, il y a encore des mises en place à faire au niveau institutionnel et théorique concernant cet accompagnement au niveau infirmier. Il existe des entretiens réalisés par les infirmières, posant des questions ouvertes, pour lesquels Isaline Chammartin a fait ajouter la question suivante : « Est-ce qu'il y a des besoins spirituels ? ». Mais cela ne semble pas suffisant ; une réelle prise en considération de ces questions lui semblerait opportune. En effet, le rôle des infirmières est aussi de faire le lien entre les différents soignants, entre les experts et les patients ; c'est elle qui va informer les parents du système socio-sanitaire et leur faciliter l'accès aux ressources qui leur sont nécessaires. Il s'agit aussi de faire le lien au niveau religieux et spirituel ; de mettre en place les dispositifs et ressources spirituelles dont les patients ont besoin. Ainsi, en terme d'accompagnement spirituel, l'aumônier est l'expert, mais pas l'unique intervenant et la gestion et l'organisation de cet accompagnement est encore à clarifier sur de nombreux points selon Isaline Chammartin.

5 Conclusion

A travers l'exploration du travail de soins prodigués au sein de l'institution, c'est la définition même de ce qui est « spirituel » qui se joue. De par la variété d'usages de ce mot, nous avons vu que la notion de spiritualité est une notion inclusive utilisée de façon conventionnelle dans un contexte particulier de pluralité. Sur le terrain, les limites entre ce qui relève de ressources spirituelles, religieuses, émotionnelles ou psychologiques semblent floues pour les soignants. Il serait donc finalement pertinent de clarifier les limites du travail de soin spirituel, à partir d'un travail de terrain approfondi, d'un positionnement agnostique, de manière à approfondir en quoi il consiste au niveau théorique.

« Accompagner un humain tu peux pas parler de ça sans parler de spiritualité, surtout dans les moments de crise de sa vie, qui vont être les histoires d'hospitalisation, mais moi j'ai quand même un peu la notion qu'on nous a toujours dit : si vous avez un problème spirituel vous appelez l'aumônier. [...] Dans les différents intervenants il y a lui qui va s'occuper de ça. En même temps, on a eu des cours sur des situations de fin de vie, comment tu fais, etc. Mais quelque part dans l'enseignement officiel, il n'y a pas assez. » (Isaline Chammartin)

Bibliographie

BERGHÄNDLER, TORSTEN
- « La spiritualité : un complément au modèle bio-psycho-social », in : *PrimaryCare*, 10 (n. 9), 2010, pp. 162–164.

BORGEAUD, PHILIPPE
- L'histoire des religions, Clermont-Ferrand 2013.

CARRÉ, LOUIS
- Le droit de la reconnaissance, Paris 2013.

HUSS, BOAZ
- Spirituality: The Emergence of a New Cultural Category and its Challenge to the Religious and the Secular, in : Journal of Contemporary Religion, 29:1 (2014), p. 47–60.

MOUTTET, JEAN-CHARLES
- Evaluation de la dimension spirituelle chez les personnes hospitalisées en psychiatrie, Ethique et spiritualité dans les soins, Travail final de validation du certificat de formation continue universitaire, Université de Fribourg 2010

[en ligne]. http://fondationdocteurjmf.ch/wp-content/JC_Mouttet_prix_%20JMF_2012.pdf, consulté le 16 janvier 2016.

ROUILLER, FRANÇOIS (RESPONSABLE DE L'AUMÔNERIE DU CHUV)
- Patient dans le projet de soins : défis et enjeux, *QUADRIMED,* CHUV, Lausanne 2016 [En ligne]. http://quadrimed.ch/images/pdf/2016/presentations/5.Spiritualit_du_patient-Rouiller.pdf, consulté le 16 janvier 2016.

WALTER, TONY
- Spirituality in palliative care: opportunity or burden?, in : Palliative Medicine 16:2 (2002), p. 133–139.

Hinduistische Spitalseelsorge
Interview mit Sasikumar Tharmalingam

Burim Ramaj

Inhaltsverzeichnis

1	Einleitung	147
2	Persönlicher Hintergrund	148
3	Einblick in die hinduistische Spitalseelsorge	148
3.1	Theoretische Grundlagen	148
3.2	Praktische Aspekte	148

1 Einleitung

In den letzten Jahrzehnten hat die Religionslandschaft der Schweiz einen deutlichen Wandel erfahren: Der Hinduismus ist zur drittgrössten Religion geworden.[1] Die Mitglieder der diversen hinduistischen Vereinigungen sind in ihrem Alltag mit unterschiedlichen Herausforderungen konfrontiert. In besonders schwierigen Lebensabschnitten brauchen einige von ihnen persönliche geistliche Begleitung und Unterstützung. Um diesem Bedürfnis zu entsprechen, bietet Sasikumar Tharmalingam u. a. eine hinduistische Spitalseelsorge an. Er ist ehrenamtlicher Priester im Haus der Religionen in Bern und leitet den dort ansässigen Verein Saivanerikoodam, der ca. 450 Mitglieder zählt. Im Gespräch[2] macht er nähere Angaben zu seiner Tätigkeit als Spitalseelsorger.

---

[1] Siehe Bundesamt für Statistik (BFS), Religiöse und spirituelle Praktiken und Glaubensformen in der Schweiz – Erste Ergebnisse der Erhebung zur Sprache, Religion und Kultur 2014, S. 6, Neuenburg 2016.

[2] Hinweis: Am 07. März 2017 wurde von Burim Ramaj ein Interview mit Herrn Sasikumar Tharmalingam geführt. Weitere hier verwendete Angaben entstammen diesem Interview. Zudem wurden kleinere Ergänzungen vorgenommen, die dem besseren Verständnis dienen sollen.

2 Persönlicher Hintergrund

Der Hindupriester Tharmalingam ist tamilischer Abstammung und kommt aus Sri Lanka, wo er am 12. Juli 1974 geboren wurde. In der nordindischen Stadt Benares, einer heiligen Pilgerstätte der Hindus, liess er sich zum Priester ausbilden. Seit 1989 lebt er in der Schweiz, wo er u. a. eine Ausbildung als interkultureller Mediator absolviert hat. Er beabsichtigt, ab September 2017 an einem Aus- bzw. Weiterbildungskurs im Bereich der Seelsorge teilzunehmen, welcher von der Universität Bern angeboten wird.

3 Einblick in die hinduistische Spitalseelsorge

3.1 Theoretische Grundlagen

Nach hinduistischer Glaubensvorstellung hat der Mensch in seinem innersten Wesen eine unsterbliche Seele; sein Körper jedoch ist dem Tod und der Wiedergeburt unterworfen bis zur Erlösung. Die Art dieser Wiedergeburt – sei es als Mensch, als Tier oder auch als Gott – hängt von den im vorherigen Dasein begangenen Taten ab. Der Tod bedeutet nicht den Abschluss des Lebens, sondern den Übergang zu einer neuen Existenzform. Wenn eine Familie feststellt, dass eines ihrer Mitglieder dem Tod naht, holt sie einen Priester, um ein Segensgebet zu sprechen. Dieses dient sowohl dem Schutz für das nächste Leben als auch dem Abschiednehmen.

3.2 Praktische Aspekte

Weil Sasikumar Tharmalingam als Hauptpriester des Hindutempels im Haus der Religionen tätig ist, wird er vom Inselspital Bern als Seelsorger im Seelsorgeteam aufgeführt. Zu den Patienten wird er von den Glaubensmitgliedern selbst oder von Mitarbeitern des Spitals gerufen. Dabei handelt es sich um einen freiwilligen Dienst ohne institutionellen Charakter, deshalb werden weder Daten erfasst noch Entlohnungen ausgerichtet.

Im Umgang mit den Patienten konnte Sasikumar Tharmalingam bis anhin zahlreiche Erfahrungen sammeln: Beispielsweise kam es vor, dass Krankenschwestern oder Ärzte den hinduistischen Seelsorger gerufen haben, ohne die Patienten vorgängig zu fragen. In diesen oder ähnlichen Fällen nahmen die Patienten fälschlicherweise an, er führe eine Missionarstätigkeit aus, was die hinduistische Religion jedoch verbietet. Andersgelagert waren jene Fälle, wo er mitten in der Nacht gerufen wurde, um dann beim Spitalsempfang festzustellen, dass dieser von niemandem besetzt war. Da er als hinduistischer Seelsorger über keinen Zutrittsausweis (z. B. einen Badge) verfügt, wird ihm in solchen Fällen der Zugang zu den Patienten sehr erschwert. Abgesehen von solchen Schwierigkeiten, die sich aufgrund des mangelhaften Informationsflusses ergeben können, ist aber der Zugang zu den Patienten meist reibungslos verlaufen.

Die Aufgabe eines Hindupriesters beschränkt sich nicht darauf, die Patienten seelsorgerisch zu betreuen, er muss auch für die Angehörigen und Verwandten da sein und deren Ansprüchen gerecht werden. Diese verlangen, gemäss ihrer religiösen Überzeugung, dass nach der Kremation eines oder einer Verstorbenen die Asche in heiliges Wasser gestreut wird. Um diesem Bedürfnis nachzukommen, arbeitet Sasikumar Tharmalingam mit einer Organisation in Nordindien zusammen. Die Asche wird ihr zugeschickt und diese führt das gewünschte Ritual durch. Die Übergabe der Asche in den heiligen Ganges wird fotografiert. Entsprechende Fotos und Dateien werden dann per E-Mail in die Schweiz gesandt, damit Sasikumar Tharmalingam sie an die Angehörigen weiterleiten kann.

Obwohl Sasikumar Tharmalingam die bisherigen Errungenschaften im Bereich der hinduistischen Spitalseelsorge äusserst schätzt, stehen einige Desiderate im Raum. Vorderhand ist es für ihn wünschenswert, dass seine Spesen (gefahrene Kilometer, Fahrkarten usw.) entschädigt würden. Auch wäre es für ihn von Vorteil, wenn die Patienten schriftlich über die Präsenz eines hinduistischen Seelsorgers informiert würden. Insgesamt jedoch fühlt sich Sasikumar Tharmalingam im Seelsorgeteam sehr gut aufgehoben und er betont den Wert, den die spitalinternen Veranstaltungen mit anderen Seelsorgern für ihn haben, da diese einen äusserst wertvollen und lehrreichen Austausch ermöglichen.

TEIL C

RECHTLICHE ENTWICKLUNGEN

Die rechtliche Regelung der Spitalseelsorge – eine Übersicht

René Pahud de Mortanges

Inhaltsverzeichnis

1	**Einleitung**	**154**
2	**Regelungskompetenz und relevante Rechtsquellen**	**155**
2.1	Bundesrecht	155
2.2	Kantonales Recht	157
2.2.1	Reglungsformen und Regelungsdichte	157
2.2.2	Regelungsinhalte	160
3	**Internes Recht der Religionsgemeinschaften**	**161**
3.1	Römisch-katholisches Kirchenrecht	161
3.2	Evangelisch-reformiertes Kirchenrecht (Beispiele)	163
4	**Ansprüche nach staatlichem Recht**	**164**
4.1	Träger	164
4.1.1	Patientinnen und Patienten	164
4.1.2	Angehörige	166
4.1.3	Seelsorgerinnen und Seelsorger	167
4.1.4	Religionsgemeinschaften	168
4.2	Adressaten	169
4.2.1	Öffentliche Spitäler	169
4.2.2	Privatspitäler	169
5	**Leistungen**	**170**
5.1	Duldung, Information, Organisation	170
5.2	Finanzierung	172
5.3	Datenmeldung und Datenschutz	173
5.3.1	Verfassungsrechtliche Grundlagen	173
5.3.2	Datenschutzrechtliche Voraussetzungen für die Informationsweitergabe	175
Literaturverzeichnis		**177**

1 Einleitung

Wie ist die Spitalseelsorge in der Schweiz rechtlich geregelt? Auf diese einfache Frage gibt es keine einfache Antwort: angesichts der kantonalen Kompetenz gibt es vielmehr einen bunten Strauss unterschiedlichster Regelungsansätze. Diese sind zu ergänzen um die Rechtsansprüche, welche sich aus den in diesem Bereich relevanten Grundrechten, namentlich die Religionsfreiheit und Rechtsgleichheit, ergeben. Die in der Bundesverfassung verankerten Ansprüche verpflichten die Adressaten, also die Spitäler, zu bestimmten Leistungen. Dazu gehört nicht nur die Duldung von Seelsorge, sondern auch die gesetzeskonforme Weitergabe von Daten.

Relevante Rechtsnormen, Ansprüche, Datenschutz: der nachfolgende Beitrag möchte diese Themenkomplexe Schritt für Schritt darstellen. Er berücksichtigt namentlich auch den Wandel hin zu religiöser Pluralisierung. Im Spital gibt es durchaus nicht mehr nur katholische, reformierte und jüdische Patienten, sondern auch orthodoxe, muslimische und hinduistische sowie auch Menschen, die zwar keiner Religionsgemeinschaft angehören, aber doch religiöse und spirituelle Fragen und Bedürfnisse haben. Jedenfalls in den grösseren öffentlichen Spitälern haben sich die spitalinternen Seelsorger auf diese religiöse und weltanschauliche Vielfalt eingestellt. Das kantonale Recht ist hingegen mancherorts noch an den traditionellen konfessionellen Verhältnissen orientiert. Das ist nicht immer völlig befriedigend, denn die grundrechtlichen Vorgaben gelten für alle Patienten, unabhängig von ihrer Religionszugehörigkeit. Auch das soll nachfolgend thematisiert werden.

Das Thema Spitalseelsorge und Recht ist in der Schweiz noch kaum wissenschaftlich aufgearbeitet. Zu erwähnen ist die Arbeit von CHRISTIAN KISSLING, der 2008 als Erster versucht hat, in dieser Materie einen Überblick zu gewinnen[1]. Der vorliegende Aufsatz greift seine Überlegungen auf und versucht sie in ergänzter und aktualisierter Form weiterzuführen. Dabei bezieht er sich auf die aktuelle Dokumentation zum kantonalen Seelsorgerecht, welche im Anhang zu dieser Publikation abgedruckt ist[2]. In Ergänzung zu diesem Beitrag stellen TANJA SCZUKA[3] und CLAUDIUS LUTERBACHER-MAINERI[4] die Rechtslage in den Kantonen Aargau und St. Gallen dar.

---

[1] KISSLING.
[2] Siehe S. 205 ff.
[3] Siehe S. 179 ff.
[4] Siehe S. 191 ff.

2 Regelungskompetenz und relevante Rechtsquellen

2.1 Bundesrecht

Für die Frage, wer zuständig ist für die rechtliche Regelung der Spitalseelsorge, ist zunächst die Bundesverfassung zu konsultieren. Die Zuständigkeiten des Bundes im *Gesundheitswesen* sind in den Art. 118, 118a, 118b, 119 und 119a BV geregelt. In bunter Beliebigkeit werden hier punktuelle Kompetenzen des Bundes im Spital- und Medizinalbereich festgehalten. Diese Kompetenzen spiegeln die Entwicklung der modernen Medizin und die damit verbundenen ethischen Fragen (u. a. Komplementärmedizin, Forschung am Menschen, Fortpflanzungsmedizin und Gentechnologie) wider. Sektoriell war die Politik hier der Meinung, der Bund müsse gewisse Leitplanken setzen. Eine darüber hinaus gehende, generelle Kompetenz des Bundes für den Gesundheitsbereich existiert hingegen nicht. Hierfür, und insbesondere für das Spitalwesen, sind nach wie vor die *Kantone* zuständig[5]. Das ergibt sich aus der allgemeinen Kompetenzzuweisungsregel des Art. 3 BV: die Kantone sind souverän, soweit ihre Souveränität nicht durch die Bundesverfassung beschränkt ist. Sie können selber bestimmen, welche Aufgaben sie im Rahmen ihrer Zuständigkeiten erfüllen wollen[6].

Die Spitalseelsorge betrifft nicht nur das Gesundheitswesen, sondern ist auch ein klassischer Bereich der Kooperation von Staat und Religionsgemeinschaften: religiöse Amtsträger und staatliche Behörden wirken hier zusammen. Relevant ist daher nicht nur das Gesundheitsrecht, sondern auch das *Religionsverfassungsrecht* des Staates. Auch hier besteht eine kantonale Kompetenz. Für die Regelung des „Verhältnisses von Staat und Kirche", wie Art. 72 Abs. 1 BV etwas altertümlich sagt[7], sind die Kantone zuständig. Die Kantone können selber bestimmen, welchen Rechtsstatus sie den verschiedenen Religionsgemeinschaften auf ihrem Territorium gewähren wollen und mit welchen Pflichten, Rechten und Privilegien (etwa jenem der Spitalseelsorge) dieser Rechtsstatus ausgestattet ist.

Allerdings gibt es grundrechtliche Schranken, die die Kantone zu beachten haben. Sie ergeben sich aus der in Art. 8 BV verankerten *Rechts-*

---

[5] BSK BV – GÄCHTER, THOMAS/RENOLD-BURCH, STEPHANIE, Art. 118 N 2.
[6] BSK BV – BIAGGINI, GIOVANNI, Art. 3 N 15.
[7] Dies meint nicht nur eine bestimmte Kirche, sondern alle Kirchen und alle anderen Religionsgemeinschaften: BSK BV – WINZELER, CHRISTOPH, Art. 72 N 2 f.

gleichheit und aus der *Glaubens- und Gewissensfreiheit* („Religionsfreiheit") des Art. 15 BV:

Schon die Botschaft des Bundesrates zur Bundesverfassung von 1999 zählte unter den geschützten Teilgehalten der positiven Religionsfreiheit auch das Spenden von Sakramenten durch den Priester auf[8]. Das ist freilich nur, aber immerhin ein Teilaspekt der Spitalseelsorge. Bei dieser geht es nicht nur um das Spenden von Sakramenten oder andere religiöse Rituale, sondern *generell* darum, Angehörige des eigenen Glaubens, aber auch andere Menschen, sofern sie dies wünschen, in existentiellen Krisensituationen wie Krankheit und Sterben *spirituell zu betreuen und sie in ethischen Fragen zu beraten*[9]. Seelsorge ist damit Ausdruck des religiösen Selbstverständnisses der Seelsorgenden, ist Glaubensbetätigung[10]. Das Spital hat den Seelsorgern Zugang und Informationen zu gewähren, damit sie diesen Aspekt ihrer Religionsfreiheit ausüben können. Auf welche Weise und in welchem Umfang ist nachstehend näher zu präzisieren.

An dieser Stelle ist zunächst darauf hinzuweisen, dass aus einer grundrechtlichen Sicht nicht bloss (katholische) Priester, sondern *alle Seelsorger*, gleich welcher Religion, einen solchen Anspruch auf Zugang haben. Denn jeder Seelsorger[11] ist, ungeachtet seiner Religionszugehörigkeit, als

---

[8] BSK BV – PAHUD DE MORTANGES, RENÉ, Art. 15 N 35.
[9] So ganz zutreffend KISSLING, S. 36. Zu den verschiedenen Dimensionen und Definitionen von Seelsorge siehe MORGENTHALER, S. 22 ff.
Die Spitalseelsorge des Universitätsspitals Bern (Inselspital) nennt Folgendes als ihre Aufgaben (vgl. Broschüre UNIVERSITÄTSSPITAL BERN, S. 4):
- Die Spitalseelsorge bietet bei existentiellen und spirituellen Anliegen ein vorurteilsfreies und vertrauliches Gespräch an, damit Patienten über alles reden können, was sie beschäftigt.
- In den tiefsten Krisen, die ein Spitalaufenthalt auslösen kann, begleitet die Spitalseelsorge die Patienten so, dass sie sich selbst bei unheilbaren Krankheiten oder im Angesicht des Todes neu finden können.
- Mit seelsorgerlichen Notfallinterventionen leistet die Spitalseelsorge in lebensbedrohlichen und anderen akut kritischen Situationen psychologische und spirituelle erste Hilfe.
- Durch ethische Beratung steht die Spitalseelsorge Patienten und Angehörigen bei schwierigen medizinischen Entscheidungen wie den Fragen einer Organentnahme, einer Therapieumstellung oder einer Patientenverfügung zur Seite.
- Mit dem Angebot von religiösen Feiern und Ritualen dient die Spitalseelsorge dem Wunsch nach religiöser Vergewisserung und Gemeinschaft.
[10] Zum Anspruch der Patientinnen und Patienten siehe unten Kap. 4.1.1.
[11] Wo zutreffend ist hier stets auch die weibliche Form mitgemeint. Da vermutlich heute die Mehrzahl der in der Seelsorge tätigen Personen Frauen sind, wäre es, wenn man

Privatperson Träger der Religionsfreiheit. Zudem ist das Spital als staatliche Institution zu religiöser Neutralität verpflichtet. Würde nur Seelsorgern bestimmter Glaubensgemeinschaften Zugang gewährt und anderen nicht, wäre dies ein Verstoss gegen die religiöse Neutralität. Zur Frage, wie sich der Zugang der Seelsorger, namentlich jener, die noch nicht in das bestehende Seelsorgekonzept eingebunden sind, praktisch organisieren lässt, siehe unten Kap. 5.

2.2 Kantonales Recht

2.2.1 Reglungsformen und Regelungsdichte

Wie die Dokumentation im Anhang dieser Publikation zeigt, ist die Spitalseelsorge in jedem Kanton wieder anders geregelt. Einschlägige Normen finden sich in den unterschiedlichsten Normentypen:
- Kantonsverfassungen,
- Gesundheitsgesetze und Patientenrechtsgesetze,
- Gesetze für die (öffentlich-rechtlich anerkannten) Kirchen und anderen Religionsgemeinschaften,
- Datenschutzgesetze,
- konkretisierende Verordnungen,
- verwaltungsinterne Vereinbarungen.

In einigen Kantonen ist die Anstaltsseelsorge nicht oder nicht vollständig einseitig durch den Staat geregelt, sondern gibt es *Vereinbarungen* mit den Kirchen und anderen Religionsgemeinschaften.

Auffallend ist auch die *unterschiedliche Regelungsdichte*. Je grösser und je urbaner ein Kanton ist, desto detaillierter ist meistens auch die Regelung. Angesichts der zunehmend religiös heterogen zusammengesetzten Bevölkerung gibt es hier oft auch Regelungen, die diese religiöse Vielfalt erfassen. Je kleiner und religiös-kulturell homogener ein Kanton ist, desto weniger ist tendenziell geregelt.

Hier einige Beispiele:
- Im Kanton *Bern* erklärt das Gesetz über die bernischen Landeskirchen u. a. die Seelsorge zu den internen Angelegenheiten der drei vom Kan-

---

die Doppelung vermeiden will, eigentlich richtiger, von Seelsorgerinnen zu sprechen und die Männer zu inkludieren!

ton öffentlichrechtlich anerkannten Kirchen. Das Gesetz über die (ebenfalls anerkannten) jüdischen Gemeinden sagt, dass die jüdischen Amtsträger zur Seelsorge u. a. in den psychiatrischen Kliniken und Spitälern zugelassen werden. Das kantonale Spitalversorgungsgesetz verpflichtet die im Kanton Bern gelegenen Listenspitäler (wozu auch einige Privatspitäler gehören), die Seelsorge für die Patienten und ihre Angehörigen sicherzustellen. Gemäss der Spitalversorgungsverordnung haben die Listenspitäler pro 33 Vollzeitstellen im Pflegebereich mindestens zehn Stellenprozente in der Seelsorge sicherzustellen. Und wichtig: alle Patienten und Angehörige haben unabhängig von ihrer Religion Zugang zu seelsorgerlichen Leistungen. Die von den Religionsgemeinschaften mandatierten, aber von den Spitälern angestellten Seelsorgerinnen und Seelsorger arbeiten also interkonfessionell zusammen und vermitteln den Patienten, wenn gewünscht, auch Seelsorger anderer Religionsgemeinschaften. Es zeigt sich hier einerseits das Weiterwirken staatskirchlicher Traditionen: der Kanton regelt die Spitalseelsorge und finanziert sie auch. Andererseits wird durch entsprechende Vorgaben an die Seelsorgenden sichergestellt, dass auch Patienten, die anderen Glaubensgemeinschaften angehören, seelsorgerlich betreut werden. Ein sehr ähnliches Konzept kennt der Kanton *Waadt*.

- Im Kanton *Genf* verbrieft das Gesundheitsgesetz das Recht des Patienten auf jederzeitigen Zugang zum Anstaltsseelsorger sowie zu seinem „conseiller spirituel exterieur". Da der Kanton aber eine Trennung von Staat und Religion kennt, regelt er die Anstaltsseelsorge nicht unilateral durch Gesetz. Vielmehr gibt es hier vier Konventionen, die das Kantonsspital Genf mit den grösseren, im Kanton vertretenen Religionsgemeinschaften geschlossen hat: mit den drei öffentlich anerkannten Kirchen (Église nationale protestante, Église catholique romaine, Église catholique chrétienne), mit der Association „Aumônerie musulmane de Genève", mit der Communauté israélite de Genève sowie mit dem Archevêché orthodoxe de Suisse. Bemerkenswert, da ein gesamtschweizerisches Unikum, sind die Vereinbarungen mit den muslimischen und christlich-orthodoxen Gemeinschaften.

- Der Kanton *Basel-Stadt*, der eine teilweise Trennung von Staat und Religionsgemeinschaften kennt, verbrieft ebenfalls im Gesundheitsgesetz das Recht der Patienten, sich seelsorgerlich betreuen zu lassen. Im Einzelnen wird die Seelsorge durch einen Vertrag geregelt, den die Spitäler mit der Evangelisch-Reformierten Kirche Basel-Stadt, der Römisch-Katholischen Kirche Basel-Stadt, der Christkatholischen Kirche Basel-Stadt und der Israelitischen Gemeinde Basel geschlossen haben.

- Im Kanton *Zürich* hält das Patientinnen- und Patientengesetz fest, dass diese das Recht haben, sich durch eigene Seelsorger betreuen zu lassen. Die Spitalseelsorge kann die Patienten unaufgefordert besuchen. Spiegelbildlich dazu gewähren das Kirchengesetz und das Gesetz über die anerkannten jüdischen Gemeinden den Seelsorgern Zugang zur Seelsorge in den kantonalen Spitälern. Die Verordnung zum Kirchengesetz und zum Gesetz über die anerkannten jüdischen Gemeinden gewährt den Seelsorgern der öffentlich-rechtlich anerkannten Kirchen und jüdischen Gemeinden einen Anspruch auf Zulassung zur Seelsorge. Die Seelsorger werden von den Religionsgemeinschaften selber angestellt und finanziert[12], wobei der Kanton diese und andere gesamtgesellschaftlich bedeutsame Tätigkeiten finanziell unterstützt[13].

- In ähnlicher Weise hält das Gesundheitsgesetz des Kantons *Aargau* fest, dass die Spitäler die seelsorgerische Betreuung der Patientinnen und Patienten zu gewährleisten haben. Konkretisiert wird dies durch einen Vertrag zwischen der römisch-katholischen und der evangelisch-reformierten Kirche einerseits und dem Kanton andererseits[14].

- Einen wieder anderen Weg geht der Kanton *Freiburg*: das Gesetz über die Beziehungen zwischen den Kirchen und dem Staat gewährt den öffentlich-rechtlich anerkannten Kirchen das Recht, in den Anstalten des Staates die Seelsorge auszuüben; der Kanton und die Gemeinden können die anerkannten Kirchen für diese Tätigkeit finanziell unterstützen. Konkretisiert wird dies in einer Rahmenvereinbarung zwischen dem Kanton sowie der Römisch-katholischen Kirche und der Evangelisch-reformierten Kirche. Auch für die im Kanton anerkannte Israelitische Kultusgemeinde gibt es eine Rahmenvereinbarung über

---

[12] Zur Organisation siehe die Verordnung über die reformierte Spitalseelsorge vom 26. Juni 2002, abgedruckt im Anhang. Siehe sodann das Konzept über für die Katholische Seelsorge in Spitälern, Kliniken und Pflegezentren im Kanton Zürich vom 25.7. 2005 (http://spitalseelsorgezh.ch/begleitung/leitbild/def-konzept-spital-29-8-05.pdf). Nach diesem ist es grundsätzlich die örtliche Kirchgemeinde, welche die Seelsorger anstellt und finanziert. Kirchgemeinden mit kantonalen Spitälern und Kliniken erhalten für die Finanzierung der von ihnen angestellten Spitalseelsorger einen Beitrag des Kantons sowie der katholischen Körperschaft des Kantons Zürich.

[13] Gemäss dem Kirchengesetz und dem Gesetz über die anerkannten jüdischen Gemeinden des Kantons Zürich bewilligt der Kanton gestützt auf vorgängig von den anerkannten Religionsgemeinschaften eingereichte Tätigkeitsprogramme mit einem Globalbudget Kostenbeiträge für deren Tätigkeiten insbesondere in den Bereichen Bildung, Soziales und Kultur.

[14] Siehe dazu im Einzelnen den Beitrag von TANJA SCZUKA in diesem Band S. 179 ff.

die Ausübung der Seelsorge in den staatlichen Anstalten; für die Kosten hat die Israelitische Kultusgemeinde aber selber aufzukommen. Andere Religionsgemeinschaften können sich bei Vorliegen bestimmter Voraussetzungen das Recht gewähren lassen, in den Staatsanstalten Seelsorge ausüben zu dürfen.

- Ein grosses Verwaltungsermessen besteht in den drei Ur-Kantonen *Uri*, *Schwyz* und *Nidwalden* sowie im Kanton *Jura*. Hier gibt es im kantonalen Recht gar keine Gesetzesgrundlage. In den Kantonen *Appenzell-Innerrhoden*, *Appenzell-Ausserrhoden* und *Zug* bestehen solche, aber sie sind sehr rudimentär. Wie ist dieses gesetzgeberische Schweigen zu beurteilen? Offenbar wird die Spitalseelsorge hier als eine Aufgabe der Kirchen verstanden, mit der sich der Staat nicht zu befassen hat. Solange wie die Seelsorge in den Spitälern zur Zufriedenheit der Patienten und ihrer Religionsgemeinschaften funktioniert, ist der Verzicht auf kantonale Rechtsgrundlagen nicht zu beanstanden. Problematisch wird es jedoch, wenn die Spitalleitung unter Berufung auf den Datenschutz den örtlichen Seelsorgern keine Informationen weitergibt oder wenn Patienten entgegen ihrem Wunsch nicht seelsorgerlich betreut werden, weil sich niemand für sie zuständig fühlt. Ob und wie die Seelsorge hier funktioniert, bleibt uns in einigen dieser Kantone verborgen, dies auch trotz telefonischen Nachfragen und Internetrecherchen. Auf der Homepage einiger Spitäler findet sich zu diesem Thema schlicht nichts. Das weckt Zweifel, dass die Spitalseelsorge dort funktioniert.

2.2.2 Regelungsinhalte

Was wird in den Rechtsnormen geregelt? Stark verallgemeinernd gesagt geht es um folgende Themen:

- Das Recht der Patientinnen und Patienten auf Seelsorge,
- die Berechtigungen und Zuständigkeiten im Bereich der Seelsorge: sind nur die anerkannten Religionsgemeinschaften berechtigt oder auch andere? Sind nur die im Spital angestellten Seelsorger oder auch die Gemeindeseelsorger berechtigt? Gelegentlich auch: die Verpflichtung zur ökumenischen Leitung der Spitalseelsorge,
- die einzelnen Aufgaben und Dienstpflichten der Seelsorger,
- die Anstellungsbehörde und die Ausbildungserfordernisse,

- der Geltungsbereich: die (öffentlichen) Spitäler, für welche die Regelung gilt,
- die von den Spitälern zu erbringenden Leistungen (zur Verfügung stellen von Gottesdiensträumlichkeiten und/oder Büros)
- die Modalitäten der Datenweitergabe von der Spitaladministration an die internen und externen Seelsorger,
- die Finanzierung der Spitalseelsorge, namentlich die Verpflichtungen des Staates in diesem Bereich.

Wie vorstehend erläutert, werden diese Fragen durchaus nicht in allen Kantonen abschliessend geregelt. Nachstehend können nur einige Aspekte näher behandelt werden.

3   Internes Recht der Religionsgemeinschaften

Die Seelsorge ist Bestandteil des internen Auftrages der Kirchen. Schon im frühen Mittelalter findet sich die Vorstellung, dass sich der Bischof um die „cura animarum" der ihm anvertrauten Gläubigen zu kümmern hat und damit den Pfarrer vor Ort beauftragt[15]. Unter dem Einfluss der modernen Psychologie hat sich in der westlichen Welt die moderne Seelsorge entwickelt[16]. Sie ist heute eine der wichtigen Handlungsfelder der Kirchen, was sich auch in der Entwicklung der modernen Pastoraltheologie niederschlägt.

3.1   Römisch-katholisches Kirchenrecht

Im Codex Iuris Canonici von 1983, der Hauptquelle des geltenden römisch-katholischen Kirchenrechts, ist die Spitalseelsorge jedoch erstaunlicherweise nicht geregelt. Überhaupt gibt es praktisch keine Aussagen zur Seelsorge. Gemäss c. 515 § 1 des CIC/1983 ist die Pfarrei eine bestimmte Gemeinschaft von Gläubigen, deren Seelsorge unter der Autorität des Diözesanbischofs einem Pfarrer als ihrem eigenen Hirten anvertraut wird. C. 564 definiert den Kaplan als „ein Priester, dem auf Dauer

---

[15] MÜLLER, PHILIPP, Art. Seelsorge II. Historisch-theologisch, in: Lexikon für Theologie und Kirche, Bd. 9, Freiburg 2000, Sp. 385.
[16] Zur Geschichte der Seelsorge, angefangen bei der „Seelensorge" als Kampf gegen die Sünde in der Alten Kirche, siehe MORGENTHALER, S. 32 ff.

die Seelsorge für irgendeine Gemeinschaft oder für einen besonderen Kreis von Gläubigen anvertraut wird". Dass das auch Kranke sein können, ergibt sich sozusagen beiläufig aus c. 566 § 2[17], der sich allerdings mit einer Frage des kirchlichen Strafrechts beschäftigt. Wie in anderen Bereichen erweist sich der CIC damit stark traditionsverbunden und rückwärtsgewandt. Der CIC von 1983 ist über weite Teile eine etwas modernisierte Version des CIC von 1917, der seinerseits zum Zeitpunkt seines Erlasses bereits veraltet war. Offenkundig gehörte die Seelsorge bei den Vorarbeiten zum CIC von 1983 nicht zu den Themen, an denen die mit den Revisionsarbeiten beauftragten Kirchenrechtler interessiert waren. Man muss ihnen aber zu Gute halten, dass die moderne Seelsorge ein vorwiegend westliches Produkt ist. In anderen Teilen der Welt, etwa in den Entwicklungsländern, steht im Alltag des Spitals die Frage nach der Seelsorge wohl nicht im Vordergrund. Der CIC will aber das Gesetzbuch der Weltkirche sein und hat damit primär die Funktion, jene Rechtsfragen zu thematisieren, die sich für alle Katholiken weltweit stellen.

Das katholische Kirchenrecht überlässt die Regelung der Spitalseelsorge damit de facto dem Partikularrecht, also dem Recht der Diözesen. Von Bedeutung sind in der Schweiz mit ihren dualen kirchlichen Strukturen auf der Ebene der Kantone neben den diözesanen Normen auch die von den kantonalen kirchlichen Körperschaften in diesem Bereich erlassenen Regelungen. Allerdings werden die Seelsorger vorwiegend von den örtlichen Kirchgemeinden angestellt und finanziert, sodass sich die Diözesen und kantonalen Körperschaften mit Regelungen zurückhalten. Immerhin gibt es beispielsweise im Kanton Zürich ein „Konzept für die Katholische Seelsorge in Spitälern, Kliniken und Pflegezentren" von 2005[18]. Da es vom Generalvikar und von der Zentralkommission der Römisch-katholischen Körperschaft im Kanton Zürich genehmigt wurde, bildet es gleichzeitig diözesanes Partikularrecht und kantonalkirchliches Recht. Das Konzept enthält ein Leitbild für die katholische Spitalseelsorge im Kanton, Modellpflichtenhefte für die Spitalseelsorger[19] sowie Regeln für die Organisation und Finanzierung der nicht von den Kirchgemeinden finanzierten Seelsorger.

---

[17] C. 566 § 2 CIC/1983: „In Krankenhäusern, Gefängnissen und auf Seereisen hat der Kaplan ausserdem die nur an diesen Orten auszuübende Befugnis, von Beugestrafen, die als Tatstrafen nicht vorbehalten und nicht festgestellt sind, zu absolvieren. Siehe auch Thomas Meckel, § 52 Anstaltsseelsorge, in: HAERING/REES/SCHMITZ, S. 786.

[18] Vgl. Fn. 12.

[19] Siehe dazu auch das Konzeptpflichtenheft 2011: http://www.spitalseelsorgezh.ch/begleitung/leitbild/aufgabenstellung-der-kath-spitalseelsorgenden

3.2 Evangelisch-reformiertes Kirchenrecht (Beispiele)

Eine deutlich grössere Wertschätzung der Seelsorge, jedenfalls grösser als im CIC, wird im Recht der reformierten Kirchen sichtbar. Hier ist die Seelsorge jeweils in den kantonalen Kirchenordnungen verankert. Gemäss Art. 79 der Kirchenordnung der Reformierten Kirche *Bern-Jura-Solothurn* zum Beispiel lässt die Kirchgemeinde in bevorzugter Weise ihre seelsorgerlichen und diakonischen Dienste den Kranken, Behinderten und Betagten, den Einsamen und Trauernden, den Gefährdeten und Gefangenen und ihren Angehörigen, den in seelische oder soziale Not Geratenen, aber auch den in besonderer Verantwortung Stehenden zukommen.

Gemäss Art. 65 Abs. 1 der Kirchenordnung der Evangelisch-reformierten Landeskirche des Kantons *Zürich* geschehen Diakonie und Seelsorge aufgrund des Evangeliums. Das diakonische und seelsorgerliche Handeln der Kirche wendet sich allen Menschen zu. Seelsorge nimmt gemäss Art. 68 Abs. 2 Anteil an Freude und Glück und trägt mit in Trauer und Belastungen. Im Gespräch sowie in der Stille und im Gebet gibt sie Menschen Raum, Erlebtes zu verarbeiten. Seelsorge öffnet neue Sichtweisen und Lebensmöglichkeiten. Orte seelsorgerlicher Präsenz sind Kirchgemeinden mit ihren Pfarrämtern, die Pfarrämter in Institutionen, die Fachstellen der Gesamtkirchlichen Dienste sowie weitere Institutionen und Werke, die von der Landeskirche unterstützt werden.

In vorbildlicher Weise näher geregelt wird die Spitalseelsorge in der in Kap. 2.2.1 schon erwähnten Verordnung über die reformierte Spitalseelsorge der Reformierten Kirche des Kantons Zürich. Hier wie in anderen internen kirchlichen Normen geht es u. a. um Fragen der Finanzierung, der Organisation und der Anstellung. Spitalpfarrerinnen und -pfarrer haben sich über eine entsprechende Zusatzausbildung auszuweisen[20]; verlangt wird in der Regel die CPT-Ausbildung. Im Interesse der Patienten und ihren Angehörigen haben sie die berufliche Schweigepflicht zu wahren[21]. Ihre berufliche Stellung richtet sich im Übrigen nach der Kirchenordnung und deren Vollzugserlasse[22]. Finanziert wird die Spitalseelsorge durch die Zentralkasse der Landeskirche. Diese verfügt neben den Beiträgen der Kirchgemeinden über die staatlichen Kostenbeiträge, die pauschal für alle Leistungen der Landeskirche ausgerichtet werden.

---

[20] § 10 VO über die reformierte Spitalseelsorge.
[21] § 7 VO über die reformierte Spitalseelsorge.
[22] § 10 VO über die reformierte Spitalseelsorge.

4 Ansprüche nach staatlichem Recht

4.1 Träger

Welche Ansprüche haben gemäss staatlichem Recht die Patienten und anderen Adressaten der Seelsorge, die Seelsorgerinnen und Seelsorger selber sowie die Glaubensgemeinschaften, welche sie mandatieren?

4.1.1 Patientinnen und Patienten

In etwas mehr als der Hälfte der Kantone ist die Seelsorge als *individualrechtlicher Anspruch* der Patientin bzw. des Patienten verankert[23]. Rechtsgrundlage hierfür ist meist eine entsprechende Formulierung im Patienten- oder Gesundheitsgesetz. Dies ist die einfachste und beste Option.

Wenn man die Formulierungen durchsieht, findet man allerdings nicht unerhebliche Nuancen. In einigen Kantonen ergibt sich ein klarer Leistungsauftrag an die Spitäler: sie haben die Seelsorge zu organisieren und zu finanzieren. In anderen Kantonen hingegen haben sie den Seelsorgern nur den Zugang zu ihren Patienten zu ermöglichen. Aus dem im Gesetz verbrieften Recht des Patienten ergibt sich für das Spital nur eine Pflicht zur Duldung. Mit einem rein passiven Verhalten ist es aber faktisch noch nicht getan. Die Seelsorger brauchen von der Spitaladministration ja Informationen über die Patienten und ihren Wunsch nach seelsorgerlicher Betreuung. Soll die Spitalseelsorge funktionieren, braucht es zumindest eine administrative Hilfestellung seitens der Spitäler.

Daneben gibt es aber auch Kantone mit einer *institutionellen Verankerung* der Spitalseelsorge, so etwa in Basel-Landschaft, wo die VO über die Spitalseelsorge der Landeskirchen die Seelsorge in den kantonalen Krankenhäusern regelt und in § 3 die freie Ausübung der Spitalseelsorge garantiert wird. Ein anderes Beispiel ist der Kanton Freiburg, wo, wie erwähnt, die anerkannten Religionsgemeinschaften ein Recht auf Ausübung der Seelsorge haben. Bei dieser Art der rechtlichen Verankerung der Seelsorge besteht ein Anspruch der Patienten nur mittelbar und indirekt, als Mitglied der entsprechenden Religionsgemeinschaft. Was aber wenn jemand dieser Religionsgemeinschaft nicht angehört? Und was ist in jenen Kantonen, in denen die Spitalseelsorge rechtlich nicht geregelt ist?

---

[23] Siehe auch KISSLING, S. 79.

Dies führt zur elementaren Frage, ob Patienten – auch unabhängig von der Verankerung im kantonalen Recht – gestützt auf das Grundrecht der Religionsfreiheit – einen *Anspruch auf Seelsorge* haben. Die Antwort ergibt sich nicht auf Knopfdruck. Das Thema Spitalseelsorge kommt in der Rechtsprechung und in der grundrechtlichen Literatur – mit Ausnahme der erwähnten Studie von KISSLING – überhaupt nicht vor. Was hier gilt bzw. korrekterweise gelten sollte, ist daher aufgrund allgemeiner grundrechtlicher Überlegungen zu erschliessen.

Ausgangspunkt ist, dass die Religionsfreiheit wie jedes andere Grundrecht primär ein Abwehrrecht gegenüber dem Staat ist. Der Staat soll in religiösen Dingen keinen Zwang ausüben und sich in seinen Institutionen neutral verhalten (negative Religionsfreiheit). Man hat daneben aber auch den Anspruch, seinen Glauben oder seine Weltanschauung frei von jeglicher staatlicher Beeinflussung zu bilden, zu wählen, zu ändern und alleine oder in Gemeinschaft mit anderen zu bekennen und zu praktizieren (positive Religionsfreiheit)[24]. Wenn nun ein Patient mit einem Seelsorger reden will, über seine Krankheit und alle damit verbundenen Sorgen und Ängste, vielleicht auch über den Trost, den er im Glauben finden kann, wenn er ein religiöses Ritual wünscht, berührt dies direkt oder indirekt auch seinen Glauben oder seine Weltanschauung. Nicht jeder Patient „bewältigt" auf diese Weise die existentielle Situation, welche die Krankheit oder das absehbare Ende des eigenen Lebens darstellt; ein anderer lässt sich vielleicht ein Beruhigungsmittel verschreiben oder verdrängt die Situation, in der er ist. Das seelsorgerliche Gespräch ist jedenfalls nicht nur ein psychologisches Geschehen, sondern kann auch eine religiöse Dimension haben. Der Wunsch danach ist als Ausdruck von Religiosität zu verstehen und ist daher richtigerweise als Teilgehalt der positiven Religionsfreiheit zu schützen. Als solches steht es *allen* Patienten zu. Das heisst nicht nur jenen, die einer im Kanton anerkannten Religionsgemeinschaft angehören, sondern auch den Angehörigen religiöser Minderheiten und jenen Menschen, die keiner Religionsgemeinschaft angehören. Die Grundrechtsträgerschaft ist *unabhängig* von der Frage, welchen Status die Glaubensgemeinschaft, der man allenfalls angehört, im Kanton hat.

Was kann der Patient aus diesem Anspruch ableiten? Wie jedes Grundrecht ergeben sich aus der Religionsfreiheit keine oder nur ausnahmsweise Leistungspflichten des Staates. Für die Situation des *Strafvollzuges* hat

---

[24] BSK BV – PAHUD DE MORTANGES, RENÉ, Art. 15 N 35.

das Bundesgericht den Anspruch der muslimischen Insassen auf Durchführung des Freitagsgebetes anerkannt, woraus sich auch der Anspruch auf Organisation eines Imams durch die Anstaltsleitung ergibt[25]. Ohne eine solche organisatorische Hilfe wird im „besonderen Rechtsverhältnis", welches der Strafvollzug darstellt, dieser Teil der Glaubensausübung verunmöglicht. Die Vollzugsinsassen können ja von sich aus keine Moschee aufsuchen. Auch beim Spitalaufenthalt befindet sich der Bürger in einem „besonderen Rechtsverhältnis" insofern er anders als im Privatleben in besonderer Weise von der staatlichen Organisation (hier: der Spitalorganisation) und dessen Personal abhängig ist. Daraus ergibt sich spiegelbildlich eine besondere Fürsorgepflicht des Staates[26].

Nach der hier vertretenen Meinung bedeutet dies, dass die Spitalverwaltung den Besuch des Seelsorgers *dulden* muss, nicht nur des internen, sondern auch des externen. Dazu gehört auch, dass die Spitalverwaltung, aber auch die Ärzte und Pflegenden den Wunsch nach seelsorgerlicher Betreuung entgegennehmen und weiterleiten, dass sie Rücksicht auf die besondere Situation des Seelsorgegespräches nehmen und dass sie den Seelsorgerinnen und Seelsorgern mit Wertschätzung begegnen und ihnen die Informationen bezüglich Patienten geben, welche sie für ihre Tätigkeit brauchen.

Duldung und elementare *administrative Hilfe* ist das eine. Hat die Spitalverwaltung oder der Kanton gestützt auf die Religionsfreiheit aber auch die Pflicht, die Seelsorge zu *organisieren* und zu *finanzieren*? Diese in der Praxis sehr wichtige Frage wird im Kap. 5 thematisiert.

4.1.2 Angehörige

Können auch Angehörige einen Anspruch auf Seelsorge geltend machen? Auch sie haben oft ein Bedürfnis nach seelsorgerlicher Betreuung. Ein Anspruch gestützt auf die kantonale Gesundheitsgesetzgebung scheidet aus, denn diese nimmt stets nur Patienten in den Blick.

Nur wenige andere kantonale Regelungen bedenken die Angehörigen mit. So sagt der Vertrag über die Spitalseelsorge an den Universitätskliniken beider Basel, dass zu den Aufgaben der Seelsorge auch die Begleitung und Unterstützung der Angehörigen gehört (§ 4 Abs. 2 lit. b). Nicht aus-

---

[25] BGE 113 Ia 304.
[26] KISSLING, S. 47 f.

geschlossen ist, dass das Pflichtenheft der spitalinternen Seelsorger die Seelsorger verpflichtet, auch für diese da zu sein[27].

Im internen Recht der reformierten Landeskirchen werden die Angehörigen als Adressaten der Seelsorge oft mitbedacht (siehe die Beispiele oben im Kap. 3.2).

Offenbar vergessen wird jedenfalls in den Rechtsnormen, dass auch die *Pflegenden* und die *Ärzte* – je nach Konstellation und persönlichem Hintergrund – wohl ebenfalls manchmal dankbar sind für das offene Ohr der Seelsorgerin oder des Seelsorgers.

4.1.3 Seelsorgerinnen und Seelsorger

Wie einleitend erwähnt und am Beispiel der reformierten Kirchenordnungen illustriert, gehört jedenfalls bei den christlichen Kirchen die Seelsorge zu den zentralen Formen der Glaubenspraxis. In jesuanischer Nachfolge stellt sich die Seelsorgerin oder der Seelsorger in den „Dienst" am Kranken und Leidenden. Aber auch bei anderen Religionsgemeinschaften kann es zum Selbstverständnis gehören, sich um Kranke und Leidende zu kümmern[28]. Ob und in welcher Form das der Fall ist, hat der Staat jedenfalls nicht zu beurteilen[29]. Die Ausübung der Seelsorge stellt einen geschützten Teilgehalt der Religionsfreiheit der Seelsorger dar. Die Spitalverwaltungen dürfen externen Seelsorgern den Zugang zu „ihren" Patienten nicht einfach tel quel verweigern. Ein Besuchsverbot ist dann gerechtfertigt, wenn der Patient den Besuch nicht will oder wenn seine Gesundheitssituation dies nahelegt. Auch muss sich die seelsorgerliche Tätigkeit organisatorisch in den Spitalbetrieb einfügen (siehe unten Kap. 5.1) und müssen Seelsorger Rücksicht nehmen auf allenfalls prioritäre medizinische und pflegerische Handlungen.

Einige wenige Kantone kennen eine konkrete rechtliche Verankerung dieses Anspruchs der Seelsorger auf Zugang und auf Information, so die schon erwähnten Kantone Basel-Landschaft und Freiburg, aber bei-

---

[27] So auch in der Broschüre UNIVERSITÄTSSPITAL BERN.
[28] Siehe dazu Weiss, Helmut (Hrsg.), Handbuch interreligiöse Seelsorge, Neunkirchen-Fluyn 2010; HAKER, HILLE, Religiöser Pluralismus in der Klinikseelsorge, Berlin 2014; UCAR, BÜLENT, Islamische Seelsorge zwischen Herkunft und Zukunft, Frankfurt a.M. 2013.
[29] BSK BV – PAHUD DE MORTANGES, RENÉ, Art. 15 N 29.

spielsweise auch die Kantone Bern, Waadt und Zürich. Auf diese Weise findet also ein verfassungsrechtlicher Anspruch seine positivrechtliche Ausformulierung im kantonalen Recht. Das ist zu begrüssen. Der Anspruch besteht jedoch auch unabhängig davon.

4.1.4 Religionsgemeinschaften

Die soeben genannten Kantone verbriefen teilweise nicht nur das Recht der Seelsorger, sondern auch der Religionsgemeinschaften auf Ausübung der Seelsorge. Dieses Recht ist oft eine der Wirkungen der öffentlich-rechtlichen Anerkennung der Religionsgemeinschaft im Kanton. Die Anstaltsseelsorge ist traditionell eines der mit der Anerkennung verbundenen Vorrechte.

Die öffentlich-rechtliche Anerkennung ist oft an die Erfüllung verschiedener rechtlicher und faktischer Voraussetzungen gebunden. Auch bei Erfüllen der Voraussetzungen besteht indessen kein einklagbarer Anspruch auf Anerkennung[30]. Im System der direkten Demokratie muss daneben für die Anerkennung auch eine Mehrheit im kantonalen Parlament oder in der Stimmbevölkerung gewonnen werden. Als schlechtintegriert geltende Religionsgemeinschaften, wie z. B. die Muslime, stehen damit vor fast unüberwindbaren Hürden[31].

Kann eine (noch) nicht anerkannte Religionsgemeinschaft ersatzweise gestützt auf die Religionsfreiheit einen Anspruch auf Seelsorge geltend machen? Hier ist darauf hinzuweisen, dass die Religionsfreiheit ihrer Natur nach nur natürlichen Personen zustehen kann; juristische Personen haben keine Religion und kein Gewissen und können sich grundsätzlich nicht auf sie berufen. Eine Ausnahme besteht für juristische Personen des Privatrechts, welche einen religiösen oder kirchlichen Zweck verfolgen, wie z. B. eine als Verein organisierte Religionsgemeinschaft. Diesen gewährt das Bundesgericht die korporative Religionsfreiheit insofern, als

---

[30] So explizit z. B. § 133 Abs. 2 der Verfassung des Kantons Basel-Stadt. Zum Ganzen vgl. PAHUD DE MORTANGES.
[31] Dazu VATTER, ADRIAN/DANACI, DENIZ, Mehrheitstyrannei durch Volksentscheide? Zum Spannungsverhältnis zwischen direkter Demokratie und Minderheitenschutz, in: Politische Vierteljahresschrift, 51, 2010, S. 205–222; PAHUD DE MORTANGES, RENÉ, Die Auswirkungen der religiösen Pluralisierung auf die staatliche Rechtsordnung, in: Bochinger, Christoph (Hrsg.), Religion, Staat und Gesellschaft, Zürich 2012, S. 168 ff.

sie keine Kirchensteuern entrichten müssen[32]. Einen Anspruch auf Ausübung der Seelsorge gestützt auf die korporative Religionsfreiheit kann man allenfalls fordern; ob sie im Streitfall auch gerichtlich geschützt würde, bleibt allerdings offen. Zu unklar sind in der schweizerischen Lehre und Rechtsprechung das Konzept und die Tragweite der korporativen Religionsfreiheit. Im vorliegenden Kontext ist die Frage auch von wenig praktischer Bedeutung, zumal die Mitglieder der Religionsgemeinschaften ja im eigenen Namen diesen Anspruch geltend machen können.

4.2 Adressaten

An wen richtet sich der Anspruch?

4.2.1 Öffentliche Spitäler

Adressat der Religionsfreiheit ist primär der Staat. Wer staatliche Aufgaben wahrnimmt, ist gemäss Art. 35 Abs. 2 BV an die Grundrechte gebunden und verpflichtet, zu ihrer Verwirklichung beizutragen. Dies kann (ausnahmsweise) auch Leistungspflichten des Staates zur Folge haben. Im vorliegenden Fall richtet sich der Anspruch auf Seelsorge primär an öffentliche Spitäler, also solche, die vom Staat betrieben werden[33].

4.2.2 Privatspitäler

Gegenüber Privaten entfaltet die Religionsfreiheit in der Regel keine Wirkung[34]. Privatspitäler sind damit nicht verpflichtet, einen Seelsorgedienst zu organisieren oder Seelsorge zu dulden. Ist ein Spital in konfessioneller oder weltanschaulicher Trägerschaft, ist es auch nicht verpflichtet, die Seelsorge anderer Religionsgemeinschaften zu dulden[35].
Eine *Ausnahme* ergibt sich für Privatspitäler auf der „kantonalen Spitalliste", wie zum Beispiel im Kanton Bern das Lindenhofspital oder die

---

[32] BSK BV – PAHUD DE MORTANGES, RENÉ, Art. 15 N 65.
[33] Zum Begriff KISSLING, S. 72.
[34] BSK BV – PAHUD DE MORTANGES, RENÉ, Art. 15 N 70, dort auch zu Fällen der indirekten Drittwirkung.
[35] So auch KISSLING, S. 72 f.

Spitäler der Hirslandengruppe. Der rechtliche Anknüpfungspunkt ergibt sich hier aus dem Krankenversicherungsgesetz (KVG). Dieses bestimmt in Art. 35 die Leistungserbringer, die berechtigt sind, zu Lasten der obligatorischen Krankenversicherung abzurechnen. Dazu gehören gemäss Art. 35 Abs. 2 lit. h die Spitäler. Bei den Spitälern sind auch jene Privatspitäler zur Abrechnung zugelassen, die gemäss Art. 39 Abs. 1 lit. d und e auf der Spitalliste des Kantons zugelassen sind. Diese partizipieren so an der staatlichen Gesundheitsversorgung, womit auch die analogen grundrechtlichen Verpflichtungen entstehen.

5 Leistungen

5.1 Duldung, Information, Organisation

In Kap. 4.1.1 wurde aufgezeigt, dass der grundrechtliche Anspruch der Patienten auf Seelsorge zumindest eine minimale Leistungspflicht des Staates entstehen lässt, soll er nicht seines Inhaltes entleert werden. Das Spital hat die Seelsorge zu dulden, und zwar auch diejenige, die nicht durch eine gesetzliche oder vertragliche Regelung abgestützt ist. Jedenfalls im Rahmen der Besucherregelung hat auch der Seelsorger einer religiösen Minderheit Zugang zu den Patienten seiner Religionsgemeinschaft. Würde diesem der Zugang verwehrt, wäre dies nicht nur eine Einschränkung der Religionsfreiheit, sondern auch eine unzulässige Ungleichbehandlung im Verhältnis zu gesetzlich oder vertraglich geregelter Seelsorge.

Mit dem Dulden alleine ist es aber faktisch oft noch nicht getan. Spitalinterne und externe Seelsorger müssen ja auch rein praktisch Kenntnis davon bekommen können, dass ein Patient den Wunsch nach einem seelsorgerlichen Gespräch, einer Beratung oder Begleitung hat. Es kann sein, dass er diesen Wunsch schon vor Spitaleintritt äussert oder dass die Angehörigen dies für ihn tun. Ganz wichtige Momente sind aber der Spitaleintritt, wo er diesen Wunsch gegenüber der Spitaladministration äussern kann, oder dann die Zeit des Aufenthaltes selber, wo er dies den Pflegenden und Ärzten sagen kann. Hier braucht es nun deren Mitwirken, indem sie den Wunsch an die Seelsorger weiterleiten. Dazu unten Kap. 5.3.

Wenn aber das Spital in dieser Form Leistungen erbringen muss, stellt sich die Frage, wie es den Zugang jener Seelsorger organisiert, die eben nicht in das bestehende, mit den im Kanton öffentlich-rechtlich anerkannten Religionsgemeinschaften vereinbarte System eingebunden sind. Die öffentlich-rechtliche Anerkennung ist ein langwieriges, mit gesellschaftlichen und politischen Erwartungen und Befürchtungen verbundenes Verfahren, das de facto nicht allen Religionsgemeinschaften offen steht. Wie ihnen den Zugang zur Spitalsseelsorge ermöglichen? Zum Schutz der Patienten, des Spitalpersonals und des Heilungsauftrags des Spitals geht es wohl hier nicht ohne ein gewisses „*Gatekeeping*". Ganz praktisch wird sich die Frage stellen: Welche Organisationen können geltend machen, sie seien eine Religionsgemeinschaft? Auch jede verschrobene „Sekte" oder jeder esoterische Zirkel? Auch ein kommerzieller Anbieter? Und welche Personen können für sich beanspruchen, Seelsorger oder religiöse Betreuungspersonen zu sein? Seriosität und Qualität müssen in irgendeiner Form geprüft werden, bevor eine Spitaladministration Informationen über Patienten weitergibt[36].

Denkbar wäre die Einrichtung eines kantonalen *Registers*, in welchem sich religiöse Betreuungspersonen eintragen lassen, wenn sie in der Anstaltsseelsorge tätig sein wollen. Die kantonale Gesundheitsdirektion kann sich dann ein Bild von der entsprechenden Religionsgemeinschaft machen und von den Betreuungspersonen auch gewisse Ausbildungsstandards verlangen. Dabei geht es nicht um eine Beurteilung der internen, religiösen Ausbildung oder das vertretene Glaubenskonzept, sondern um das säkulare, staatsbürgerliche Wissen z. B. bezüglich der Organisation des Spitalwesens, der Patientenrechte, der Standes- und Medizinethik.

Eine solche staatliche Reglementierung hat selbstverständlich auch ihre Tücken und Nachteile. Sie ist mit Aufwand und Kosten verbunden und kann den zuständigen kantonalen Beamten, namentlich wenn es um die Religionsgemeinschaften geht, vor Wertungsfragen stellen, die auch ein qualifizierter Religionssoziologe nicht beantworten wollte und könnte. Verwaltungsrechtliche Verfahren lauern hinter der Türe. Wenn man indessen nicht einfach alle Seelsorger nicht-öffentlich-rechtlich anerkannter Religionsgemeinschaften auf das allgemeine Besuchsrecht verweisen möchte, führt aber wohl kein Weg an einem solchen staatlichen Registrierungsverfahren vorbei.

In jenen Kantonen, wo es neben der öffentlich-rechtlichen Anerkennung auch eine öffentliche Anerkennung gibt[37], stellt sich die Frage, ob diese beiden Vorgänge nicht gekoppelt werden könnten. Wer im Kanton öf-

---

[36] Das muss das Ziel sein, nicht die Fernhaltung unliebsamer religiöser Konkurrenz.
[37] Siehe dazu die Übersicht in PAHUD DE MORTANGES, S. 291 ff.

fentlich anerkannt ist, hätte dann diesen qualifizierten Zugang zur Anstaltsseelsorge. Das könnte für Religionsgemeinschaften auch eine Motivation sein, die öffentliche Anerkennung zu beantragen.

5.2 Finanzierung

Haben die Religionsgemeinschaften einen Anspruch darauf, dass der Staat ihre Seelsorgetätigkeit finanziell unterstützt? Das kann dann bejaht werden, wenn sich eine solche Verpflichtung, wie etwa im Kanton Bern, aus dem kantonalen Recht ergibt.

Aus der Religionsfreiheit ergibt sich hingegen kein solcher Anspruch. Es ist nicht Aufgabe des Staates, das Personal der Religionsgemeinschaften zu bezahlen, damit deren Mitglieder ihren Glauben ausüben können. Wenn Religionsgemeinschaften Seelsorge als wichtige Aufgabe betrachten, müssen sie selber für die Kosten aufkommen. Der Staat kann, wie dargetan, grundrechtlich nur verpflichtet werden, diese administrativ zu unterstützen, damit die Seelsorge auch funktioniert. Die Situation ist hier eine andere als im Bereich des Gefängniswesens, wo die Hürden zwischen den Insassen und den Seelsorgern wortwörtlich höher sind.

Ergibt sich aber so nicht eine fragwürdige Ungleichbehandlung, wenn in einem Spital nur Seelsorger der anerkannten Religionsgemeinschaften angestellt und diese vom Staat dafür finanziell unterstützt werden und es dabei signifikant viele Angehörige anderer Religionen gibt? Dies wäre dann zu bejahen, wenn sich das Mandat dieser Seelsorger nur auf die Mitglieder der eigenen Religionsgemeinschaft beschränkt und alle anderen Patienten der externen Seelsorge ihrer jeweiligen Religionsgemeinschaft überlassen werden[38].

Anders ist es hingegen, wenn das Mandat der angestellten Seelsorger so lautet, dass sie für alle Patienten da sein sollen und wenn sie auch entsprechend dazu ausgebildet werden[39]. Auch müssen sie, wenn der Patient einen eigenen Seelsorger wünscht, diesen vermitteln können.

---

[38] Der Staat finanziert dann eine Leistung der Religionsgemeinschaften, welche nur deren Mitglieder zu Gute kommt, was aus Gründen der Rechtsgleichheit und religiösen Neutralität problematisch ist.

[39] Grundlegender ist hier die Frage, ob der Staat überhaupt Seelsorge finanzieren soll, oder ob das nicht eine religiöse Tätigkeit ist, die mit internen Mitteln (z. B. Kirchensteuereinnahmen) finanziert werden soll.

Vorbildlich erscheint hier die Situation im Kanton Bern. Gemäss Art. 53 des Berner Spitalversorgungsgesetzes ist die Seelsorge für alle Menschen, unabhängig von ihrer religiösen oder weltanschaulichen Überzeugung zugänglich, dies unter Wahrung ihrer persönlichen Freiheit und Selbstverantwortung. Zu den Aufgaben im interreligiösen und interkulturellen Kontext der Spitalseelsorge im Universitätsspital Bern gehört daher:

- die Unterstützung von Menschen verschiedener Religionen,
- die Begleitung von Mitarbeitenden verschiedener Religionen im Spital in spirituellen und religiösen Belangen,
- die Beratung und Schulung von Mitarbeitenden im Blick auf das religiöse Verständnis der Kommunikation und der therapeutischen und pflegerischen Prozesse[40].

Im Universitätsspital liegt eine entsprechende Liste bereit und bestehen die nötigen Kontakte, u. a. zu den religiösen Amtsträgern von verschiedenen nichtchristlichen Religionsgemeinschaften, die unter dem Dach des Hauses der Religionen[41] vereint sind.

5.3 Datenmeldung und Datenschutz

5.3.1 Verfassungsrechtliche Grundlagen

Von den spitalexternen Seelsorgern ist nicht selten zu hören, dass sie von den Spitälern unter Berufung auf den Datenschutz nicht (mehr) über den Spitalaufenthalt von Patienten ihrer Glaubensgemeinschaft informiert werden. Dadurch wird die Seelsorge erheblich erschwert; die Seelsorger sind auf Information seitens der Angehörigen angewiesen. Dies betrifft die nichtchristlichen Religionsgemeinschaften, welche nicht über „eigene" spitalinterne Seelsorger verfügen, aber auch spitalexterne christliche Seelsorger, etwa der katholische Priester oder die reformierte Pfarrerin, die oft nicht erfahren, dass ein Gemeindemitglied im Spital ist. Denn nicht in jedem Spital gibt es angestellte Seelsorger, die den Wunsch nach Betreuung an ihre externen Kollegen weiterleiten können. Was hat es also mit dem Datenschutz auf sich und wie ist ein datenschutzkonformer Informationsfluss auszugestalten?

---

[40] Broschüre UNIVERSITÄTSSPITAL BERN, S. 15.
[41] Zu diesem singulären Projekt siehe www.haus-der-religionen.ch.

Ausgangspunkt ist Art. 13 Abs. 2 BV, wonach jede Person Anspruch auf Schutz vor Missbrauch ihrer persönlichen Daten hat. Dieser Anspruch ist ein Unterfall des in Art. 13 Abs. 1 BV verankerten *Rechtes auf Privatsphäre*; man spricht hier auch von der „informationellen Selbstbestimmung"[42]. Jeder Mensch soll selber bestimmen, wer welche Informationen über ihn erhält. Das Datenschutzrecht des Bundes und der Kantone konkretisiert also einen verfassungsrechtlich vorgegebenen Grundrechtsschutz. Es kommt ein zweites hinzu: das Datenschutzrecht kennt die Kategorie der *besonders schützenswerten Personendaten*. Dazu gehören Angaben über die religiösen und weltanschaulichen Ansichten einer Person sowie über ihre Gesundheit[43]. Bei diesen sensitiven Informationen ist der Anspruch auf Schutz der Daten entsprechend erhöht. Dass eine Person, die einer bestimmten Religion angehört, sich im Spital befindet, ist also datenschutzrechtlich *in doppelter Hinsicht* eine besonders schützenswerte Information. Entsprechend muss mit dieser Information sehr vorsichtig umgegangen werden.

Wenn Angehörige die Seelsorger informieren, ist dies datenschutzrechtlich unbedenklich. Die Spitaladministration, Ärzte oder Pflegende können hingegen nicht von sich aus, „ungefragt", Seelsorger über Patienten informieren; dies können sie nur tun, wenn bestimmte, nachstehend erörterte Voraussetzungen erfüllt sind. Aber sie können auch nicht einfach jegliche Mitwirkung beim Informationsfluss zwischen Patienten und Seelsorgern verweigern. Denn wie oben dargestellt haben sowohl die Seelsorger wie die Patienten einen grundrechtlich verankerten Anspruch auf Seelsorge, der in der besonderen Situation des Spitals zu einer Fürsorgepflicht des Staates führt, konkret: zu minimalen administrativen Hilfestellungen, damit sie diesen Aspekt ihrer positiven Religionsfreiheit überhaupt ausüben können. Diese administrativen Hilfen sind also nicht ein „generöses Geschenk", sondern eine Rechtspflicht des Spitals und seiner Angestellten[44].

---

[42] BSK BV – DIGGELMANN, OLIVER, Art. 13 N 32.
[43] KISSLING, S. 65.
[44] So auch KISSLING, S. 92.

5.3.2 Datenschutzrechtliche Voraussetzungen für die Informationsweitergabe

Damit ist das Datenschutzrecht und seine Prinzipien näher in den Blick zu nehmen[45]. Auf öffentliche Spitäler finden die kantonalen Datenschutzgesetze Anwendung, denn letztere gelten für das Bearbeiten von Daten durch kantonale und kommunale Organe. Privatspitäler sind hingegen dem Bundesgesetz über den Datenschutz[46] unterstellt; dies gilt nicht nur für Bundesorgane, sondern auch für private (natürliche und juristische) Personen[47]. „Listenspitäler" in privater Trägerschaft sind dem kantonalen Datenschutzrecht unterworfen, denn dieses ist auch auf Private anwendbar, soweit ihnen öffentliche Aufgaben übertragen sind.

Inhaltlich weichen Bundesrecht und kantonales Recht nicht stark voneinander ab. Es gelten weitgehend dieselben Regeln für die Bearbeitung und Weitergabe von Daten. Von besonderer Bedeutung im vorliegenden Kontext sind namentlich die Regeln für die *Weitergabe* von Daten. Wann können die Spitaladministration oder Pflegende die Daten eines Patienten an die Seelsorger weitergeben? Das Datenschutzrecht sieht hier drei alternative Möglichkeiten vor:

- wenn dafür eine gesetzliche Grundlage besteht,
- wenn die Daten für den Empfänger zur Erfüllung einer öffentlichen Aufgabe erforderlich sind,
- wenn die betroffene Person im Einzelfall eingewilligt hat bzw. die Einwilligung nach den Umständen vorausgesetzt werden darf.

Die Datenmeldung vom Spital an den Spitalseelsorger oder den externen Seelsorger ist mit anderen Worten stets dann erlaubt,

- wenn das in einer gesetzlichen Grundlage des kantonalen Rechts oder in einer Vereinbarung zwischen Kanton bzw. Spital und Religionsgemeinschaft festgelegt ist,
- wenn der vom Staat angestellte Spitalseelsorger sonst seine Aufgabe nicht erfüllen kann,

---

[45] Siehe hier neben KISSLING auch PAHUD DE MORTANGES, RENÉ, Spitalseelsorge und Datenschutz, in: ALBISSER/LORETAN, S. 17–21; DERS., Datentransfer und Datenweitergabe an der Schnittstelle zwischen Staat und Religionsgemeinschaften, in: DERS./TANNER, S. 595-625, bes. S. 620 ff.
[46] Bundesgesetz über den Datenschutz vom 19. Juni 1992 (SR 235.1).
[47] KISSLING, S. 12.

- wenn der Patient einwilligt oder seine Einwilligung vermutet werden darf.[48]

Die Datenweiterleitung im Bereich der Spitalseelsorge ist mancherorts gesetzlich oder vertraglich geregelt[49]. Wo dies nicht der Fall ist, kommt der *Einwilligung* des Patienten eine vorrangige Bedeutung zu. Diese Einwilligung ist bei Spitaleintritt zu erfragen. Wer als Patientin oder Patient keinen Besuch der Seelsorgerin oder des Seelsorgers wünscht, lässt auf dem Anmeldeformular dieses Feld offen und ein Besuch unterbleibt. Im anderen Fall wird der Name des Patienten auf die *Patientenliste* gesetzt, welche für die spitalinternen Seelsorger einsehbar ist, aber auch von den externen Seelsorgern am Empfang konsultiert werden kann[50].

In diesem Bereich besteht zweifellos einiger gesetzgeberischer *Nachbesserungsbedarf* auf kantonaler Ebene. Damit der Datenfluss auch wirklich funktioniert ist zu empfehlen, dass im kantonalen Gesundheits- oder Patientengesetz eine entsprechende Rechtsgrundlage verankert wird. Diese sollte nicht auf die im Kanton anerkannten Religionsgemeinschaften begrenzt sein. Oben erwähnt wurde auch die Möglichkeit eines kantonalen Registers, in welchem religiöse Betreuungspersonen erfasst werden, welche Zugang zu den entsprechenden Daten haben sollen. Auch wäre es sinnvoll, wenn den Spitälern seitens der kantonalen Gesundheitsdirektion in Form von Richtlinien vorgegeben wird, wie sie die Konfessionszugehörigkeit und den Wunsch nach Seelsorge administrativ erfassen und weiterleiten sollten. Das mag für die Spitaladministration mit einem gewissen Zusatzaufwand verbunden sein, ist aber angesichts der religiösen Pluralisierung der Gesellschaft m.E. unausweichlich. Auch die Angehörigen religiöser Minderheiten haben einen Anspruch darauf, mit ihren Anliegen und Bedürfnissen gehört und ernst genommen zu werden.

---

[48] Vgl. WINZELER, CHRISTOPH, Der Datenfluss vom Staat zur Kirche, in: Pahud de Mortanges, René (Hrsg.), Staatliches Datenschutzrecht und die Kirchen, Freiburg 1999, S. 67 f.

[49] Zum Beispiel § 8 der Verordnung über die reformierte Spitalseelsorge des Kantons Zürich vom 26. Juni 2002; s.a. Kirchliches Datenschutz-Reglement vom 23.5.2000 des Kirchenrates der evangelisch-reformierten Landeskirche, der römisch-katholischen Zentralkommission und der Kirchenpflege der christkatholischen Kirchgemeinde.

[50] Vorbildlich § 8 Art. 1 des Vertrages über die Seelsorge in den öffentlichen Spitälern von Basel-Stadt von 1984: Die Spitaldirektionen orientieren periodisch die nicht im Spital integrierten Spitalseelsorgerinnen und Seelsorger über die Patientinnen und Patienten, die angegeben haben, der entsprechenden Glaubensgemeinschaft anzugehören, durch die Zustellung einer entsprechenden Patientenliste.

Literaturverzeichnis

ALBISSER, RUDOLF/LORETAN, ADRIAN (Hrsg.)
- Spitalseelsorge im Wandel, Wien 2007.

HAERING, STEPHAN/REES, WILHELM/SCHMITZ, HERIBERT (Hrsg.)
- Handbuch des katholischen Kirchenrechts, 3. Aufl., Regensburg 2015.

KISSLING, CHRISTIAN
- Spitalseelsorge und Recht in der Schweiz, Zürich 2008.

MORGENTHALER, CHRISTOPH
- Seelsorge, 2. Aufl., Gütersloh 2012.

PAHUD DE MORTANGES, RENÉ (Hrsg.)
- Staatliche Anerkennung von Religionsgemeinschaften: Zukunfts- oder Auslaufmodell?, Zürich 2015.

PAHUD DE MORTANGES, RENÉ/TANNER, ERWIN (Hrsg.)
- Kooperation zwischen Staat und Religionsgemeinschaften nach schweizerischem Recht, Zürich 2005.

UNIVERSITÄTSSPITAL BERN (INSELSPITAL)
- Seelsorge Inselspital. Kompetenzen und Perspektiven (Broschüre), o. O. u. J.

WALDMANN, BERNHARD/BELSER, EVA-MARIA/EPINEY, ASTRID (Hrsg.)
- Basler Kommentar zur Bundesverfassung, Basel 2015 (zitiert: BSK BV).

Die Spitalseelsorge im Kanton Aargau
Zur Umsetzung der neuen gesetzlichen Regelung der Spitalseelsorge

Tanja Sczuka

Inhaltsverzeichnis

1 Spitalseelsorge im Kanton Aargau: Rechtliche Grundlagen und Finanzierung 179
   1.1 Staatliches Recht 180
   1.2 Verträge und Betriebsnormen 182
   1.3 Zum Verhältnis von § 28a GesG, Vertrag und Betriebsnorm 183

2 Rechtsgrundlagen der Reformierten Landeskirche Aargau 184

3 Spitalseelsorge im Kanton Aargau: Praktische Umsetzung 185

4 Aktueller Stand zur Datenweitergabe in den Spitälern 186

5 Zusammenfassung und Ausblick 188

Literaturverzeichnis 188

Abkürzungsverzeichnis 189

1 Spitalseelsorge im Kanton Aargau: Rechtliche Grundlagen und Finanzierung

Die rechtlichen Grundlagen der Spitalseelsorge im Kanton Aargau finden sich primär im kantonalen Recht. Das kirchliche Recht enthält nur wenige Bestimmungen zum Auftrag der Kirche. Die Seelsorge gehört als wesentlicher Bestandteil zum Auftrag der Kirche.

1.1 Staatliches Recht

Am 01.01.2016 ist der neue § 28a Gesundheitsgesetz[1] in Kraft getreten. Die Bestimmung ist das Ergebnis eines mehrjährigen Gesetzgebungsverfahrens, in dem die drei Aargauer Landeskirchen, unterstützt durch eine Motion im Grossen Rat, erreichen konnten, dass die Spitalseelsorge wieder im kantonalen Recht verankert wird und dass bei der Weitergabe der Patientendaten neu wieder die sogenannte Widerspruchslösung in den Spitälern gilt.

Der neue § 28a GesG im Wortlaut:

„Seelsorge im Spital

[1] Die Spitäler haben die seelsorgerische Betreuung der Patientinnen und Patienten zu gewährleisten.

[2] Die Spitäler sind nach vorheriger Information der Patientinnen und Patienten und auf Ersuchen der Seelsorgenden der Gemeindepfarrämter der drei anerkannten Landeskirchen ermächtigt, diesen Seelsorgenden Name und Adresse der in ihrem Zuständigkeitsbereich wohnenden Angehörigen ihrer Glaubensgemeinschaft bekannt zu geben, wenn die Patientinnen und Patienten dieser Datenbekanntgabe nicht widersprochen haben."

Die Bestimmung enthält zwei Regelungsbereiche. Zum einen wird in Absatz 1 die seelsorgerische Betreuung der Patientinnen und Patienten an sich geregelt. Dies ist die gesetzliche Grundlage für die Spitalseelsorge. Die Spitalseelsorge wird durch die Spitäler sichergestellt. Sie haben sie zu gewährleisten, nicht die Landeskirchen. Dieser Teil der Spitalseelsorge meint die in den Spitälern tätigen Spitalseelsorgenden, nicht die Gemeindepfarrämter, welche Patientenbesuche machen.

Zum anderen wurde in Absatz 2 nach einem längeren parlamentarischen Prozess wieder eine gesetzliche Grundlage für den Datenfluss an die Seelsorgenden der Gemeindepfarrämter geschaffen.

Die datenschutzrechtliche Spezialbestimmung des § 28a Abs. 2 GesG korrespondiert mit dem kantonalen Datenschutzgesetz[2], welches auf die öffentlich-rechtlich anerkannten kirchlichen Körperschaften als öffentliche Organe i.S.v. § 3 Abs. 1 lit. c) Ziff. 3 IDAG direkt anwendbar ist[3].

---

[1] GesG vom 20.01.2009, Stand 01.01.2016, SAR 301.100.
[2] Gesetz über die Information der Öffentlichkeit, den Datenschutz und das Archivwesen, IDAG, vom 24.10.2006, SAR 150.700, Inkrafttreten 01.07.2008; Verordnung zum Gesetz über die Information der Öffentlichkeit, den Datenschutz und das Archivwesen, VIDAG, vom 26.09.2007, SAR 150.711, Inkrafttreten 01.07.2008.
[3] Erläuterungen zur Anwendbarkeit der kantonalen Datenschutzgesetze auf öffentlich-rechtlich anerkannte kirchliche Körperschaften bei WALDMANN/OESCHGER, § 13

Die Konfessionszugehörigkeit gehört zu den sogenannten besonders schützenswerten Personendaten. Das sind gemäss § 3 Abs. 1 lit. k) IDAG Daten, bei denen aufgrund ihrer Bedeutung, des Zusammenhangs, Zwecks oder der Art der Bearbeitung, der Datenkategorie oder anderer Umstände eine besondere Gefahr einer Persönlichkeitsverletzung besteht[4]. Da diesen Daten ein besonderes Potenzial zur Verletzung der Persönlichkeit des Betroffenen innewohnt, ist ein verstärkter Schutz gerechtfertigt[5].

Vor diesem Hintergrund wurde die ursprünglich bis Ende 2009 geltende Widerspruchslösung bei der Datenweitergabe auf den 01.01.2016 wieder im Gesetz verankert. Dazwischen bestand fünf Jahre lang eine Gesetzeslücke[6]. In dieser Zeit wurde das allgemeine Zustimmungsprinzip für die Datenweitergabe von Patientendaten angewandt. Danach müssen Patientinnen und Patienten aktiv gefragt werden, ob sie einen Besuch durch die Seelsorgenden der Gemeindepfarrämter während ihres Aufenthaltes im Spital wünschen und diesem zustimmen. Während der fünf Jahre konnte ein auffälliger Einbruch bei der Datenweitergabe der Patientendaten an die Gemeindepfarrämter beobachtet werden, der die Arbeit der Seelsorgenden im Rahmen ihres kirchlichen Auftrags stark erschwerte. Das Engagement der drei Landeskirchen und die Unterstützung durch eine Motion im Grossen Rat führte zur heute wieder geltenden Widerspruchslösung im neuen § 28a GesG[7].

N 25, die darauf hinweisen, dass auch die kirchlichen Körperschaften einen gleichwertigen Datenschutz sicherzustellen haben, wenn sie Personendaten bearbeiten.

[4] Zu den Grundlagen des Datenschutzes und der Datenweitergabe im Zusammenhang mit der Spitalseelsorge wird auf die Ausführungen von RENÉ PAHUD DE MORTANGES in diesem Band, Kap. 5.3, S. 173 ff. verwiesen. Dort wird zu recht auf die doppelte Bedeutung der Schutzwürdigkeit der Personendaten im Blick auf die Konfessionszugehörigkeit und die Gesundheit der Patientinnen und Patienten hingewiesen.

[5] WALDMANN/OESCHGER, § 13 N 21.

[6] Eine Datenbekanntgabe besonders schützenswerter Personendaten erfordert eine Ermächtigungsgrundlage des öffentlichen Organs in einer formellen Gesetzesgrundlage, vgl. WEBER, N 507.

[7] Ausführlichere Erläuterungen zu diesem Gesetzgebungsprozess und dessen Bedeutung für die öffentlich-rechtliche Anerkennung der Landeskirchen in: SCZUKA, TANJA, Evangelisch-reformierte Kirche: Erosion der Landeskirchen? Die Bedeutung der öffentlich-rechtlichen Anerkennung von Landeskirchen am Beispiel aktueller datenschutzrechtlicher Fragestellungen im Kanton Aargau, in: Pahud de Mortanges, René

1.2 Verträge und Betriebsnormen

Neben den gesetzlichen Grundlagen auf staatlicher und kirchlicher Seite spielt in sämtlichen Verhandlungen und Gesprächen zwischen dem Kanton und den Landeskirchen zur Spitalseelsorge noch immer der bis heute geltende, zwischen römisch-katholischer und reformierter Landeskirche und dem Kanton geschlossene Vertrag von 1973 eine zentrale Rolle. Darin wurde geregelt, dass die beiden Landeskirchen im Auftrag des Staates die bis dahin von ihm finanzierte Seelsorge in den staatlichen Spitälern übernehmen. Das bedeutet, der Staat überträgt die Aufgabe der Spitalseelsorge den Landeskirchen. Der Kanton stellt im Gegenzug die nötigen Räume und Einrichtungen für Seelsorge und Gottesdienste unentgeltlich zur Verfügung. Die Räume können auch für andere Zwecke benutzt werden. Für die Wahl und die Besoldung der Spitalseelsorgenden sowie für die gesamte Organisation und Beaufsichtigung der Spitalseelsorgetätigkeit sind die Organe der Landeskirchen zuständig. Die Landeskirchen organisieren die Spitalseelsorge ökumenisch. Die christkatholische Landeskirche ist ebenfalls öffentlich-rechtlich anerkannt und hat einen eigenen Spitalseelsorgedienst. Sie ist aber nicht in den Rahmenvertrag von 1973 und die Finanzierung eingebunden.

Bei der Überführung der Kantonsspitäler in Aktiengesellschaften 2004 wurde der Vertrag von 1973 explizit bestätigt.

Heute werden Anstellungen von Spitalseelsorgenden in den Kantonsspitälern Aarau und Baden unter Beizug der Spitalleitung durchgeführt. In der internen Betriebsnorm des Kantonsspitals Aarau (KSA) ist deshalb festgehalten, dass das KSA im Anstellungsverfahren einbezogen wird. Dort werden auch Aussagen zu den Anstellungsvoraussetzungen für die Spitalseelsorgenden gemacht. So ist neben einem Theologiestudium und allgemeiner Seelsorgeausbildung eine Zusatzausbildung für Spitalseelsorge erforderlich. Die Qualität der Seelsorge wird durch Weiterbildung und Supervision gesichert und durch die Landeskirchen finanziert[8].

(Hrsg.), Staatliche Anerkennung von Religionsgemeinschaften: Zukunfts- oder Auslaufmodell?, FVRR 31, Zürich 2015, S. 142 (147–148).

[8] Betriebsnorm 131/1, Seelsorge im Kantonsspital Aarau, vom 18.06.2013, Ziff. 2.2. Trägerschaft und Anstellung. Die Betriebsnorm wurde den Landeskirchen im Entwurf zur Anhörung zugestellt.

1.3 Zum Verhältnis von § 28a GesG, Vertrag und Betriebsnorm

Es ist noch heute so, dass die Spitäler die Spitalseelsorge auf der Grundlage des Gesundheitsgesetzes zu gewährleisten haben. Damit gemeint ist, dass die Spitäler die Voraussetzungen hierfür schaffen, insbesondere dass sie die organisatorische Einbindung und die räumliche Infrastruktur unentgeltlich ermöglichen. Umsetzung und Finanzierung der Spitalseelsorge erfolgen nach Übertragung der Aufgabe im Rahmen des erwähnten Vertrags durch Mitarbeitende der Landeskirchen, deren Arbeitsort in den Spitälern ist. Dies erfordert stets ein hohes Mass an Kooperationsbereitschaft und Kommunikationskompetenz von allen Beteiligten. Da die Spitalseelsorge aber nicht nur für die Patientinnen und Patienten da ist, sondern auch für die Angehörigen und insbesondere für die Mitarbeiterinnen und Mitarbeiter der Spitäler, wird ihr in den Spitälern von den Spitalleitungen eine hohe Bedeutung und Wertschätzung entgegengebracht. Auch in der interdisziplinären Zusammenarbeit, zum Beispiel im Bereich der Onkologie, werden die Spitalseelsorgerinnen und Spitalseelsorger in die Teams eingebunden. Die Betriebsnorm des KSA konkretisiert die gesetzlichen und vertraglichen Grundlagen und regelt neben den Anstellungsbedingungen und der Finanzierung die Leistungen des KSA zur Infrastruktur, die Seelsorgeangebote, organisatorische Belange, Pikettdienste, Care Teams sowie die interdisziplinäre Zusammenarbeit. Diese Zusammenarbeit kommt den Patientinnen und Patienten zugute, da es ihr Ziel ist, eine optimale und ganzheitliche Betreuung zu erreichen.

Die Leitung des KSA setzte sich in den letzten Jahren gemeinsam mit den Landeskirchen für die Spitalseelsorge und ihre angemessene (Wieder-)Verankerung in den kantonalen Rechtsgrundlagen ein, weil sie den grossen Nutzen der Spitalseelsorge für die Spitalangestellten, Angehörigen und für die interdisziplinäre Arbeit erkannte. Die Besuche durch Seelsorgende der Gemeindepfarrämter hat hingegen zuweilen auch schon Irritationen ausgelöst. Hier sind die Spitäler wesentlich restriktiver. Auf den Intensivstationen werden Besuche durch Gemeindeseelsorgende deshalb auch mit der neuen gesetzlichen Regelung in § 28a GesG nur auf Wunsch der Patientinnen und Patienten oder Angehörigen und zeitlich begrenzt gestattet. Alle Seelsorgenden der Gemeindepfarrämter erhalten jährlich einen aktuellen Spitalausweis, der sie befähigt, Besuche in den Kantonsspitälern Aarau und Baden zu machen. Mit dem Ausweis wird in einem Begleitschreiben auf die jeweils geltenden rechtlichen und tatsächlichen Rahmenbedingungen hingewiesen.

2 Rechtsgrundlagen der Reformierten Landeskirche Aargau

Die Rechtsgrundlagen der Landeskirche gehen zur Spitalseelsorge wie allgemein zur Erfüllung des kirchlichen Auftrags von zwei Ebenen und einem Subsidiaritätsprinzip aus[9]. Die primäre Aufgabenerfüllung erfolgt durch die Kirchgemeinden. Gemäss Art. 6 Abs. 1 OS[10] sind die Aufgaben der Kirchgemeinden namentlich Verkündigung, Seelsorge, Diakonie, Unterricht, Bildung, Mission, Oekumene und Verwaltung. Die Kirchenordnung wiederholt und konkretisiert diesen Auftrag[11].

Der Auftrag der Landeskirche ist gem. § 86 KO subsidiär: Die Landeskirche übernimmt kirchliche Aufgaben, soweit sie weder durch die einzelnen Kirchgemeinden noch durch regionale Zusammenarbeit zweckmässig gelöst werden können. Für die Spitalseelsorge durch die Landeskirche ist in § 87 Abs. 1 KO geregelt, dass der Kirchenrat die Seelsorge an Spitälern, Heimen und Gefängnissen sicherstellt. Zur Seelsorge durch Gemeindepfarrämter regelt § 87 Abs. 2 KO: Pfarrerinnen und Pfarrer und andere mit der Seelsorge Beauftragte können ihre Gemeindemitglieder in diesen Einrichtungen als Seelsorgerinnen und Seelsorger unter Beachtung der Hausordnung besuchen[12].

---

[9] Sämtliche geltenden Erlasse der Reformierten Landeskirche Aargau sind in der Systematischen Rechtssammlung SRLA unter www.ref-ag.ch > Organisation & Personen > Recht > Rechtssammlung zu finden.

[10] Organisationsstatut der Evangelisch-Reformierten Landeskirche des Kantons Aargau, OS, vom 12.11.2008, SRLA 111.100. Dies ist die Kirchenverfassung.

[11] § 14 KO, SRLA 151.100, Abs. 1: Die Kirchgemeinden haben den Auftrag, das Evangelium zu verkündigen. Abs. 2: Sie erfüllen ihren Auftrag durch Gottesdienst, Verkündigung, Seelsorge, Diakonie, Pädagogisches Handeln, Bildung, Mission, Oekumene und Verwaltung.

[12] Ergänzende gesetzliche Grundlagen zur Seelsorge finden sich in § 31 KO (Seelsorgeauftrag) und in § 4 Dienst- und Lohnreglement für die ordinierten Dienste, DLD, SRLA 371.300, der auch die Verantwortlichkeiten für die Seeelsorge bestimmt. Zu den kirchlichen Rechtsgrundlagen vgl. auch: SCZUKA, TANJA, Evangelisch-reformierte Kirche: Erosion der Landeskirchen? Die Bedeutung der öffentlich-rechtlichen Anerkennung von Landeskirchen am Beispiel aktueller datenschutzrechtlicher Fragestellungen im Kanton Aargau, in: Pahud de Mortanges, René (Hrsg.), Staatliche Anerkennung von Religionsgemeinschaften: Zukunfts- oder Auslaufmodell?, FVRR 31, Zürich 2015, S. 142 (145–146).

3 Spitalseelsorge im Kanton Aargau: Praktische Umsetzung

Die Umsetzung der Spitalseelsorge in den Aargauischen Spitälern folgt seit vielen Jahren einem bewährten Konzept. Dabei spielen sowohl die ökumenische Zusammenarbeit als auch die Ergänzung der Spitalseelsorge durch die fachlich speziell ausgebildeten und qualifizierten Seelsorgenden in den Spitälern mit den Besuchen der Patientinnen und Patienten durch die Seelsorgenden der Gemeindepfarrämter eine grundlegende Rolle.

Von grossem Interesse war hingegen in den letzten Jahren der Datenfluss der Patientendaten. Die eingangs erwähnte fünfjährige Gesetzeslücke bei der Datenweitergabe führte zu einem starken Einbruch der Patientenbesuche durch die Gemeindepfarrerinnen und Gemeindepfarrer. Ist die aktive Zustimmung des Patienten zur Weitergabe seiner Daten an die Seelsorgenden, die sich am Empfang des Spitals nach Gemeindemitgliedern erkundigen, erforderlich, gibt es verschiedene Gründe, warum dann nur noch sehr wenige Patientennamen auf den Patientenlisten am Empfang erscheinen. So werden viele Patienten über den Notfall aufgenommen und eine spätere Befragung zum Wunsch nach Spitalseelsorge bleibt aus. Oder das Spital hat die Patientendaten bereits von einem früheren Spitalaufenthalt und aktualisiert sie nicht in Bezug auf die Seelsorgebesuche. Es ist auch möglich, dass die Patienten nicht genügend darauf hingewiesen werden, dass sie für einen Spitalbesuch ihres Ortspfarrers erst aktiv werden müssen, dass sie nicht wissen, an wen sie sich wenden müssen, oder hierzu aufgrund ihres Gesundheitszustandes nicht in der Lage sind.

Deshalb wurde mit dem neuen § 28a GesG wieder die frühere Widerspruchsregelung in das Gesetz aufgenommen.

In der praktischen Umsetzung heisst dies zum Beispiel im Kantonsspital Aarau, dass die Patienten auf dem Eintrittsformular nach ihrer Konfession gefragt werden (reformiert, römisch-katholisch, andere). Zusätzlich dazu erhalten sie die Möglichkeit zum Ankreuzen eines Feldes, neben dem steht: "Besuch Gemeindeseelsorger/in nicht erwünscht"[13]. Nur wenn dieses Kästchen angekreuzt wird, ist ein Seelsorgebesuch durch Gemeindeseelsorger ausgeschlossen. Wichtig ist, dass mit dem Ausfüllen des Formulars eine Willensbildung verbunden ist. Nicht nur die Angabe der

---

[13] Eintrittsformular KSA, abrufbar unter https://www.ksa.ch/sites/default/files/cms/ksa/patienten-und-besucher/docs/eintrittsformular-patienten-und-besucher-ksa_0.pdf, besucht am 01.04.2017.

Konfession lässt konkludent auf die Annahme der Zustimmung zum Seelsorgebesuch vermuten. Vielmehr muss, anders als bei einer Rechtsvermutung, der Patient aktiv der Datenweitergabe widersprechen. Bleibt dieser Widerspruch aus und wurde die Konfession angegeben, erscheint die Patientin oder der Patient auf der Liste, die die Seelsorgenden der Gemeindepfarrämter am Empfang des Spitals einsehen können. Sie können sich im Übrigen auch telefonisch erkundigen, ob ein Patient aus ihrer Kirchgemeinde im Spital ist. Den Namen und die Zimmernummer erhalten sie aber erst vor Ort nach Vorlegen des Spitalausweises.

Bei Notfalleintritten ist diese Willensbildung naturgemäss in den meisten Fällen nicht möglich. Deshalb wurden hierzu gesonderte Vereinbarungen getroffen, da in der Vergangenheit einer der grössten Schwachpunkte bei der Datenweitergabe im Rahmen des Notfalleintritts geortet wurde. Hier wird die Konfession der Patientinnen und Patienten, die über einen Notfalleintritt später stationär aufgenommen werden, neu systematisch erfasst, damit auch sie auf die Patientenlisten gelangen. Der Regierungsrat hat in seiner Botschaft zu § 28a GesG deutlich gemacht, dass die spätere Information und Willensäusserung der Patienten nach einem Notfalleintritt und stationärer Aufnahme so bald wie möglich nachzuholen sei. Über den Zeitpunkt entscheidet die behandelnde Person je nach Gesundheitszustand im Einzelfall[14]. Ist die Patientin oder der Patient nicht ansprechbar, können Angehörige den mutmasslichen Willen der Patienten in Bezug auf seelsorgerische Betreuung äussern.

4 Aktueller Stand zur Datenweitergabe in den Spitälern

Sowohl Beobachtungen der Spitalseelsorgenden als auch diejenigen der Seelsorgenden der Gemeindepfarrämter sowie eine interne Statistik mehrerer Spitäler zu den Patientenlisten haben gezeigt, dass mit dem Wechsel zur Widerspruchslösung auf den 01. Januar 2016 eine deutliche Erhöhung der Anzahl der Patientennamen auf den Listen erreicht werden konnte.

So sind im Zeitraum Januar bis Mai 2016 im KSA etwa 3 bis 4 mal mehr Patienten pro Monat auf die Patientenlisten gelangt als in vergleichbaren Vorjahresmonaten bis Ende Dezember 2015. Dies entspricht dem Stand, wie er mit der Rechtslage bis Ende 2009 (alte Widerspuchslösung) erzielt

---

[14] Botschaft des Regierungsrats an den Grossen Rat vom 15.04.2014, Gesundheitsgesetz, Änderung, Geschäftsnummer 14.198, S. 20.

wurde. Im selben Zeitraum haben im KSA nur 51 Patientinnen und Patienten der Datenweitergabe zum Zwecke der Spitalbesuche durch Ortspfarrerinnen und -pfarrer widersprochen. Dies sind weniger als 1 % aller Patientinnen und Patienten.

Auch hinsichtlich der Notfalleintritte wurden bereits positive Rückmeldungen gemacht. So werden in einem Regionalspital die Patienten bereits in der Notaufnahme gefragt, ob sie seelsorgerische Betreung wünschen, was über die vom Regierungsrat festgelegten Standards hinaus geht. Ein anderes grosses Spital übernimmt die Anforderungen des Regierungsrats.

Es stehen noch Gespräche mit weiteren Spitälern zur detaillierten Umsetzung der neuen gesetzlichen Grundlage im Gesundheitsgesetz aus. Auch ist ein seit drei Jahren erfolgreich laufendes Pilotprojekt zur elektronischen Abfragemöglichkeit der Patientendaten in einem Regionalspital noch in eine definitive Form zu überführen[15]. Durch das geographisch grosse Einzugsgebiet dieses Spitals hat sich eine elektronische Abfragemöglichkeit angeboten, die es den Seelsorgenden ersparen soll, unnötig in das Spital zu reisen, wenn keine Patienten der eigenen Kirchgemeinde dort sind, und gleichzeitig die spitalinterne Patientenadministration von zahlreichen Telefonanrufen der Gemeindeseelsorgerinnen und -seelsorger, die nach Patienten fragen, entlastet.

Optimierungspotential wurde ausserdem bei der Kommunikation zwischen den Seelsorgenden der Gemeinden und den Spitalseelsorgenden festgestellt. Für die Spitalseelsorgerinnen und -seelsorger wäre es hilfreich, zu wissen, wenn ein Patient vom Ortspfarrer besucht wurde, um Doppelspurigkeiten, zum Beispiel Besuche am selben Tag, zu vermeiden. Es wäre aus ihrer Sicht auch hilfreich, wenn die Gemeindeseelsorgenden ihnen einen Hinweis geben würden, wenn sie einen Anschlussbesuch des Spitalseelsorgenden für sinnvoll oder notwendig halten. Hier werden Möglichkeiten zur Verbesserung der Kommunikation und Zusammenarbeit erarbeitet.

---

[15] Zur Zulässigkeit von automatisierten Datenbearbeitungen i.S.v. Art. 17a DSG insbesondere bei besonders schützenswerten Personendaten vgl. JÖHRI, Art. 17a DSG N 2 f. Aufgrund der Änderung der Rechtslage zum 01.01.2016 wurde der laufende Pilotversuch noch nicht evaluiert.

5 Zusammenfassung und Ausblick

Die rechtliche Ausgangslage der Spitalseelsorge im Kanton Aargau ist seit Januar 2016 wieder in einem klaren und für die Praxis tauglichen Zustand. Insbesondere die mehrjährige, intensive Arbeit an der Wiedereinführung des § 28a GesG hat sich in verschiedener Hinsicht gelohnt. Die Gesetzeslücke wurde geschlossen. Es besteht wieder eine Rechtsgrundlage sowohl für die Spitalseelsorge an sich als auch für die spezielle Datenweitergabe der Patientendaten. Dies trägt massgeblich zur Rechtssicherheit bei.

Die praktische Umsetzung der neuen Rechtslage in den Spitälern zeigt schon sehr erfreuliche Tendenzen. Im einzelnen wird die Reformierte Landeskirche Aargau den aufgezeigten Fragestellungen - Eintrittsformulare und Patientenlisten, Notfalleintritte, elektronische Abfragemöglichkeiten - aber weiterhin nachgehen und in Gesprächen mit den Spitalleitungen einen möglichen Verbesserungsbedarf ermitteln und sich für die nachhaltige Veränderung der Ausgangslage zum Wohle der Kirchgemeindemitglieder, die sich für einen Aufenthalt in ein Spital begeben, einsetzen.

Literaturverzeichnis

WALDMANN, BERNHARD/OESCHGER, MAGNUS
- Datenbearbeitung durch kantonale Organe, in: Belser, Eva Maria/Epiney, Astrid/Waldmann, Bernhard, Datenschutzrecht, Grundlagen und öffentliches Recht, Bern 2011, § 13.

JÖHRI, YVONNE
- Kommentar zu Art. 17a DSG, in: Rosenthal, David/Jöhri, Yvonne (Hrsg.), Handkommentar zum Datenschutzgesetz, Zürich/Basel/Genf 2008.

WEBER, ROLF H.
- Datenschutz v. Öffentlichkeitsprinzip, Erläuterungen zu den Spannungsfeldern am Beispiel des Zürcher Informations- und Datenschutzgesetzes, Zürich/Basel/Genf 2010.

Abkürzungsverzeichnis

Abs.	Absatz
i.S.v.	im Sinne von
lit.	litera
SAR	Systematische Sammlung des Aargauischen Rechts
SRLA	Systematische Rechtssammlung der Reformierten Landeskirche Aargau

Spitalseelsorge im Kanton St. Gallen
Rechtliche Grundlagen und Rechtsentwicklung

Claudius Luterbacher-Maineri

Inhaltsverzeichnis

1	Einführung und Übersicht	191
2	Geltende rechtliche Grundlagen	192
3	Wer darf Spitalseelsorge anbieten?	195
4	Datenschutz	197
5	Ausblick	201
	Literaturverzeichnis	202

1 Einführung und Übersicht

Seelsorge ist in den öffentlichen Spitälern des Kantons St. Gallen fest verankert.[1] In den letzten Jahren ist im Bereich der Spitalseelsorge eine deutliche Professionalisierungstendenz festzustellen. Der Ortsseelsorger, welcher als Generalist zusätzlich zu den Aufgaben in der allgemeinen Seelsorge auch die Seelsorge im Spital auf seinem Gebiet übernimmt, wird zunehmend abgelöst durch Seelsorgende mit einer spezifischen Ausbildung in Spitalseelsorge und einer Anstellung durch das Spital.

---

[1] Dieser Aufsatz geht auf einen mündlichen Input im Rahmen eines Workshops an der Tagung „Spitalseelsorge in einer vielfältigen Schweiz – Interreligiöse, rechtliche und praktische Herausforderungen" an der Universität Fribourg zurück. Der Charakter des mündlichen Vortrags wird über weite Strecken beibehalten.

Die nachfolgenden Ausführungen konzentrieren sich auf die Situation in den öffentlichen kantonalen Spitälern des Kantons St. Gallen. Diese sind in vier Spitalverbunde eingeteilt: Kantonsspital St. Gallen, Spitalregion Rheintal – Werdenberg – Sarganserland, Spitalregion Linth und Spitalregion Fürstenland – Toggenburg. Seelsorge im Gesundheitswesen beschränkt sich allerdings nicht auf diese öffentlichen kantonalen Spitäler. Sie findet sich auch in den Psychiatrieverbunden, teilweise auch in Privatkliniken, im Kinderspital oder in Rehabilitationskliniken. Ebenfalls zu erwähnen ist die Seelsorge in weiteren Institutionen wie Pflegeheimen oder Altersheimen.

Dieser Beitrag beleuchtet die aktuelle Situation aus rechtlicher Perspektive und benennt rechtlich relevante Themen im Bereich der Spitalseelsorge, in welchen eine Rechtsentwicklung im Gang ist oder in Gang kommen wird. Die Spitalseelsorge in den öffentlichen Spitälern basiert auf einer rechtlichen Grundlage in der Spitalorganisationsverordnung (Kapitel 2). Hierbei stellt sich aufgrund der religiösen Pluralisierung der Gesellschaft die Frage, welche Religionsgemeinschaften Spitalseelsorge anbieten dürfen (Kapitel 3). Aktuelle rechtliche Herausforderungen bestehen zudem besonders im Bereich des Datenschutzes (Kapitel 4).

2 Geltende rechtliche Grundlagen

Eine explizite Erwähnung von Spitalseelsorge findet sich im kantonalen Recht St. Gallens erst auf Verordnungsstufe. Weder die Kantonsverfassung noch das Gesundheitsgesetz oder die übrigen Gesetze im Gesundheitsbereich halten die Möglichkeit von Spitalseelsorge explizit fest, schliessen sie aber auch nicht aus. Die wesentliche rechtliche Grundlage für die Spitalseelsorge im Kanton St. Gallen findet sich in der Verordnung über die medizinische und betriebliche Organisation der kantonalen Spitäler, psychiatrischen Kliniken und Laboratorien (Spitalorganisationsverordnung) vom 17. Juni 1980 (sGS 321.11). Art. 64 der Spitalorganisationsverordnung legt fest:

„[1] Im Einvernehmen mit den Konfessionsteilen werden eine katholische und eine evangelische Patientenseelsorge bestellt.

[2] Andere Glaubensgemeinschaften können für ihre Mitglieder eine eigene Seelsorge bestellen. Diese ist im Rahmen eines geordneten Spital- und Klinikbetriebs gewährleistet."

Der *Geltungsbereich* der Verordnung umfasst die Spitäler der o. g. vier Spitalverbunde sowie die Kliniken der Psychiatrieverbunde. Nicht erfasst von dieser Verordnung sind alle übrigen Spitäler und Kliniken im Gesundheits- oder Altersbereich.

Absatz 1 der Spitalorganisationsverordnung nennt die *Konfessionsteile*. Es handelt sich hierbei um die öffentlich-rechtlich anerkannten kirchlichen Körperschaften gemäss Art. 109 KV-SG:

„[1] Als öffentlich-rechtliche Körperschaften sind folgende Religionsgemeinschaften anerkannt:

  a) Der Katholische Konfessionsteil und seine Kirchgemeinden;
  b) Die Evangelische Kirche und ihre Kirchgemeinden;
  c) Die Christkatholische Kirchgemeinde
  d) Die Jüdische Gemeinde."

Den Konfessionsteilen gehören die Angehörigen der jeweiligen Konfession an, die auf dem Gebiet einer ihrer Kirchgemeinden wohnen.[2] Die Konfessionsteile sind autonome Körperschaften, sie regeln ihre Angelegenheiten im Rahmen des st. gallischen öffentlichen Rechts weitestgehend selber. Struktur und Organisation sind in den wesentlichen Teilen parallel zur staatlichen und gemeindlichen Struktur und Organisation gebildet. Dazu gehören beispielsweise die Aufteilung in Gemeinden (Kirchgemeinden) oder die Gewaltentrennung auf Gemeinde- und Kantonsebene mit den entsprechenden Kontrollmechanismen. Den Konfessionsteilen (und ihren Kirchgemeinden) kommt das Recht zu, von den Mitgliedern Steuern zu erheben (Kirchensteuern). Zudem erhalten die Konfessionsteile für einen Finanzausgleich zugunsten finanzschwacher Kirchgemeinden einen im Steuergesetz festgelegten Ausgleichsbetrag.[3]

Den Konfessionsteilen gehören aktuell rund 67% der Bevölkerung des Kantons St. Gallen an.[4] Während langer Zeit war der Anteil noch höher, woraus sich erklärt, dass traditionellerweise Spitalseelsorge von diesen beiden christlichen Konfessionen bestellt wird.

---

[2] Vgl. für die Katholische Kirche Art. 6 der Verfassung des Katholischen Konfessionsteils des Kantons St. Gallen (VKK; sGS 173.5); für die Evangelische Kirche vgl. Art. 10 der Verfassung der evangelisch-reformierten Kirche des Kantons St. Gallen (VERK; sGS 175.1).

[3] Vgl. Art. 9 des Steuergesetzes des Kantons St. Gallen.

[4] Vgl. BUNDESAMT FÜR STATISTIK, Erhebung 2015.

Die Seelsorge wird gemäss Spitalorganisationsverordnung im *Einvernehmen* mit den Konfessionsteilen bestellt. Um dieses Einvernehmen festzuhalten, bietet sich eine partnerschaftlich ausgearbeitete, verbindliche Form der Übereinkunft an. Aktuell ist dieses Einvernehmen in einer Vereinbarung festgehalten, die per 1. Januar 2016 in Kraft trat. Vertragspartner sind die vier St. Galler Spitalverbunde, die Evangelisch-reformierte Kirche des Kantons St. Gallen, das Bistum St. Gallen und der Katholische Konfessionsteil des Kantons St. Gallen.[5] Sie regelt insbesondere die Ziele und Aufgaben der Spitalseelsorge, die Wahl der Spitalseelsorgerinnen und -seelsorger, deren Rechte und Pflichten, die Aufsicht über die Seelsorgetätigkeit, die Berechnung der Stellenpensen sowie die Finanzierung. Die Vereinbarung zeigt deutlich das Verständnis professionalisierter Spitalseelsorge, wie die nachfolgenden Hinweise aus der Vereinbarung zeigen:

Als Ziele der Spitalseelsorge werden die Begleitung der Patientinnen, Patienten und ihrer Angehörigen genannt sowie die Beratung des Spitalpersonals. Ein weiteres Ziel ist die Vermittlung von Kontakten, etwa zu Kirchgemeinden oder Pfarreien bzw. zu Personen anderer Konfessionen, Religionen oder Sprachgruppen.

Aus diesen Zielen leiten sich die Aufgaben ab. Sie bestehen im Besuch von Patientinnen und Patienten, der Betreuung von Angehörigen und des Spitalpersonals, der Herstellung der oben genannten Kontakte, der Gestaltung von religiösen Feiern im Spital sowie der Unterstützung in interdisziplinären Fragen. Hier sind als Beispiel Gremien im ethischen Bereich zu nennen.

Die geforderten Voraussetzungen für die Übernahme der Aufgabe des Spitalseelsorgers, der Spitalseelsorgerin sind hoch. Eine theologische Grundbildung wird vorausgesetzt, das bedeutet konkret ein auf Universitätsniveau abgeschlossenes Studium der Theologie. Zusätzlich sind Berufserfahrung und eine Zusatzausbildung in Spitalseelsorge weitere Voraussetzungen.

---

[5] Auf katholischer Seite finden sich zwei Vertragspartner, weil aufgrund des Verhältnisses zwischen der staatskirchenrechtlichen Körperschaft (Katholischer Konfessionsteil des Kantons St. Gallen) und dem kanonisch-rechtlich verfassten Bistum die inhaltliche Verantwortung für die Seelsorge beim Bistum, die Verantwortung für die äusseren Bedingungen (insbesondere die Finanzierung) beim Katholischen Konfessionsteil liegen.

Die Spitalseelsorgerinnen und Spitalseelsorger werden von den Kirchen gewählt (nach Anhörung der Geschäftsleitung des betreffenden Spitals) und vom jeweiligen Spital angestellt. Dadurch erhalten sie die notwendigen Informationen über die Patientinnen und Patienten und unterliegen der im Spital geltenden Schweigepflicht. Spitalseelsorgerinnen und -seelsorger sind befugt, die Besuche ohne Aufsicht in den Patientenzimmern oder in anderen Räumen durchzuführen. Zusätzlich zur Schweigepflicht, die sich aus der Anstellung im Spital ergibt, unterstehen die Spitalseelsorgerinnen und -seelsorger der seelsorgerischen Schweigepflicht. Diese Schweigepflicht besteht auch innerhalb des Spitals, d. h. die Spitalseelsorger, -seelsorgerinnen dürfen dem Spitalpersonal nur insofern Auskunft geben, als es mit ihrer seelsorgerischen Schweigepflicht vereinbar ist.

Schliesslich wird in der Vereinbarung festgehalten, dass die Spitalseelsorge grundsätzlich ökumenisch und in interreligiös offenem Geist ausgeübt werden soll.

Die Spitalorganisationsverordnung und die Vereinbarung zwischen den Kirchen und den Spitalverbunden stellen die wichtigste rechtliche Grundlage der Spitalseelsorge dar. Zu beachten sind darüber hinaus die übrigen – umfangreichen – rechtlichen Normierungen. Sie sind teilweise kantonaler Provenienz, teilweise staatskirchenrechtlicher oder kirchenrechtlicher Natur. Zu nennen sind, im Anschluss an die Ausführungen zur Vereinbarung, beispielsweise das Strafrecht oder das innere kirchliche Recht (im Bereich der Katholischen Kirche das kanonische Recht) im Zusammenhang mit dem Seelsorgegeheimnis; das eidgenössische bzw. kantonale Recht zum Datenschutz; die übrigen kantonalen Gesetze und Verordnungen im Gesundheitsbereich; die staatskirchenrechtlichen und kantonalen personalrechtlichen Normen, welche die Anstellung des Spitalseelsorgers, der Spitalseelsorgerin regeln.

3 Wer darf Spitalseelsorge anbieten?

Der oben zitierte Art. 64 der Spitalorganisationsverordnung hält in Abs. 2 fest, dass nebst der Katholischen und der Evangelisch-reformierten Kirche auch andere Glaubensgemeinschaften für ihre Mitglieder eine eigene Seelsorge bestellen können und diese im Rahmen eines geordneten Spital- und Klinikbetriebs gewährleistet ist. Zum aktuellen Zeitpunkt wird Spitalseelsorge in einem ähnlichen Sinn wie es die in Kap. 2 beschriebene Vereinbarung für die Katholische und Evangelisch-reformierte Kirche vorsieht, von keiner anderen christlichen Konfession oder nichtchristlichen Religion angeboten. Es bleibt festzuhalten, dass Art. 64 Abs. 2 der Spitalorganisationsverordnung die rechtliche Grundlage für eine solche Spitalseelsorge anderer christlicher Konfessionen oder nichtchristlicher Religionen bietet.[6] Während Abs. 1 eine passive Formulierung wählt („werden bestellt"), sieht Abs. 2 mit der aktiven Formulierung („andere Glaubensgemeinschaften können bestellen") den aktiven Part bei den Glaubensgemeinschaften. Eine organisatorische Unterstützung beispielsweise durch die Bereitstellung geeigneter Räumlichkeiten oder eine finanzielle Unterstützung, festgehalten beispielsweise in einer Leistungsvereinbarung, sind damit als Beitrag seitens der Spitäler aber nicht ausgeschlossen. Grundsätzlich wäre sogar eine Vereinbarung analog zur oben beschriebenen auch mit anderen Glaubensgemeinschaften möglich. Unsicher bleibt allerdings, ob es für andere Glaubensgemeinschaften aktuell überhaupt möglich ist, dieselben Anforderungen etwa bei der theologischen Grundbildung zu erfüllen, welche an die Spitalseelsorgerinnen und -seelsorger der Katholischen und Evangelisch-reformierten Kirche gestellt werden. Zudem stellt sich auch die Frage der Anzahl qualifizierten Personals, welches zur Verfügung steht und der quantitativen Nachfrage von Angehörigen ihrer Religionsgemeinschaft. Letzteres einerseits aufgrund der Anzahl Patientinnen und Patienten, die einer bestimmten Religionsgemeinschaft angehören, andererseits aber auch aufgrund fehlender Tradition spezialisierter Seelsorge, wie sie in der christlichen Tradition häufiger anzutreffen ist.

Zur Herausforderung religiöser Pluralisierung nachfolgend einige Gedanken, die freilich den streng juristischen Kontext überschreiten:

- Die oben beschriebene Vereinbarung beinhaltet, dass angestellte Spitalseelsorgerinnen und -seelsorger auf Wunsch des Patienten bzw. der Patientin Kontakte mit Personen ihrer Glaubens- und/oder Sprachgemeinschaft vermitteln. Die religiöse Pluralisierung erfordert hier eine Aktivität der Seelsorgerinnen und Seelsorger. Dem legitimen Bedürfnis nach seelsorgerlichem Beistand kommt das Spital dann nach, wenn diese Vermittlung durch die angestellten Seelsorgerinnen und Seelsorger effektiv ist und aktiv angeboten wird. Das bedeutet, dass entsprechende Listen bereitgestellt und aktualisiert werden müssen sowie eine regelmässige Kontaktnahme und Überprüfung der Ansprechbarkeit der jeweiligen Personen, zu denen der Kontakt vermittelt werden soll.

---

[6] Zur Frage der rechtlichen Grundlage vgl. im interkantonalen Vergleich KISSLING.

- Eine solche Lösung ist aus praktischer Sicht angesichts der grossen religiösen Fragmentierung der Bevölkerung sinnvoller als die Anstellung diverser Personen in Kleinstpensen.
- Zu beobachten ist nicht nur eine religiöse Pluralisierung, sondern auch eine Abnahme der institutionellen Bindung und somit eine religiöse Individualisierung der Angehörigen innerhalb der gleichen Glaubensgemeinschaft. Das bedeutet für jeden Spitalseelsorger, für jede Spitalseelsorgerin die Notwendigkeit einer religionspluralen Kompetenz, selbst wenn nur die Angehörigen einer bestimmten Glaubensgemeinschaft betreut würden.
- Die entsprechenden Kompetenzen des Spitalseelsorgepersonals müssen geschult und laufend vertieft werden.
- Die beschriebene Professionalisierung in der Spitalseelsorge sollte auf alle Glaubensgemeinschaften angewendet werden, die im gleichen Rahmen Spitalseelsorge bereitstellen möchten. Eine Ungleichbehandlung etwa in der Lockerung von Voraussetzungen für Spitalseelsorgerinnen und -seelsorger anderer Glaubensgemeinschaften wäre weder für die heute bestehende Spitalseelsorge sinnvoll noch würde die Spitalseelsorge anderer Glaubensgemeinschaften einen guten Platz im Spital finden können. Das Bedürfnis nach seelsorgerlicher Begleitung kann aber beim Fehlen der Möglichkeit einer Spitalseelsorge durch vom Spital angestelltes Seelsorgepersonal anders aufgenommen und unterstützt werden. Es ist nicht zuletzt Aufgabe des Spitalseelsorgepersonals, für die Notwendigkeit wachsam zu sein und entsprechende Wege mit nicht vom Spital angestellten Personen zu finden und zu fördern.

4 Datenschutz

Eine besondere rechtliche Herausforderung im Zusammenhang mit Spitalseelsorge betrifft den Datenschutz. Im Bereich des Schutzes der Privatsphäre und speziell des Datenschutzes sind gegenläufige Tendenzen zu beobachten. Auf der einen Seite sind die Personen im digitalen Zeitalter grosszügig in der Veröffentlichung privater Angaben. Andererseits wird das Bedürfnis, selber über die Bekanntgabe persönlicher Daten zu entscheiden, immer grösser. Das hat auch im Bereich der Spitalseelsorge Auswirkungen.

Für Spitalseelsorgerinnen und -seelsorger, die in Verhältnissen arbeiten, wie sie oben in Kap. 2 beschrieben werden, ist die Bekanntgabe von Daten, die sie für ihre Berufsausübung benötigen, gewährleistet. Sie sind vom Spital angestellt und bekommen die entsprechenden Daten für den Gebrauch vor Ort zur Verfügung gestellt. Es ist gesichert, dass die Spitalseelsorgenden wissen, welche Patienten in welchen Abteilungen sind und welcher Religion sie angehören (sofern die betreffende Person die Angabe bei Spitaleintritt gemacht hat).

Die Spitalseelsorgerinnen und -seelsorger werden vielerorts durch Drittpersonen unterstützt, sei es von Seelsorgenden aus den katholischen oder evangelisch-reformierten Kirchgemeinden, von Seelsorgenden, die sich speziell um anderssprachige Personen kümmern oder auch durch Besuchsgruppen. Während vielerorts in pragmatischer Weise diese Personen die sie interessierenden Daten beispielsweise am Spitalempfang bekommen haben (dem reformierten Pfarrer eines Dorfes wurde am Schalter bekanntgegeben, welche Personen mit Wohnort dieses Dorfes, die bei Spitaleintritt die Zugehörigkeit zur reformierten Kirche angegeben haben, aktuell im Spital sind), erscheint die Aushändigung oder Einsichtnahme in die entsprechenden Patientenlisten unter dem Blickwinkel des Datenschutzes als problematisch.

Die Problematik liegt in zwei Bereichen: Im Datum, dass eine bestimmte Person hospitalisiert ist und im Datum, welcher Religionsgemeinschaft die hospitalisierte Person angehört. Das Datenschutzgesetz des Kantons St. Gallen[7] nennt als besonders schützenswerte Daten religiöse Ansichten, somit auch die Angabe über die Zugehörigkeit zu einer Religionsgemeinschaft. Auch Angaben über die Gesundheit einer Person gehören zu den besonders schützenswerten Daten, für die ein grösserer gesetzlicher Schutz vorgesehen ist. Für die Weitergabe dieser Daten an Dritte ist Art. 5 Abs. 2 Datenschutzgesetz zu beachten:

> „Die Bearbeitung von besonders schützenswerten Personendaten und Persönlichkeitsprofilen ist zulässig, wenn:
> a) das Gesetz die Bearbeitung vorsieht oder
> b) die Bearbeitung zur Erfüllung einer gesetzlichen Aufgabe unentbehrlich ist oder

---

[7] Vgl. Art. 1 Abs. 1 Datenschutzgesetz vom 20.1.2009 (sGS 142.1). Die Darstellung bezieht sich auf den Kanton St. Gallen und muss je nach kantonaler gesetzlicher Grundlage angepasst werden, wobei die Datenschutzgesetzgebung in diesen Punkten in vielen Kantonen ähnlich ist.

c) die betroffene Person:
1. Im Einzelfall ausdrücklich sowie in Kenntnis von Zweck und Art der vorgesehenen Bearbeitung eingewilligt hat oder
2. ihre Daten allgemein zugänglich gemacht hat."[8]

Bei der Bekanntgabe oder Einsichtnahme in die Patientenlisten an Dritte sind die beiden Angaben (Religionszugehörigkeit und Angabe über Hospitalisierung, sprich über den Gesundheitszustand) zu unterscheiden. Bei den öffentlich-rechtlich anerkannten Religionsgemeinschaften kann davon ausgegangen werden, dass ihnen das Datum der Religionszugehörigkeit bekannt ist und sie dieses Datum zu Zwecken der Seelsorge an die von der öffentlich-rechtlichen Körperschaft anerkannten Angestellten in der Seelsorge weitergeben dürfen. Handelt es sich beim Dritten also um einen Seelsorger, kann davon ausgegangen werden, dass ihm bereits bekannt ist, ob jemand zu seiner Religionsgemeinschaft gehört oder nicht. Dementsprechend ist die Weitergabe *dieses* Datums an ihn unproblematisch. Anders verhält es sich bei Dritten, die keinen Seelsorgeauftrag der öffentlich-rechtlich anerkannten Körperschaft vorweisen können.

Bei der Bekanntgabe, dass eine Person hospitalisiert ist, sieht die Lage anders aus. Hier ist keine der notwendigen Voraussetzungen gemäss Art. 5 Abs. 2 Datenschutzgesetz erfüllt. Die Tatsache an sich, dass jemand bei Spitaleintritt die Religionszugehörigkeit angegeben hat, ist noch nicht als Einwilligung zur Weitergabe der Tatsache der Hospitalisierung an Dritte zu werten, auch wenn es sich beim Dritten um einen Ortsseelsorger handelt. Eine andere Meinung vertritt hierzu CHRISTIAN KISSLING. Zu dieser Problematik einer vom Spital unabhängigen Seelsorgeperson schreibt er:

„Allerdings ist zu bedenken, dass das Spital speziell die Religionszugehörigkeit einer Patientin nur zu dem Zweck erfragt, um Spitalseelsorge zu ermöglichen; einen anderen Zweck kann diese Information kaum haben. Deshalb gehört es nach hier vertretener Ansicht zur Pflicht des öffentlichen und - mangels anderer Bestimmungen der Hausordnung - des privaten Spitals, die Patientin bei Spitaleintritt nach ihrer Religionszugehörigkeit und allenfalls zusätzlich danach zu fragen, ob sie den Besuch eines Spitalseelsorgers wünscht. Gibt die Patientin ihre Religionszugehörigkeit an, ist dies einer Seelsorgeperson auf deren Anfrage mitzuteilen. Konkret kann also das Spital nicht unter Berufung auf Datenschutzgründe einer (gehörig ausgewiesenen) Seelsorgeperson die Auskunft verweigern, ob Angehörige ihrer Glaubens-

---

[8] Unter Bearbeitung fallen gemäss Art. 1 Abs. 1 lit. e Datenschutzgesetz die Beschaffung, Aufbewahrung, Verwendung, Bekanntgabe, Veränderung oder Vernichtung.

richtung hospitalisiert sind. Denn genau zu diesem Zweck wurde ja die Patientin nach ihrer Religionszugehörigkeit gefragt."[9]

Das st. gallische Datenschutzgesetz formuliert hier aber restriktiv: Die Person muss *ausdrücklich* und in *Kenntnis* davon, wofür und wie das Datum verwendet wird, eine *Einwilligung* geben. Bei der blossen Angabe der Religionszugehörigkeit liegt keine ausdrückliche Einwilligung vor, implizit von der Einwilligung auszugehen ist eben gerade ausgeschlossen. Trotzdem kann es sinnvoll sein, dass Daten auch an o. g. Dritte weitergegeben werden können. Nicht selten gibt es sogar eine gewisse Erwartung von Gläubigen, dass sie von ihrem Ortsseelsorger oder vom Seelsorger ihrer Sprache besucht werden, ohne dass sie ihn ausdrücklich herbeibitten. Damit die Weitergabe der Daten zulässig ist, besteht in der heutigen Rechtslage der einzige Weg darin, die Möglichkeit einer ausdrücklichen Einwilligung beim Spitaleintritt vorzusehen, etwa mit einer entsprechenden Rubrik beim Eintrittsformular.[10]

Eine Revision der Spitalorganisationsverordnung wäre für die Regelung dieser Problematik nicht ausreichend, weil das Datenschutzgesetz eine Regelung auf Gesetzesstufe erfordert. Die Schaffung einer rechtlichen Grundlage für die Spitalseelsorge auf Gesetzesstufe wäre aber ein Desiderat, um Spitalseelsorge rechtlich angemessen zu verankern. Gleichzeitig wäre es eine Möglichkeit, auch Fragen des Datenschutzes im Interesse der Patientinnen und Patienten zu regeln.

Schliesslich ist in diesem Zusammenhang noch auf eine weitere Problematik aufmerksam zu machen. Noch wenn eine Person ausdrücklich einwilligt, dass an Seelsorgende die Tatsache ihrer Hospitalisierung und die Angabe über die Religionszugehörigkeit weitergegeben werden, bleibt es in der Verantwortung des Spitals, in Rücksprache mit den Religionsgemeinschaften zu bestimmen, wer in seelsorgerlichem Auftrag Zugang zu diesen Daten hat. Es empfiehlt sich ein Akkreditierungssystem, in welchem eine Person mit seelsorgerlichem Auftrag zugelassen wird, und durch welches diese Person gleichzeitig verbindlich den Umgang mit diesen Daten, aber auch andere wesentliche Grundsätze der Spitalseelsorge akzeptiert.

---

[9] KISSLING, S. 94 f.
[10] Vgl. entsprechend PAHUD DE MORTANGES, S. 621 f.

5 Ausblick

Die angesprochenen Themenkreise der Professionalisierung der Spitalseelsorge, der religiösen Pluralisierung der Bevölkerung und des Datenschutzes stechen in der aktuellen Situation hinsichtlich der rechtlichen Grundlage und der Rechtsentwicklung im Bereich der Spitalseelsorge besonders ins Auge. Es ist aber nicht auszuschliessen, dass in den kommenden Jahren andere Aspekte in diesen Themenkreisen oder neue Themen diskutiert werden müssen. Zu denken ist etwa an die Frage, inwiefern Spitalseelsorge in der fortschreitenden Professionalisierung zu einem Teil der Patientenversorgung werden soll. Sollen Spitalseelsorger am Patientendossier mitschreiben oder bleiben sie unabhängig von Therapie und Pflege? Wie würde sich ein solcher Einsatz des Spitalseelsorgers mit dem Seelsorgegeheimnis vertragen? Oder im Bereich der religiösen Pluralisierung kann sich die Frage stellen, inwiefern über eine einfache Anerkennung einer Religionsgemeinschaft (im Privatrecht) eine (zusätzliche) rechtliche Grundlage[11] für Spitalseelsorge geschaffen werden soll für Religionsgemeinschaften, die bisher keine eigenen Spitalseelsorger bestellen – und welche Regeln für diese Spitalseelsorgerinnen und -seelsorger gelten sollen. Eine Verankerung der Spitalseelsorge auf Gesetzesstufe ist in jedem Fall ein Desiderat, welches auf kantonaler Ebene geprüft werden sollte. Sicher wird Spitalseelsorge ein Bedürfnis und daher ein aktuelles Thema bleiben, das im Rahmen der demographischen, sozialen, wirtschaftlichen, politischen und religiösen Änderungen im Hinblick auf die rechtliche Einordnung stets zu diskutieren bleibt.

---

[11] Es muss hier darauf hingewiesen werden, dass in zahlreichen Kantonen keine explizite rechtliche Grundlage für Spitalseelsorge vorgesehen ist. Vgl. wiederum KISSLING, S. 14–22.

Literaturverzeichnis

BUNDESAMT FÜR STATISTIK (BFS)
- Erhebung 2015, abrufbar unter https://www.bfs.admin.ch/bfs/de/home/statistiken/bevoelkerung/sprachen-religionen/religionen.assetdetail.1822040.html, besucht am 28. Februar 2017.

KISSLING, CHRISTIAN
- Spitalseelsorge und Recht in der Schweiz. Eine Bestandesaufnahme angesichts der religiösen Pluralisierung (= FVRR 20), Zürich/Basel/Genf 2008.

PAHUD DE MORTANGES, RENÉ
- Datentransfer und Datenschutz an der Schnittstelle zwischen Staat und Religionsgemeinschaften, in: Pahud de Mortanges, René/Tanner, Erwin (Hrsg.), Kooperation zwischen Staat und Religionsgemeinschaften nach schweizerischem Recht (= FVRR 15), Zürich/Basel/Genf 2005, S. 595-625.

ANHANG

Dokumentation[1] der kantonalen Rechtsgrundlagen im Bereich der Spitalseelsorge / Documentation[2] des bases légales cantonales dans le domaine de l'aumônerie d'hôpital

Burim Ramaj

Inhaltsverzeichnis

1	Einführung	206
2	**Kantonale Rechtsgrundlagen der Spitalseelsorge**	**207**
	Kanton Aargau (Argovie)	207
	Kanton Appenzell Ausserrhoden (Appenzell Rhodes-Extérieures)	209
	Kanton Appenzell Innerrhoden (Appenzell Rhodes-Intérieures)	210
	Kanton Basel-Landschaft (Bâle-Campagne)	211
	Kanton Basel-Stadt (Bâle-Ville)	214
	Kanton Bern (Berne)	219
	Canton de Fribourg (Freiburg)	221
	République et Canton de Genève (Genf)	229
	Kanton Glarus (Glaris)	244
	Kanton Graubünden (Grigioni, Grischun, Grisons)	246
	République et canton du Jura	247

---

[1] Die nachfolgende Dokumentation aktualisiert und komplettiert die kantonalen Rechtsgrundlagen im Bereich der Spitalseelsorge von KISSLING CHRISTIAN, Spitalseelsorge und Recht, in: RENÉ PAHUD DE MORTANGES (Hrsg.), Freiburger Veröffentlichungen zum Religionsrecht, Bd. 20, Zürich/Basel/Genf 2008, S. 99–145. Dabei werden hier diejenigen Bestimmungen wiedergegeben, die zur Regelung der Spitalseelsorge am nächsten stehen. Dort wo spezifische Bestimmungen fehlen, wird auf die faktische Situation hingewiesen.

[2] La documentation suivante actualise et complète les bases légales cantonales dans le domaine de l'aumônerie en hôpital de KISSLING CHRISTIAN, Spitalseelsorge und Recht, dans PAHUD DE MORTANGES RENÉ (éd.), Freiburger Veröffentlichungen zum Religionsrecht, vol. 20, Zurich/Bâle/Genève 2008, p. 99–145. Seules les dispositions légales qui concernent au plus près la réglementation de l'aumônerie d'hôpital sont reproduites ici. En l'absence de dispositions légales spécifiques, la situation de faite telle qu'elle se présente, est évoquée.

Kanton Luzern (Lucerne) 248
Canton de Neuchâtel (Neuenburg) 249
Kanton Nidwalden (Nidwald) 250
Kanton Obwalden (Obwald) 251
Kanton Schaffhausen (Schaffhouse) 252
Kanton Schwyz (Schwytz) 253
Kanton Solothurn (Soleure) 254
Kanton St. Gallen (Saint-Gall) 255
Repubblica e Cantone Ticino (Tessin) 256
Kanton Thurgau (Thurgovie) 257
Kanton Uri 258
Canton du Valais (Wallis) 259
Canton du Vaud (Waadt) 261
Kanton Zug (Zoug) 262
Kanton Zürich (Zurich) 263

1 Einführung

Mit dieser Dokumentation wird beabsichtigt, eine Übersicht der rechtlichen Grundlagen im Bereich der Spitalseelsorge wiederzugeben. Dabei werden die einzelnen Bestimmungen in der jeweiligen Kantonssprache bzw. bei zweisprachigen Kantonen in beiden Amtssprachen aufgeführt. Die Auflistung erfolgt in alphabetischer Reihenfolge und hat keinen Anspruch auf Vollständigkeit.

2 Kantonale Rechtsgrundlagen der Spitalseelsorge

KANTON AARGAU (ARGOVIE)

Gesundheitsgesetz (GesG)
vom 20. Januar 2009 (Stand 1. Januar 2016)
(Syst. Nr. 301.100)

3. Berufe im Gesundheitswesen

§ 15   Einzelne Berufspflichten

[1] Personen, die in Berufen des Gesundheitswesens tätig sind, haben
   a. die Rechte der Patientinnen und Patienten gemäss § 28 zu wahren,
   b. [...]
   c. [...]
[2] [...]
[3] [...]

5. Rechte und Pflichten der Patientinnen und Patienten

§ 28   Grundsätze

[1] Patientinnen und Patienten haben Anspruch auf Wahrung der persönlichen Freiheit und der Persönlichkeitsrechte.
[2] Patientinnen und Patienten haben insbesondere ein Recht auf
   a. Information,
   b. Aufklärung,
   c. Berücksichtigung ihres Willens,
   d. Akteneinsicht und -herausgabe,
   e. Schutz ihrer Daten.
[3] Die Rechte der Patientinnen und Patienten gemäss Absatz 2 lit. a–c können durch Verordnung des Regierungsrats eingeschränkt werden. Voraussetzung ist ein gegenüber dem Patientenrecht höherwertiges privates oder öffentliches Interesse.
[4] Für die in Absatz 2 lit. d und e genannten Patientenrechte gelten die Bestimmungen des eidgenössischen oder kantonalen Datenschutzrechts.
[5] Der Regierungsrat regelt im Übrigen Einzelheiten zu den Rechten und Pflichten der Patientinnen und Patienten.

§ 28a   Seelsorge im Spital

[1] Die Spitäler haben die seelsorgerische Betreuung der Patientinnen und Patienten zu gewährleisten.
[2] Die Spitäler sind nach vorheriger Information der Patientinnen und Patienten und auf Ersuchen der Seelsorgenden der Gemeindepfarrämter der drei anerkannten Landeskirchen ermächtigt, diesen Seelsorgenden Name und Adresse der in ihrem Zuständigkeitsbereich wohnenden Angehörigen ihrer Glaubensgemeinschaft bekanntzugeben, wenn die Patientinnen und Patienten dieser Datenbekanntgabe nicht widersprochen haben.

Verordnung über die Rechte und Pflichten der Patientinnen und Patienten (Patientenverordnung, PatV)
Vom 11. November 2009 (Stand 1. Januar 2014)
(Syst. Nr. 333.111)

1. Rechte der Patientinnen und Patienten allgemein
1.1. Information

§ 1 Inhalt

¹ Patientinnen und Patienten sind von den behandelnden Personen unaufgefordert sowie in geeigneter und verständlicher Form zu informieren insbesondere über

    a. ihre Rechte und Pflichten,

    b. den Betrieb und die Hausordnung,

    c. die Namen und Funktionen der behandelnden Personen,

    d. die Möglichkeit, vertrauliche Gespräche führen zu können.

KANTON APPENZELL AUSSERRHODEN (APPENZELL RHODES-EXTÉRIEURES)

Gesundheitsgesetz
vom 25. November 2007 (Stand 1. Januar 2017)
(Syst. Nr. 811.1)

VI. Rechte der Patientinnen und Patienten

Art. 20 **Geltungsbereich**

[1] [...]

Art. 21 **Grundsätze**

[1] Der Wille der Patientinnen und Patienten ist massgebend. Ihm wird im Rahmen der medizinischen, pflegerischen und betrieblichen Möglichkeiten Rechnung getragen. Dasselbe gilt hinsichtlich berechtigter Wünsche der Angehörigen und anderer nahestehender Personen.

Art. 22 **Recht auf Behandlung und Pflege**

[1] Patientinnen und Patienten haben Anspruch auf Beratung und Untersuchung, Behandlung und Pflege nach medizinischen Grundsätzen und, wenn möglich, in ihrer gewohnten Umgebung. Ihre persönliche Freiheit und Privatsphäre ist zu respektieren.

[2] Unheilbar Kranke und Sterbende haben Anspruch auf angemessene Pflege und auf Linderung ihrer Leiden.

[3] Sterbenden soll eine würdevolle Sterbebegleitung zukommen und ein würdevolles Abschiednehmen ermöglicht werden. Spitäler und Heime sorgen dafür, dass Sterbende von ihren Angehörigen begleitet werden können.

X. Versorgung durch Spitäler und Pflegeheime

Art. 52d **d) Voraussetzungen für die Aufnahme in die Spital- und die Pflegeheimliste**

[1] [...]

[2] Der Regierungsrat kann die Aufnahme in die Spitalliste mit besonderen Auflagen verbinden, namentlich indem er:
  a. [...]
  b. [...]
  c. [...]
  d. [...]
  e. einen Leistungserbringer verpflichtet, einen Seelsorgedienst anzubieten;
  f. [...]
  g. [...]

KANTON APPENZELL INNERRHODEN (APPENZELL RHODES-INTÉRIEURES)

Verfassung für den Eidgenössischen Stand Appenzell I. Rh.
vom 24. Wintermonat 1872 (Stand: Mai 2015)
(Syst. Nr. 101.000)

Art. 3
Die römisch-katholische und die evangelisch-reformierte Kirche sind als Körperschaften öffentlichen Rechts anerkannt. Sie regeln ihre inneren Angelegenheiten selbstständig.

Verordnung über das Spital und Pflegeheim Appenzell (Spitalverordnung, SpitV)
vom 23. Juni 2003 (Stand: 1. Januar 2017)
(Syst. Nr. 810.010)

Art. 10   Leistungsauftrag
Der vom Grossen Rat für das Spital erlassene Leistungsauftrag, welcher die Grundsätze über die zu erbringenden Dienstleistungen des Spitals festlegt, bildet integrierender Bestandteil dieser Verordnung.

Leistungsauftrag für das Spital und Pflegeheim Appenzell. Anhang gemäss Art. 10 der Spitalverordnung (SpitV)

3.6 Gemeinsame Aufgaben
Gemeinsame Aufgaben, die unmittelbar der Direktion unterstehen, sind:
  a. Sozialdienst und Seelsorge
  b. Notfalldienst (inkl. Zusammenarbeit mit Krankentransportdiensten)
  c. Organisation für den Katastrophenfall
  d. Spitalhygiene

Der Spitalrat kann der Spitaldirektion weitere gemeinsame Dienste unterstellen. Die Direktion erstellt für die einzelnen gemeinsamen Dienste Organisationsreglemente und bezeichnet Verantwortliche. […]

Anhang: Kantonale Rechtsgrundlagen / bases légales cantonales 211

KANTON BASEL-LANDSCHAFT (BÂLE-CAMPAGNE)

Verordnung über die Spitalseelsorge der Landeskirchen
Vom 15.10.1991 (Stand 1. April 2012)
(Syst. Nr. 142.71)

Der Regierungsrat, gestützt auf § 15 Absatz 1 des Spitalgesetzes vom 24. Juni 1976, beschliesst:

§ 1   Bereich der Spitalseelsorge

[1] Die Spitalseelsorge der Landeskirchen umfasst die Seelsorge unter den Patientinnen und Patienten der kantonalen Krankenhäuser (Kantonsspital Liestal, Kantonsspital Bruderholz, Kantonale Psychiatrische Klinik, Martin-Birmann-Spital) und unter den Bewohnerinnen und Bewohnern des kantonalen Altersheims sowie am Personal dieser Institutionen.

[2] Als seelsorgliche Tätigkeit wird auch die Mitwirkung der Spitalpfarrerinnen und -pfarrer an der Aus- und Weiterbildung des Personals anerkannt.

§ 2   Zuständigkeit der Landeskirchen

[1] Die Landeskirchen sind zuständig für:
a. Die nähere Umschreibung des Seelsorgeauftrages;
b. die Bestimmung der Zahl der Seelsorgstellen und die Zuteilung der Arbeitsbereiche an die einzelnen Stellen nach Anhörung der Leitung der betreffenden Krankenhäuser.

[2] Wahl und Besoldung der Spitalpfarrerinnen und -pfarrer sind Sache der Landeskirchen. Vor der Wahl der Spitalpfarrerinnen und -pfarrer sind die zuständige Spitalleitung und die Finanz- und Kirchendirektion anzuhören.

[3] Das Arbeitsverhältnis der Spitalseelsorger und -seelsorgerinnen richtet sich nach den Bestimmungen ihrer Landeskirche.

§ 3   Freie Ausübung der Seelsorgetätigkeit

[1] Die freie Ausübung der Seelsorge durch die von den Landeskirchen ernannten Spitalpfarrerinnen und -pfarrer im Bereich der kantonalen Krankenhäuser gemäss § 1 wird garantiert.

[2] Die kantonalen Krankenhäuser stellen den Spitalpfarrerinnen und -pfarrern die für den seelsorglichen Dienst notwendigen Informationen zur Verfügung.

§ 4   Gemeindeseelsorgerinnen und -seelsorger

[1] Gemeindeseelsorgerinnen und -seelsorgern ist die Betreuung ihrer Gemeinde-glieder erlaubt. Helfer und Helferinnen sollen sich über ihre Beauftragung durch ihr Pfarramt ausweisen können.

§ 5   Infrastruktur der Spitalseelsorge

[1] Der Kanton stellt den Spitalpfarrämtern der Landeskirchen die notwendigen Büroräumlichkeiten und -einrichtungen zur Verfügung.

[2] Die Kosten der Benützung des Bürotelefons und der vom Büro aus geführten Korrespondenz trägt der Kanton.

§ 6   Gottesdiensträumlichkeiten

[1] Der Kanton stellt den Spitalpfarrämtern die notwendigen, geeigneten Räumlichkeiten zur Durchführung von Gottesdiensten und andern seelsorgerlichen

Anlässen zur Verfügung und übernimmt alle damit ver-bundenen Aufwendungen.

§ 7   Organisten- und Sigristendienst

[1] Die Spitalpfarrämter organisieren den Organisten- und Sigristendienst in den Spitalgottesdiensten.

[2] Das Arbeitsverhältnis der Organistinnen und Organisten richtet sich nach den Bestimmungen der Landeskirchen. *

§ 8   Einladung zu den Gottesdiensten, Freiwilligendienst

[1] Die Einladung an Patientinnen und Patienten beziehungsweise Bewohnerinnen und Bewohner obliegt den Spitalpfarrämtern.

[2] Die Spitalpfarrämter sind dafür besorgt, dass das Personal der Krankenhäuser von dem für den Besuch gottesdienstlicher Anlässe erforderlichen Betten- und Rollstuhltransport durch freiwillige Helferinnen und Helfer entlastet wird.

§ 9   Weihnachts- und andere Krankenhausfeiern

[1] Die Spitalpfarrämter wirken bei der Durchführung von Weihnachts-feiern in den kantonalen Krankenhäusern sowie im kantonalen Altersheim mit und helfen auf Wunsch bei andern Feiern mit.

§ 10   Schlussbestimmungen

[1] [...]

[2] [...]

Vertrag betreffend die Spitalseelsorge am Universitätskinderspital beider Basel (UKBB) auf partnerschaftlich-ökumenischer Ebene vom 23. November / 26. April / 14. April / 29. April 2010 (Stand unbekannt) (Syst. Nr. 14.14)

Die **Evangelisch-reformierte Kirche des Kantons Basel-Stadt** (im folgenden ERK BS), vertreten durch den Kirchenrat, dieser vertreten durch Pfr. Dr. Lukas Kundert, Kirchenratspräsident, und Peter Breisinger, Kirchenratssekretär, handelnd unter dem Vorbehalt der Genehmigung durch die Synode der ERK BS,

die **Evangelisch-reformierte Kirche des Kantons Basel-Landschaft** (im folgenden ERK BL), vertreten durch den Kirchenrat, dieser vertreten durch Pfr. Martin Stingelin, Kirchenratspräsident, und Elisabeth Wenk-Mattmüller, Kirchensekretärin, handelnd unter dem Vorbehalt der Genehmigung durch die Synode der ERK BL,

die **Römisch-katholische Kirche des Kantons Basel-Stadt** (im folgenden RKK BS), vertreten durch den Kirchenrat, dieser vertreten durch Heinz-Peter Mooren, Kirchen-ratspräsident, und Christa Hofmann, Kirchenratssekretärin,
und

die **Römisch-katholische Landeskirche des Kantons Basel-Landschaft** (im folgen-den RKLK BL), vertreten durch den Landeskirchenrat, dieser vertreten durch Dr. Ivo Corvini, Präsident des Landeskirchenrates, und Philip Staub, Verwalter der RKLK BL, handelnd unter dem Vorbehalt der Genehmigung durch die Synode der RKLK BL,

im folgenden jeweils als Vertragspartner bezeichnet,

schliessen den folgenden Vertrag:

1. Die Vertragspartner tragen gemeinsam die Spitalseelsorge am Universitätskinderspital beider Basel (UKBB). Sie können für die Finanzierung auch Drittmittel in Anspruch nehmen.
Bei der Anrechnung von Drittmitteln an die Leistung der Vertragspartner sind die Herkunft der Drittmittel und die Intentionen der betreffenden Spender zu berücksichtigen.

2. Die Vertragspartner festigen die partnerschaftlich-ökumenische Zusammenarbeit im Bereich der Spitalseelsorge am UKBB.

3. Die Spitalseelsorge am UKBB wird in der Regel gemeinsam von einem/einer evangelisch-reformierten und einem/einer römisch-katholischen Amtsinhaber/Amtsinhaberin geleitet. Die Amtsinhaber/Amtsinhaberinnen, welche von den zuständigen Kirchenleitungen vorgeschlagen werden, werden von den Vertragspartnern übereinstimmend gewählt.
Das Anstellungsverhältnis richtet sich nach den Bestimmungen der anstellenden Kirche. Der Beschäftigungsgrad der Amtsinhaber/Amtsinhaberinnen wird von den Evangelisch-reformierten Kirchen einerseits und den Römisch-katholischen Kirchen andererseits für ihren Anteil festgesetzt.

4. [...]
5. [...]
6. [...]
7. [...]
8. [...]

KANTON BASEL-STADT (BÂLE-VILLE)

Verfassung des Kantons Basel-Stadt
vom 23. März 2005 (Stand 15. März 2015)
(Syst. Nr. 111.100)

VIII. Kirchen und Religionsgemeinschaften
VIII.1. Öffentlichrechtlich anerkannte Kirchen und Religionsgemeinschaften

§ 130. Rechte und Auflagen

[1] Die öffentlichrechtlich anerkannten Kirchen und Religionsgemeinschaften verwalten ihre Vermögen selbstständig unter der Oberaufsicht des Regierungsrates.

[2] Sie können von ihren Mitgliedern Steuern erheben. Die Steuerordnungen bedürfen der Genehmigung des Regierungsrates.

[3] Das Gesetz regelt ihre weiteren Rechte und Auflagen, wie namentlich für den Religionsunterricht in den Schulen, die Spital- und Gefängnisseelsorge sowie für Projekte und Institutionen, die von Staat und Kirchen oder Religionsgemeinschaften gemeinsam getragen werden.

Gesundheitsgesetz (GesG)
vom 21. September 2011 (Stand 10. Mai 2015)
(Syst. Nr. 810.010)

IV. Rechte der Patientinnen und Patienten
IV.1. Grundsatz

§ 15.

[1] Patientinnen und Patienten haben das Recht auf eine die Persönlichkeit schützende und respektierende Behandlung.

[2] Patientinnen und Patienten haben insbesondere die folgenden Rechte:
a. grundsätzlich unter den zugelassenen Leistungserbringerinnen und Leistungserbringern frei zu wählen;
b. über den Gesundheitszustand, die Behandlungsmöglichkeiten und die damit verbundenen jeweiligen Vor- und Nachteile aufgeklärt zu werden;
c. nur mit ihrer jederzeit frei widerrufbaren Einwilligung und nach vorangegangener Aufklärung behandelt zu werden;
d. in ihre Dokumentation Einsicht zu nehmen;
e. Besuch zu empfangen und sich seelsorgerisch betreuen zu lassen. Die Institution regelt die Einzelheiten in einer Hausordnung.

[3] Das Beschwerderecht ist gewährleistet.

IV.2. Palliative Behandlung

§ 16.

¹ Patientinnen und Patienten haben ein Recht auf eine ihrem Zustand angemessene Betreuung, Pflege und Begleitung sowie auf grösstmögliche Linderung ihrer Leiden und Schmerzen.
² Die Ärztin oder der Arzt lindert Leiden und Schmerzen bei Patientinnen und Patienten am Lebensende, auch wenn dies zu einer Beeinflussung der Lebensdauer führen kann.

Vertrag über die Seelsorge in den öffentlichen Spitälern zwischen dem Universitätsspital, Felix Platter-Spital und den Universitären Psychiatrischen Kliniken einerseits, nachfolgend öffentliche Spitäler und der Evangelisch-reformierten Kirche Basel-Stadt, der Römisch-Katholischen Kirche Basel-Stadt, der Christkatholischen Kirche Basel-Stadt und der Israelitischen Gemeinde Basel andererseits vom 20. Juni 2012 (Stand 20. Juni 2012)
(Syst. Nr. IV C 2b)

Zwischen den öffentlichen Spitälern, vertreten durch die jeweiligen Spitaldirektoren, einerseits, und der Evangelisch-reformierten Kirche Basel-Stadt, vertreten durch den Kirchenrat, handelnd unter dem Vorbehalt der Genehmigung

durch die Synode,

der Römisch-Katholischen Kirche Basel-Stadt, vertreten durch den Kirchenrat, handelnd unter dem Vorbehalt der Genehmigung durch die Synode,

der Christkatholischen Kirche Basel-Stadt, vertreten durch ihren Präsidenten

und durch den Sekretär des Kirchenvorstandes, sowie

der Israelitischen Gemeinde Basel, vertreten durch den Gemeindevorstand, zusammengefasst nachfolgend Kirchen genannt, anderseits,

wird folgendes festgehalten und vereinbart:

Spitalseelsorge

§ 1.
Die Seelsorge in den öffentlichen Spitälern ist das gemeinsame Anliegen der öffentlichen Spitäler und der Kirchen.

§ 2.
¹ Die Kirchen sorgen für die seelsorgerische Betreuung der Patienten in den öffentlichen Spitälern, je für die Angehörigen ihrer Religionsgemeinschaft. Sie können dabei ökumenisch zusammen arbeiten.
² Die öffentlichen Spitäler gewährleisten die Möglichkeit einer umfassenden seelsorgerischen Tätigkeit im Rahmen dieses Vertrages.
³ Es wird unterschieden zwischen integrierten und nicht integrierten Seelsorgerinnen und Seelsorgern einer Religionsgemeinschaft. Integrierte Seelsorgerinnen und Seelsorger besitzen in den jeweiligen Spitälern einen festen Arbeitsplatz.

§ 3.
¹ Die mit der Seelsorge in den öffentlichen Spitälern beauftragten kirchlichen Mitarbeiter achten die Glaubens- und die Gewissensfreiheit.
² Sie beachten die in den einzelnen Spitälern geltenden Ordnungen.

§ 4.
¹ Aufgabe der Spitalseelsorge ist die Feier gemeinschaftlicher Gottesdienste sowie die Einzel- und Gruppenseelsorge.
² Die Einzel- und Gruppenseelsorge beinhaltet insbesondere:
a. die Begleitung und Unterstützung von Patient(innen) jeder religiösen oder weltanschaulichen Überzeugung;
b. die Begleitung und Unterstützung von Angehörigen;
c. die Förderung des Prozesses einer multi-religiösen und kulturellen Realität.
d. weitere Aufgaben im Einvernehmen mit den einzelnen Spitaldirektoren oder der Spitalseelsorgekommission (nachfolgend Kommission)

§ 5. Wahl, Anstellung, Besoldung und Versicherung der mit der Spitalseelsorge
¹ Beauftragten obliegen den einzelnen Kirchen. Die Finanzierung erfolgt teilweise auf Grund des Subventionsvertrags mit dem Kanton Basel-Stadt vom 13. Dezember 1994.
² Die Wahlen sind vorgängig der Kommission zur Kenntnis zu bringen.

§ 6.
¹ Allfällige Beschwerden von Patientinnen und Patienten, deren Angehörigen oder von öffentlichen Spitälern, über das Verhalten der Seelsorgerinnen und Seelsorger oder ihrer Hilfs-personen werden durch die betreffende Spitaldirektion der entsprechenden Kirche zur Kenntnis gebracht und von deren zuständigen Organen erledigt.
§§ 9f. dieses Vertrages bleiben vorbehalten.
² Bei schwerwiegenden Verfehlungen oder bei trotz Mahnung wiederholter Missachtung des § 3 dieses Vertrages kann die jeweilige Spital-direktion die sofortige Abberufung des Betreffenden verlangen.

§ 7.
¹ Die öffentlichen Spitäler stellen sowohl für die Einzel- und die Gruppenseelsorge wie für die Abhaltung gemeinschaftlicher Gottesdienste zweckmässige Räumlichkeiten unentgeltlich zur Verfügung.
² Die Dauer der Zurverfügungstellung richtet sich nach dem Umfang der entsprechenden seelsorgerischen Bedürfnisse und den Möglichkeiten des einzelnen Spitals.
³ Ein Anspruch auf ausschliessliche Nutzung gewisser Räume durch einzelne Kirchen bzw. ihre Beauftragten besteht im Rahmen dieses Vertrages nicht.
⁴ Einzelheiten über Art und Umfang der zur Verfügung stehenden Räumlichkeiten werden zwischen den Kirchen und den einzelnen Spital-direktionen direkt abgesprochen.

§ 8.
¹ Die Spitaldirektionen orientieren periodisch die nicht im Spital integrierten Spitalseelsorgerinnen und Seelsorger über die Patientinnen und Patienten, die

angegeben haben, der entsprechenden Glaubensgemeinschaft anzugehören, durch die Zustellung einer entsprechenden Patientenliste.

² Die Spitaldirektionen orientieren die integrierten Spitalseelsorgerinnen und Seelsorger periodisch über die Neueintritte durch Aushändigung einer entsprechenden Liste. Im Sinne einer ökumenischen Zusammenarbeit enthält die Liste Patientinnen und Patienten jeder religiösen oder weltanschaulichen Überzeugung.

³ Eine Patientin oder ein Patient hat das Recht auf die Spitalseelsorge zu verzichten.

⁴ Einzelheiten werden im Rahmen der Kommission gemäss den §§ 9f. abgesprochen.

§ 9.

¹ Es wird eine paritätische Spitalseelsorgekommission gebildet, in der alle Fragen im Zusammenhang mit dem Vollzug und der Interpretation der die Spitalseelsorge betreffenden Bestimmungen dieses Vertrages behandelt werden, soweit sie nicht im Einzelgespräch direkt bereinigt werden können. Die Kommission behandelt mindestens jährlich den Bericht der Seel-sorgenden über ihre Tätigkeit.

² Jedes Mitglied der Kommission sowie die einzelnen Vertragspartner als solche haben das Recht, Traktanden anzumelden und die Einberufung der Kommission zu verlangen.

§ 10.

¹ Die Kommission besteht aus:
a. als stimmberechtigte Mitglieder
  zwei Vertretern der Evangelisch-reformierten Kirche;
  zwei Vertretern der Römisch-Katholischen Kirche;
  ein Vertreter der Christkatholischen Kirche;
  ein Vertreter der Israelitischen Gemeinde;
  je ein Vertreter der öffentlichen Spitäler.
b. als Mitglieder mit beratender Stimme je einen Vertreter oder eine Vertreterin der in oben genannten Spitälern tätigen evangelisch-reformierten und römisch-katholischen Seelsorgerinnen und Seelsorger, die von diesen bestimmt werden.
Auf Begehren eines stimmberechtigten Mitglieds der Kommission verlassen die Vertreter der Seelsorgenden für die Beratung oder Beschlussfassung die Sitzung

² Der Vorsitzende wird durch die Kommission unter den stimmberechtigten Mitgliedern selbst bestimmt.

³ Für die internen Geschäftsabläufe erstellt die Kommission eine Geschäftsordnung, die den am Vertrag Beteiligten zur Genehmigung vorzulegen ist.

⁴ Die laufenden Geschäfte sollen in einem Ausschuss behandelt werden. Dieser besteht nebst dem Kommissionsvorsitzenden aus:
einem Vertreter der Evangelisch-reformierten Kirche;
einem Vertreter der Römisch-Katholischen Kirche;
einem Vertreter eines staatlichen Spitals;
zwei Vertretern der Seelsorgenden mit beratender Stimme

⁵ Jedes Mitglied der Gesamtkommission erhält jeweils das Protokoll über die Sitzungen des Ausschusses und kann innert 14 Tagen seit Erhalt des Proto-

kolls dem Vorsitzenden die Behandlung eines Geschäftes in der Gesamtkommission beantragen.

§ 11.

[1] Dieser Vertrag wird auf unbestimmte Zeit abgeschlossen und tritt rückwirkend auf den 1. Januar 2012 in Kraft.

[2] Die Kündigungsfrist beträgt drei Jahre, jeweils auf Jahresende.

[3] Eine Kündigung kann erstmals auf den 31. Dezember 2015 ausgesprochen werden, vorbehalten bleibt eine vorzeitige Kündigung auf Jahresende aus wichtigem Grund durch die Kirchen, sofern sich bei der Subventionierung durch den Kanton für sie eine wesentliche Veränderung ergibt oder diese ganz wegfallen sollte.

§ 12.

[1] Aus diesem Vertrag entstehende Differenzen, die nicht auf dem Verhandlungswege bereinigt werden können, werden endgültig durch ein Schiedsgericht entschieden.

[2] 2 Erfolgt die Ernennung der Schiedsrichter seitens der Kirchen oder seitens der öffentlichen Spitäler nicht innerhalb 30 Tagen, nachdem die Einsetzung eines Schiedsgerichtes von einer Vertragspartei verlangt und von ihr allen Vertragsparteien durch eingeschriebenen Brief bekanntgegeben worden ist, so kann jede Vertragspartei verlangen, dass die entsprechende Wahl durch den vorsitzenden Präsidenten des Appellationsgerichtes Basel-Stadt vorgenommen wird.

§ 13.

Dieser Vertrag wird vorbehältlich der Genehmigungsvorbehalte im Ingress verbindlich mit der Unterzeichnung durch alle Parteien.

§ 14.

Dieser Vertrag wird in zehn Originalen gefertigt und unterzeichnet.
Jede Vertragspartei erhält zwei Originale.

KANTON BERN (BERNE)

Gesetz über die bernischen Landeskirchen (Kirchengesetz, KG)
vom 06.05.1945 (Stand 01. Januar 2014)
(Syst. Nr. 410.11)

1 Erster Abschnitt

1.1 Allgemeine Bestimmungen

Art. 1   Die Landeskirchen

[1] Die evangelisch-reformierte, die römisch-katholische und die christkatholische Kirche sind die vom Kanton anerkannten Landeskirchen.

[2] Jede Landeskirche besteht aus der Gesamtheit der ihr angehörenden Kirchgemeinden.

Art. 2   Rechtspersönlichkeit und Stellung

[1] [...]
[2] [...]
[3] [...]

Art. 3   Aufgaben

[1] Die Landeskirchen ordnen im Rahmen dieser Bestimmungen ihre innern Angelegenheiten und ihre Vermögensverwaltung selbständig.

[2] Alles, was sich auf die Wortverkündigung, die Lehre, die Seelsorge, den Kultus sowie die religiöse Aufgabe der Landeskirchen, des Pfarramtes und der Kirchgemeinden, die Diakonie und die Mission bezieht, gehört zu den innern kirchlichen Angelegenheiten.

Gesetz über die jüdischen Gemeinden
vom 28.01.1997 (Stand 1. September 1997)
(Syst. Nr. 410.51)

Art. 8   Geistliche Betreuung in öffentlichen Anstalten

[1] Geistliche Amtsträgerinnen und Amtsträger der jüdischen Gemeinden werden zur Seelsorge und zu Gottesdiensten in Strafanstalten, Untersuchungsgefängnissen, psychiatrischen Kliniken und Spitälern sowie in andern Anstalten des Kantons, der Einwohnergemeinden und der gemischten Gemeinden zugelassen.

Spitalversorgungsgesetz (SpVG)
vom 13.06.2013 (Stand 1. Januar 2017)
(Syst. Nr. 812.12)

Art. 3   Grundsätze der Versorgung

[1] Die Spitalversorgung und das Rettungswesen sind allgemein zugänglich, bedarfsgerecht, von guter Qualität und wirtschaftlich.

² Der Kanton und die Leistungserbringer stellen die integrierte Versorgung sicher und setzen sich gemeinsam für Palliative Care ein.

Art. 8　Leistungsverträge

[...]

2 Spitalversorgung

2.1 Allgemeines

Art. 18　2. Kriterien

¹ Der Regierungsrat berücksichtigt bei der Beurteilung und der Auswahl der Listenspitäler und Listengeburtshäuser die Kriterien der Krankenversicherungsgesetzgebung.
² Er kann die Kriterien nach Absatz 1 durch Verordnung konkretisieren.
³ Zudem berücksichtigt er insbesondere
　a. die angebotene Sozialberatung und das Patientenmanagement nach Artikel 52,
　b. die angebotene Spitalseelsorge nach Artikel 53.

Art. 53　Spitalseelsorge

¹ Die im Kanton Bern gelegenen Listenspitäler stellen für die Patientinnen und Patienten sowie für deren Angehörige die Spitalseelsorge sicher.

Spitalversorgungsverordnung (SpVV)
vom 23.10.2013 (Stand 1. Januar 2017)

(Syst. Nr. 812.112)

3.5 Pflichten der Listenspitäler und Listengeburtshäuser

Art. 15a　Spitalseelsorge

1. Anzahl Stellen

¹ Die Listenspitäler stellen pro 33 Vollzeitstellen im Pflegebereich mindestens zehn Stellenprozent in der Seelsorge sicher.
² Sie können die Spitalseelsorge gemeinsam mit einem in der Nähe gelegenen Listenspital sicherstellen, wenn sie in ihrem Betrieb weniger als 1,5 Vollzeitstellen in der Seelsorge erreichen.

Art. 15b

2. Massnahmen

¹ Die Listenspitäler gewährleisten durch geeignete Massnahmen allen Patientinnen und Patienten sowie ihren Angehörigen unabhängig von ihrer Religion den Zugang zu seelsorglichen Leistungen.

CANTON DE FRIBOURG (FREIBURG)

Gesetz über die Beziehungen zwischen den Kirchen und dem Staat vom 26. September 1990 (Stand 1. Januar 2011)
(Syst. Nr. 190.1)

4. KAPITEL

Verschiedene Bestimmungen

Art. 22 Beiträge des Staates und der Gemeinden

[1] Der Staat und die Gemeinden können die anerkannten Kirchen finanziell unterstützen:

   a. für die Erfüllung von sozialen und karitativen Aufgaben sowie von Aufgaben in der Ausbildung;

   b. für den Bau und den Ausbau von Gebäuden und Einrichtungen, die nicht vorwiegend einem religiösen Ziel dienen;

   c. für die Ausübung der Seelsorge in den Anstalten des Staates und der Gemeinden;

   d. in den andern von der Spezialgesetzgebung vorgesehenen Fällen, namentlich im Bereich des Kulturgüterschutzes.

[2] Abgesehen von diesen Fällen können der Staat und die Gemeinden die Aufgaben der anerkannten Kirchen weder mit allgemeinen Hilfsgeldern noch auf andere Weise finanzieren.

Art. 23 Anstaltsseelsorge

[1] Die anerkannten Kirchen haben das Recht, in den Anstalten des Staates und der Gemeinden, insbesondere in den Spitälern, Schulen und Gefängnissen, die Seelsorge auszuüben.

[2] Die Ausübung der Seelsorge und die Vergütung werden vertraglich geregelt.

5. KAPITEL

Gewährung öffentlich-rechtlicher Vorrechte

Art. 28 Voraussetzungen der Gewährung von Vorrechten

[1] Auf Ersuchen kann der Staatsrat einer konfessionellen Gemeinschaft des Privatrechts Vorrechte im Sinne von Artikel 29 gewähren, wenn die Gemeinschaft:

   a. sich auf eine in der Schweiz überlieferte religiöse Bewegung oder auf eine solche von weltweiter Bedeutung beruft, und

   b. dem Ökumenischen Rat der Kirchen angehört oder seit dreissig Jahren im Kanton zugegen ist, und

   c. im Kanton mindestens hundert Mitglieder zählt, und

   d. in Form eines Vereins mit Sitz und Kultusstätte im Kanton organisiert ist, und

   e. die Grundsätze der schweizerischen Rechtsordnung respektiert.

² Die Gemeinschaft legt ihrem Gesuch ein Exemplar ihrer Statuten sowie alle übrigen zur Überprüfung der Voraussetzungen der Gewährung erforderlichen Dokumente bei.

Art. 29 Arten von Vorrechten

¹ Folgende Vorrechte können gewährt werden:
  a. die Gemeinden teilen den Zu- oder Wegzug aller Personen mit, die angegeben haben, der Konfession der betreffenden Gemeinschaft anzugehören;
  b. für den Religionsunterricht der Mitglieder der Gemeinschaft während der obligatorischen Schulzeit können Schullokale benützt werden;
  c. in den Anstalten des Staates und der Gemeinden, insbesondere in den Spitälern, Schulen und Gefängnissen, kann die Seelsorge für die Mitglieder der Gemeinschaft ausgeübt werden;
  d. die Steuerbefreiung im Sinne von Artikel 21 Bst. c und f des Gesetzes über die Kantonssteuern;
  e. Steuerbefreiungen, wie sie den anerkannten Kirchen bei den Handänderungs-, Grundpfand-, Erbschafts- und Schenkungssteuern gewährt werden.

² Die Ausübung der Vorrechte wird durch den Gewährungsbeschluss oder durch Vereinbarung geregelt.

Art. 30 Entzug und Verzicht

¹ Der Staatsrat entzieht einer Gemeinschaft die gewährten Vorrechte, wenn sie eine der Voraussetzungen der Gewährung nicht mehr erfüllt. Er kann die Vorrechte ferner entziehen, wenn eine Gemeinschaft ihm die Änderungen ihrer Statuten nicht mitteilt.

² Eine Gemeinschaft kann jederzeit auf die ihr gewährten Vorrechte verzichten.

³ Der Staatsrat legt den Zeitpunkt fest, an dem der Entzug oder der Verzicht wirksam wird.

Gesetz über die Finanzierung der Spitäler und Geburtshäuser vom 4. November 2011 (Stand 1. Januar 2012) (Syst. Nr. 822.0.3)

Art. 42 Gemeinwirtschaftliche Leistungen (Art. 49 Abs. 3 KVG)

¹ Der Staat kann sich an der Finanzierung von als gemeinwirtschaftlich anerkannten Leistungen beteiligen; diese müssen sich namentlich in eine der nachfolgenden Kategorien einteilen lassen:
  a. Aufrechterhaltung von Spitalkapazitäten aus regionalpolitischen Gründen;
  b. Forschung und universitäre Lehre;
  c. punktuelle Massnahmen, die zur Verhinderung eines Personalmangels beitragen;
  d. Seelsorge;
  e. Liaisonleistungen in den Spitälern;
  f. Vorbereitung und Prävention für den Fall ausserordentlicher Lagen im Gesundheitsbereich.

² Im Interesse der öffentlichen Gesundheit, insbesondere um den Bedarf der Freiburger Bevölkerung zu decken, kann der Staat die Spitäler und Geburtshäuser dazu verpflichten, gemeinwirtschaftliche Leistungen anzubieten. In diesem Falle stellt er die Finanzierung sicher.

Anhang: Kantonale Rechtsgrundlagen / bases légales cantonales

Rahmenvereinbarung über die Ausübung der römisch-katholischen und der evangelisch-reformierten Seelsorge in den staatlichen Anstalten
vom 3. Mai 2005 (Stand 1. Juli 2008)
(Syst. Nr. 190.5)

Die Römisch-katholische Kirche des Kantons Freiburg

Die Evangelisch-reformierte Kirche des Kantons Freiburg

Der Staat Freiburg

in Erwägung:

Die Ausübung der Anstaltsseelsorge in Spitälern, Schulen und Gefängnissen ist sowohl für den Staat als auch für die Kirchen von Bedeutung.

Gemäss Artikel 23 des Gesetzes vom 26. September 1990 über die Beziehungen zwischen den Kirchen und dem Staat (SGF 190.1), in Kraft getreten am 1. Januar 1998, haben die anerkannten Kirchen das Recht, in den Anstalten des Staates, insbesondere in den Spitälern, Schulen und Gefängnissen, die Seelsorge auszuüben, wobei die Modalitäten der Ausübung und die Vergütung vertraglich geregelt werden.

Artikel 22 desselben Gesetzes sieht vor, dass der Staat die anerkannten Kirchen für die Ausübung der Seelsorge in seinen Anstalten finanziell unterstützen kann.

Mit Verordnung vom 3. Juni 2003 (SGF 190.12) hat der Staatsrat eine kantonale Kommission für Fragen der Anstaltsseelsorge eingesetzt. Diese Kommission ist das beratende Organ des Staatsrates für alle Fragen der Seelsorge in den staatlichen Anstalten.

vereinbaren Folgendes:

Art. 1

Die Kirchen und der Staat arbeiten zusammen, um die römisch-katholische und die evangelisch-reformierte Seelsorge in den staatlichen Spitälern, Schulen und Strafanstalten zu gewährleisten. Es handelt sich insbesondere um folgende Anstalten:
- das Kantonsspital in Freiburg
- das Kantonale Psychiatrische Spital in Marsens
- das Kollegium Gambach in Freiburg
- das Kollegium Heilig Kreuz in Freiburg
- das Kollegium St. Michael in Freiburg
- das Kollegium des Südens in Bulle
- die Kantonale Diplommittelschule in Freiburg
- die Universität Freiburg
- die Pädagogische Hochschule in Freiburg
- die Strafanstalten von Bellechasse
- das Zentralgefängnis in Freiburg.

Art. 2

Die Anstaltsseelsorge hat zum Zweck, die Suche nach Gott und das religiöse Leben der Personen in den Anstalten gemäss Artikel 1 und in Übereinstimmung mit dem Auftrag der Kirchen zu pflegen und zu unterstützen, namentlich durch die Verkündigung des Wortes Gottes, die Liturgie und den Dienst am Nächsten. Die Anstaltsseelsorge steht allen interessierten Personen offen, unabhängig von deren religiöser Empfindung und Überzeugung

Art. 3

[1] Die Anstaltsseelsorge wird in einem ökumenischen Geist ausgeübt.

[2] Sind in einer Anstalt mehrere Personen mit der Seelsorge betraut, kann jedermann den Anstaltsseelsorger oder die Anstaltseelsorgerin seiner Wahl beiziehen.

Art. 4

[1] Für jede Anstalt, in der die Seelsorge gegen ein staatliches Entgelt gemäss Artikel 6 ausgeübt wird, schliesst jede der beiden Kirchen eine Leistungsvereinbarung mit der Anstalt und, falls letztere über keine Rechtspersönlichkeit verfügt, der für die betreffende Anstalt zuständigen Direktion des Staatsrats ab.

[2] Diese Vereinbarung bestimmt insbesondere:
  a. die Leistungen der Anstaltsseelsorge, die zu erreichenden Ziele und die Prioritäten;
  b. die Modalitäten der Ausübung der Anstaltsseelsorge;
  c. die Vergütung der Seelsorgeleistungen;
  d. die Geltungsdauer der Leistungsvereinbarung;
  e. die Mittel (Räumlichkeiten, Einrichtung, Betriebskredit), über welche die Anstaltsseelsorge verfügt;
  f. die Art und Weise, wie der Persönlichkeitsschutz und der Datenschutz der sich in der Anstalt aufhaltenden Personen gewährleistet wird, insbesondere, wie der Zugang der mit der Anstaltsseelsorge betrauten Person zu den betreffenden Daten geregelt ist;
  g. die Dauer der Tätigkeit dieser Person in der Anstalt;
  h. die Möglichkeit für die Kirchen und für die Anstalt, innert nützlicher Frist die Ersetzung der mit der Seelsorge betrauten Person zu verlangen, wenn wichtige Gründe es gebieten;
  i. ein Verfahren zur jährlichen Rechenschaftsablage und Bedürfnisabklärung (Bericht des Anstaltsseelsorgers oder der Anstaltsseelsorgerin sowie Besprechung zwischen ihm oder ihr, der Anstaltsleitung und einer Vertretung der Kirche);
  j. je nach Bedarf, die Zusammensetzung und die Aufgaben der Begleitkommission der Anstaltsseelsorge;
  k. die Art und Weise der Zusammenarbeit mit anderen Diensten der Anstalt;
  l. ob und unter welchen Bedingungen die Kirchen Freiwilligenarbeit in Anspruch nehmen können.

Art. 5

[1] Die Kirchen stellen die mit der Anstaltsseelsorge betrauten Personen an und entlöhnen sie.

² Die Kirchen bezeichnen diese Personen im Einvernehmen mit der Anstaltsleitung.
³ Die mit der Anstaltsseelsorge betrauten Personen müssen über eine theologische Ausbildung und über die Kompetenzen verfügen, die für die Erfüllung ihrer Aufgaben erforderlich sind. Sie sind zur Weiterbildung verpflichtet.

Art. 6

¹ Die Vergütung der seelsorgerischen Leistungen wird vom Staat mit 80 000 Franken für eine vollzeitlich angestellte Person gewährleistet.
² Die Anpassung dieses Betrags bildet mindestens alle zwei Jahre Gegenstand von Verhandlungen zwischen den Parteien.

Art. 7

¹ Wenn eine Kirche in einer Anstalt ohne Vereinbarung über die Vergütung der Leistungen nach Artikel 4 bis 6 seelsorgerisch tätig sein will, so muss sie mit der Anstalt und, falls letztere über keine Rechtspersönlichkeit verfügt, der für die Anstalt zuständigen Direktion eine Vereinbarung schliessen, in der die Einzelheiten der Anstaltsseelsorge geregelt sind.
² Diese Vereinbarung bestimmt insbesondere:
a. zu welchen Zeiten und in welchen Räumlichkeiten die Anstaltsseelsorge ausgeübt werden kann;
b. die Art und Weise, wie der Persönlichkeitsschutz und der Datenschutz der sich in der Anstalt aufhaltenden Personen gewährleistet wird, insbesondere, wie der Zugang der mit der Anstaltsseelsorge betrauten Person zu den betreffenden Daten geregelt ist;
c. die Möglichkeit für die Anstalt, innert nützlicher Frist die Ersetzung der mit der Seelsorge betrauten Person zu verlangen, wenn wichtige Gründe es gebieten;
d. die Geltungsdauer der Vereinbarung.

Art. 8

Die kantonale Kommission für Fragen der Anstaltsseelsorge nimmt periodisch eine Beurteilung der Ausübung der Seelsorge in den staatlichen Anstalten vor und informiert die Parteien der vorliegenden Vereinbarung über ihre Feststellungen und Vorschläge.

Art. 9

¹ Streitigkeiten zwischen einer der Kirchen und einer staatlichen Anstalt, welche nicht auf gütlichem Wege beigelegt werden können, sind durch Schiedsgerichtsbarkeit zu regeln.
² In diesem Fall wird ein Schiedsgericht eingesetzt, welches zwei von den Streitparteien bezeichnete Schiedsrichter umfasst. Dem Schiedsgericht steht ein Obmann vor, welcher von den beiden Schiedsrichtern bezeichnet wird.
³ Im Übrigen ist das Konkordat vom 27. März 1969 über die Schiedsgerichtsbarkeit (SGF 279.1) anwendbar.

Art. 10

Die vorliegende Vereinbarung wird in deutscher und französischer Sprache verfasst. Für die Auslegung sind beide Texte gleichwertig.

Art. 11

[1] Die vorliegende Vereinbarung wird für die Dauer von zehn Jahren abgeschlossen.

[2] Die Vereinbarung verlängert sich stillschweigend um fünf Jahre, wenn sie von keiner der Parteien spätestens ein Jahr vor Ablauf der jeweiligen Geltungsdauer gekündigt wird.

Art. 12

[1] Diese Vereinbarung tritt am 1. Januar 2006 in Kraft.

[2] Die Parteien leiten die notwendigen Massnahmen ein, um die vorliegende Vereinbarung bis 1. Januar 2007 umzusetzen. Die geltenden Modalitäten für die Ausübung der Anstaltsseelsorge werden bis zum Inkrafttreten der Leistungsvereinbarungen und bis die Kirchen die für die Anstaltsseelsorge zuständigen Personen eingestellt haben, verlängert.

Rahmenvereinbarung über die Ausübung der israelitischen Seelsorge in den staatlichen Anstalten
vom 24. März 2009 (Stand 1. Juni 2009)
(Syst. Nr. 193.2)

Die Israelitische Kultusgemeinde des Kantons Freiburg

handelnd durch Claude Nordmann, Präsident der Israelitischen Kultusgemeinde des Kantons Freiburg, und durch Philippe Levy, Mitglied des Ausschusses der Israelitischen Kultusgemeinde, und

der Staat Freiburg

handelnd durch den Staatsrat, vertreten durch Staatsrat Claude Lässer, Präsident, und Danielle Gagnaux, Staatskanzlerin,

in Erwägung:

Die Ausübung der Anstaltsseelsorge in staatlichen Spitälern, Schulen und Gefängnissen ist sowohl für die Kultusgemeinde als auch für den Staat von Bedeutung.

Artikel 1 des Gesetzes vom 3. Oktober 1990 über die Anerkennung der Israelitischen Kultusgemeinde des Kantons Freiburg erkennt dieser Kultusgemeinde eine öffentlich-rechtliche Stellung zu.

Artikel 5 desselben Gesetzes besagt, dass die Israelitische Kultusgemeinde einer kirchlichen Körperschaft im Sinne des Gesetzes über die Beziehungen zwischen den Kirchen und dem Staat gleichgestellt ist und in dieser Hinsicht jenem Gesetz untersteht, soweit die Natur der Sache dem nicht entgegensteht.

Gemäss Artikel 23 des Gesetzes vom 26. September 1990 über die Beziehungen zwischen den Kirchen und dem Staat haben die anerkannten Kirchen das Recht, in den Anstalten des Staates, insbesondere in den Spitälern, Schulen und Gefängnissen, die Seelsorge auszuüben, wobei die Modalitäten der Ausübung und die Vergütung vertraglich geregelt werden.

Mit Verordnung vom 3. Juni 2003 hat der Staatsrat eine kantonale Kommission für Fragen der Anstaltsseelsorge eingesetzt. Diese Kommission ist das beratende Organ des Staatsrats für alle Fragen der Seelsorge in den staatlichen Anstalten.

vereinbaren Folgendes:

Art. 1

Die Kultusgemeinde hat das Recht, in den staatlichen Spitälern, Schulen und Strafanstalten Personen jüdischen Glaubens seelsorgerisch zu unterstützen. Es handelt sich insbesondere um folgende Anstalten:

– das Freiburger Spital;

– das Freiburger Netzwerk für psychische Gesundheit in Marsens [Heute: Freiburger Netzwerk für die Pflege im Bereich psychische Gesundheit.];

– das Kollegium Gambach in Freiburg;

– das Kollegium Heilig Kreuz in Freiburg;

– das Kollegium St. Michael in Freiburg;

– das Kollegium des Südens in Bulle;

– die Fachmittelschule in Freiburg;

– die Universität Freiburg;

– die Pädagogische Hochschule in Freiburg;

– die Anstalten von Bellechasse;

– das Zentralgefängnis in Freiburg.

Art. 2

[1] Die Kultusgemeinde hat das Recht, in den staatlichen Schulen mit Aushängen über ihren Seelsorgedienst zu informieren.

[2] Die konkreten Einzelheiten der Plakatierung werden im Einvernehmen zwischen der Kultusgemeinde und der Leitung der Schule festgelegt. Nötigenfalls entscheidet die Direktion für Erziehung, Kultur und Sport.

Art. 3

[1] Wünscht jemand in einem staatlichen Spital oder Gefängnis eine israelitische Seelsorgerin oder einen israelitischen Seelsorger zu sehen, so wird die Anfrage von der Leitung der Anstalt oder deren zuständigen Stelle an die Kultusgemeinde weitergeleitet.

[2] Die Kultusgemeinde teilt den Anstaltsleitungen den Namen und die Adresse der betreffenden mit der Seelsorge betrauten Person mit.

[3] Die konkreten Einzelheiten der Ausübung der Anstaltsseelsorge werden im Einvernehmen zwischen der Kultusgemeinde und der Leitung der Anstalt festgelegt. Nötigenfalls entscheidet die Direktion für Gesundheit und Soziales beziehungsweise die Sicherheits- und Justizdirektion.

Art. 4

Für jede Anstalt, in der die Seelsorge ausgeübt wird, kann eine Leistungsvereinbarung zwischen der Kultusgemeinde und der Anstalt oder, falls letztere über keine Rechtspersönlichkeit verfügt, der für die betreffende Anstalt zuständigen Direktion des Staatsrats abgeschlossen werden.

Art. 5

[1] Die Kultusgemeinde bezeichnet in Absprache mit der Leitung der Anstalt die mit der Anstaltsseelsorge betrauten Personen.

² Diese Personen müssen über eine theologische Ausbildung und über die Kompetenzen verfügen, die für die Erfüllung ihrer Aufgaben erforderlich sind und die sie zur Arbeit im betreffenden Arbeitsumfeld befähigen.

Art. 6
Für die Kosten, die mit der Ausübung der israelitischen Seelsorge in den staatlichen Anstalten verbunden sind, kommt die Kultusgemeinde auf.

Art. 7
¹ Zu den Sitzungen der kantonalen Kommission für Fragen der Anstaltsseelsorge, an denen Fragen diskutiert werden, die die israelitische Seelsorge betreffen, werden zwei Personen eingeladen, die die Kultusgemeinde vertreten. Diese Vertreterinnen und Vertreter werden von der Kultusgemeinde bezeichnet.
² Die Kommission nimmt periodisch eine Beurteilung der Ausübung der israelitischen Seelsorge in den staatlichen Anstalten vor und informiert die Parteien dieser Vereinbarung über ihre Feststellungen und Vorschläge.

Art. 8
¹ Streitigkeiten zwischen der Kultusgemeinde und einer staatlichen Anstalt, die nicht auf gütlichem Wege beigelegt werden können, sind durch Schiedsgerichtsbarkeit zu regeln. Die Artikel 2 Abs. 2 und 3 Abs. 3 bleiben vorbehalten.
² In diesem Fall wird ein Schiedsgericht eingesetzt; jede der Streitparteien bezeichnet einen Schiedsrichter, die gemeinsam einen Obmann bezeichnen.
³ Im Übrigen ist das Konkordat vom 27. März 1969 über die Schiedsgerichtsbarkeit anwendbar.

Art. 9
Diese Vereinbarung wird in deutscher und französischer Sprache verfasst.

Für die Auslegung sind beide Texte gleichwertig.

Art. 10
¹ Diese Vereinbarung wird für 10 Jahre abgeschlossen.
² Sie verlängert sich stillschweigend um 5 Jahre, wenn sie von keiner der Parteien spätestens ein Jahr vor Ablauf der jeweiligen Geltungsdauer gekündigt wird.

Art. 11
Diese Vereinbarung wird in der Amtlichen Sammlung des Kantons Freiburg und in der Systematischen Gesetzessammlung des Kantons Freiburg veröffentlicht.

Art. 12
Diese Vereinbarung tritt am 1. Juni 2009 in Kraft.

RÉPUBLIQUE ET CANTON DE GENÈVE (GENF)

Loi sur la santé
du 7 avril 2006 (état 14 mai 2006)
(Nr. syst. K 1 03)

Chapitre V Relations entre patients et professionnels de la santé

Section 1 Dispositions générales

Art. 37   Droit aux liens avec l'extérieur dans les institutions de santé

[1] Le patient séjournant en institution de santé doit pouvoir maintenir le contact avec ses proches. Des restrictions ne sont autorisées que dans l'intérêt des autres patients et compte tenu des exigences des soins et du fonctionnement de l'institution de santé.

[2] L'enfant hospitalisé a le droit d'entretenir des contacts avec ses parents sans contrainte d'horaires et dans un environnement approprié.

[3] Le patient a le droit de recevoir en tout temps la visite de son médecin de confiance, spontanément ou sur demande.

[4] Le patient a droit en tout temps aux visites de l'aumônier de l'institution de santé ainsi qu'à celle de son conseiller spirituel extérieur.

Convention de Partenariat entre les Hôpitaux Universitaires de Genève (ci-après désignés HUG) d'une part et les trois Eglises reconnues publiques : Eglise nationale protestante, Eglise catholique romaine, Eglise catholique chrétienne (ci-après les trois Eglises) d'autre part
de octobre 2008 (état inconnu)
(Nr. syst. inconnu)

La loi sur la santé du 7 avril 2006 prévoit que "le patient a droit, en tout temps, aux visites de l'aumônier de l'institution de santé ainsi qu'à celle de son conseiller spirituel extérieur" (article 37, alinéa 4).

La présente convention de partenariat a pour objectif d'établir le cadre de l'activité des aumôniers des trois Eglises, reconnues publiques par le règlement du Conseil d'Etat du 16 mai 1944, au sein des HUG.

Au vu de ce qui précède, les parties conviennent de ce qui suit:

Principes généraux

Article premier   Objet

[1] Les HUG et les trois Eglises reconnues publiques (ci après: les trois Eglises) collaborent afin de répondre adéquatement aux besoins spirituels et religieux des personnes hospitalisées, en respectant leur autonomie et leur libre arbitre.

² Les HUG reconnaissent la nécessité de la présence des aumôneries auprès des patients et de leur entourage familial. Les HUG soutiennent ces activités dans les limites du principe de séparation de l'Eglise et de l'Etat et de la laïcité des Hôpitaux publics.

Fonctionnement

Art. 2 Aumôneries permanentes

¹ Les trois Eglises communiquent aux HUG le nom des personnes, appelées aumôniers, qu'elles désignent pour exercer un ministère au sein des hôpitaux.
² Ces derniers, constitués en équipe, s'adjoignent des auxiliaires ainsi que d'autres personnes bénévoles afin de déployer leur activité.
³ Toutes ces personnes sont munies d'un badge des HUG qui permet aux patients et aux collaborateurs de les identifier.

Art. 3 Mission des aumôneries

¹ L'action des aumôneries s'intègre aux missions des HUG.
² En collaboration avec le personnel médical et soignant, avec l'accord du patient, les aumôneries répondent aux besoins spirituels ou religieux du patient et de son entourage, et, cela dans toutes les situations d'hospitalisation et de prise en soins y compris les situations d'extrême souffrance et de détresse.
³ Elles le stimulent éventuellement à puiser dans ses ressources spirituelles les forces dont il a besoin (par les visites, célébrations de services religieux, de sacrements, de fêtes, par divers entretiens ou tout autre moyen jugé approprié). Elles ne cherchent pas à pratiquer de prosélytisme.
⁴ Les aumôniers peuvent être appelés, en tant qu'experts, à participer aux réunions d'équipe pour apporter un éclairage sur la nature et l'expression des besoins spirituels à envisager dans certaines prises en soins spécifiques.
⁵ La communication de données relevant de la sphère intime des patients aux aumôniers, de même que la présence de ces aumôniers à des colloques, ne peut avoir lieu qu'avec l'accord du patient concerné.

Art. 4 Dispositions particulières

¹ Les aumôneries des trois Eglises entretiennent entre elles et avec les HUG des relations régulières. Elles favorisent ainsi un esprit d'ouverture et de respect pour les convictions de chacun et chacune ainsi que pour les différentes pratiques et différents rituels religieux.
² S'agissant des célébrations religieuses, les HUG veillent à mettre à disposition des aumôneries un local dédié à cet effet.

Art. 5 Procédure à l'admission

¹ Lors de son admission au sein des HUG il est demandé au patient s'il appartient à une religion ou à une confession et, dans l'affirmative, à laquelle.
² Il est également demandé au patient si son appartenance à une religion ou à une confession entraîne, en ce qui le concerne, l'observance de certaines prescriptions que les HUG devraient connaître afin de les respecter dans toute la mesure du possible. Il est précisé au patient que des équipes d'aumôneries, présentes au sein des HUG, sont à sa disposition.

Art. 6 Communication d'informations

Les HUG communiquent à l'aumônerie de chaque Eglise les données socio-administratives des patients ayant déclaré appartenir à l'une des trois Eglises reconnues publiques.

Art. 7 Secret et devoir de réserve

[1] Soumis au secret professionnel, conformément à l'article 320 du code pénal, les aumôniers sont également tenus à un devoir de réserve.

[2] Ils s'abstiennent de tout ce qui pourrait être préjudiciable aux intérêts des patients et des HUG. A ce titre, ils sont astreints au secret de fonction pour tous les faits qui leur ont été communiqués dans l'exercice de leur activité au sein des HUG.

[3] Les membres des équipes d'aumônerie veillent au respect de l'organisation et des structures propres aux HUG.

[4] Les trois Eglises s'engagent à ce que leurs aumôniers et leurs éventuels auxiliaires respectent leurs devoirs et obligations tels qu'ils sont rappelés ci-dessus.

Art. 8 Formation

[1] Les trois Eglises veillent à ce que leurs équipes d'aumônerie bénéficient d'une formation spécifique les préparant à l'activité qu'elles déploient dans les hôpitaux. Sur demande, les HUG y participent en mettant à disposition des collaborateurs chargés d'assurer une partie de la formation.

[2] Dans le respect de la séparation de l'Eglise et de l'Etat, les aumôneries peuvent être sollicitées pour former le personnel hospitalier à la sensibilité spirituelle des patients ou à tous les autres domaines pour lesquels les aumôniers peuvent proposer un apport spécifique

Art. 9 Durée – Résiliation

[1] La présente convention est conclue pour une durée indéterminée. Elle peut être dénoncée par l'une ou l'autre des parties moyennant un préavis de 6 mois donné pour la fin d'une année.

[2] En cas de non respect, par un membre d'une équipe d'aumônerie, de leurs obligations et/ou de comportements inadéquats au sein de l'établissement, les HUG, fondés sur leurs compétences légales et réglementaires, peuvent prendre les dispositions nécessaires à la suspension immédiate de l'activité de la personne concernée et exiger des mesures efficaces de la part de son Eglise ou, à défaut, résilier la présente convention avec effet immédiat.

Art. 10 Directives d'application

[1] La présente convention est assortie de Directives d'application adoptées par les HUG qui en font partie intégrante.

[2] En cas de modification des directives d'application sans consultation des trois Eglises, ces dernières sont habilitées à mettre fin à la présente convention, moyennant un préavis d'un mois pour la fin d'un mois, ce délai courant dès la réception des nouvelles directives.

[...]

DIRECTIVES D'APPLICATION

Ad art. 2

L'octroi du badge par les HUG aux aumôniers, aux auxiliaires d'aumôneries et aux bénévoles interviendra conformément à la procédure en vigueur «Procédure d'octroi d'un badge pour les personnes travaillant au sein des aumôneries HUG».

Ad art. 3

Al. 2:

Le personnel soignant transmet aux aumôniers les demandes d'accompagnement formulées par le patient.

L'accord du patient est noté dans son dossier

Ad art. 4

Les aumôneries, les trois Eglises et les HUG entretiennent entre eux des relations régulières notamment au sein de la Commission Œcuménique des Aumôneries des HUG (COH).

Le directeur des HUG, ou un représentant désigné à cet effet, est l'interlocuteur des trois Eglises en ce qui concerne le respect de la convention.

Ad art. 5

Les collaborateurs des HUG chargés des admissions reçoivent l'information spécifique relative aux questions mentionnées afin de garantir le bon recueil des données.

Si le patient est dans l'impossibilité de répondre, l'avis des proches doit être demandé ou la question posée ultérieurement.

Al. 1:

La première question doit être formulée comme suit: «A quelle religion ou confession appartenez-vous ?»

Le collaborateur des HUG aura à sa disposition une liste des principales religions présentes à Genève, à savoir:

<u>Religion chrétienne:</u>
- catholique romaine
- protestant
- catholique chrétienne
- orthodoxe
- adventiste
- anglican
- évangélique
- autre confession chrétienne

<u>Religion israélite</u>

<u>Religion musulmane</u>

<u>Bouddhisme</u>

Autre religion: ...

Sans religion

Refus de réponse

A compléter ultérieurement

Al. 2:

La deuxième question est formulée comme suit: «L'appartenance à cette religion entraîne-t-elle pour vous l'observance de certaines prescriptions (par exemple en ce qui concerne la nourriture?)».

Al. 3:

Les collaborateurs des HUG informent le patient que des aumôniers présents au sein des HUG se tiennent à sa disposition.

Ad art. 6

Al. 1:

Les programmes informatiques utilisés par les HUG permettent le tri des patients en fonction des lieux d'hospitalisation, des unités, de la religion et/ou de la confession ainsi que l'impression des listes correspondantes.

Les données socio-administratives, communiquées aux aumôniers par le collaborateur des HUG délégué à cette tâche, comprennent les éléments suivants liés à l'identité: nom, prénom, sexe, date de naissance, domicile, date d'entrée et de sortie et état civil.

Elles ne doivent en aucun cas faire l'objet de création d'une base de données.

Al. 2:

La liste des patients hospitalisés, ayant déclaré appartenir à l'une des trois Eglises reconnues publiques (ECC, ECR, EPG), est transmise quotidiennement par le collaborateur des HUG, délégué à cette tâche, aux aumôneries des 3 Eglises.

Le collaborateur des HUG engagé auprès des aumôneries est habilité à mettre à jour les données, concernant l'appartenance religieuse, figurant sur ces listes.

Ad art. 10

Une évaluation des présentes dispositions sera effectuée au terme d'une première année d'expérience.

[...]

Accord entre les Hôpitaux Universitaires de Genève Rue Micheli-du-Crest 24, 1211 Genève 14 (ci-après désignés HUG) d'une part et L'association «l'aumônerie musulmane» de Genève (ci-après l'aumônerie musulmane) d'autre part
de l'année 2007 (état inconnu)
(Nr. syst. inconnu)

PRÉAMBULE

[1] La loi sur la santé du 7 avril 2006 (K 1 03) prévoit que "le malade a le droit en tout temps aux visites de l'aumônier de l'établissement ainsi qu'à celle de son conseiller spirituel extérieur" (article 37, alinéa 4).

[2] Dans les limites du principe de séparation de l'Eglise et de l'Etat et de la laïcité des hôpitaux publics. Les HUG et les Eglises et communautés religieuses genevoises collaborent afin de répondre adéquatement aux besoins spirituels et religieux des personnes hospitalisées tout en respectant leur autonomie et leur libre arbitre.

[3] Le présent accord a pour objectif d'établir le cadre de l'activité de l'aumônerie musulmane au sein des HUG.

[4] Au vu de ce qui précède, les parties conviennent de ce qui suit:

Art. 1

[1] En collaboration avec le personnel médical et soignant, et avec l'accord des patients, l'aumônerie musulmane répond aux besoins spirituels et religieux des patients et de leur entourage. Elle les aide à puiser dans leurs ressources spirituelles les forces dont ils ont besoin (par les visites, sacrements, fêtes, par divers entretiens ou tout autre moyen jugé approprié). Elle ne cherche pas à pratiquer de prosélytisme.

[2] La communication de données relevant de la sphère intime des patients aux représentants de l'aumônerie musulmane, de même que la présence de ces représentants à des colloques, ne peuvent avoir lieu qu'avec l'accord exprès du patient considéré.

Art. 2

[1] Les aumôneries des différentes communautés religieuses entretiennent entre elles et avec les HUG des relations régulières. Elles favorisent ainsi un esprit d'ouverture et de respect pour les convictions de chacun et chacune ainsi que pour les différentes pratiques et différents rituels religieux.

Art. 3

[1] L'aumônerie musulmane communique aux HUG le nom des personnes qu'elle désigne pour exercer leur mission au sein des hôpitaux.

[2] Les représentants de l'aumônerie musulmane, sont munis d'un badge des HUG qui permet aux patients et aux collaborateurs de les identifier.

[3] Pour accomplir les différentes tâches relatives à leur mission, ces représentants pourront être assistés par des personnes bénévoles placées sous leur responsabilité et à qui on aura remis un badge d'identification.

Art. 4

Procédure à l'admission

[1] Lors de son admission au sein des HUG, il est demandé au patient s'il appartient à une religion ou à une confession et, dans l'affirmative, à laquelle.

² Il est également demandé au patient si son appartenance à une religion ou à une confession entraîne, en ce qui le concerne personnellement, l'observance de certaines prescriptions que les HUG devraient connaître afin de les respecter dans toute la mesure du possible.

Art. 5

Communication d'informations

¹ Les HUG communiquent aux représentants de l'aumônerie musulmane les données socio-administratives des patients qui ont déclaré appartenir à la religion musulmane et qui ont donné leur accord à cette communication d'informations.

Art. 6

¹ Les représentants de l'aumônerie musulmane sont tenus à la confidentialité et au secret, eu égard à tous les évènements communiqués par les patients, ainsi qu'à un devoir de réserve. Ils s'abstiennent de tout ce qui pourrait être préjudiciable aux intérêts des patients et des HUG. A ce titre, ils sont tenus au secret de fonction pour tous les faits qui leur ont été communiqués dans l'exercice de leur activité au sein des HUG.

² Ces représentants veillent au respect de l'organisation et des structures propres aux HUG.

³ L'aumônerie musulmane s'engage à ce que ses représentants respectent leurs devoirs et obligations tels qu'ils sont rappelés ci-dessus.

Art. 7

Formation

¹ L'aumônerie musulmane s'engage à ce que ses représentants bénéficient d'une formation spécifique les préparant à l'activité qu'ils déploieront dans les hôpitaux. Sur demande, les HUG peuvent y participer en mettant à disposition des collaborateurs chargés d'assurer une partie de la formation.

² Dans le respect des principes de la séparation de l'Eglise et de l'Etat, l'aumônerie musulmane peut être sollicitée pour mettre à disposition ses ressources pour la formation du personnel hospitalier à la sensibilité spirituelle des patients.

Art. 8

Durée – Résiliation

¹ Le présent accord est conclu pour une durée indéterminée. Il peut être dénoncé par l'une ou l'autre des parties moyennant un préavis de 6 mois donné pour la fin d'une année.

² En cas de faute grave d'un représentant de l'aumônerie musulmane, les HUG, dans le cadre de leurs compétences légales et réglementaires, peuvent prendre les dispositions nécessaires à la suspension immédiate de l'activité du représentant concerné et exiger des mesures efficaces de la part de l'aumônerie ou, à défaut, résilier la présente convention avec effet immédiat.

Art. 9

Droit applicable et for juridique

¹ Le droit applicable est le droit suisse. Le for juridique est à Genève.
[…]

Convention de Partenariat entre les Hôpitaux Universitaires de Genève (ci-après désignés HUG) d'une part et l'Archevêché orthodoxe de Suisse, Route de Lausanne 282, 1292 Chambésy d'autre part du 13 septembre 2013 (état inconnu)
(Nr. syst. inconnu)

PRÉAMBULE

1. La loi sur la santé du 7 avril 2006 (K 1 03) prévoit que "le malade a le droit en tout temps aux visites de l'aumônier de l'établissement ainsi qu'à celle de son conseiller spirituel extérieur" (article 37, alinéa 4).
2. Dans les limites du principe de séparation de l'Eglise et de l'Etat et de la laïcité des hôpitaux publics, les HUG et les Eglises et communautés religieuses genevoises collaborent afin de répondre adéquatement aux besoins spirituels et religieux des personnes hospitalisées tout en respectant leur autonomie et leur libre arbitre.
3. Le présente convention a pour objectif d'établir le cadre de l'activité de l'aumônerie orthodoxe au sein des HUG.
4. Au vu de ce qui précède, les parties conviennent de ce qui suit:

Principes généraux

Art. 1   Objet

1. En collaboration avec le personnel médical et soignant, et avec l'accord des patients, l'aumônerie orthodoxe répond aux besoins spirituels et religieux des patients et de leur entourage. Elle les aide à puiser dans leurs ressources spirituelles les forces dont ils ont besoin (par les visites, sacrements, fêtes, par divers entretiens ou tout autre moyen jugé approprié). Elle ne cherche pas à pratiquer de prosélytisme.
2. La communication de données relevant de la sphère intime des patients aux représentants de l'aumônerie orthodoxe, de même que la présence de ces représentants à des colloques, ne peuvent avoir lieu qu'avec l'accord exprès du patient considéré.

Fonctionnement

Art. 2   Mission des aumôneries

1. Les aumôneries des différentes communautés religieuses entretiennent entre elles et avec les HUG des relations régulières. Elles favorisent ainsi un esprit d'ouverture et de respect pour les convictions de chacun et chacune ainsi que pour les différentes pratiques et différents rituels religieux.

Art. 3   Dispositions particulières

1. L'aumônerie orthodoxe communique aux HUG le nom des personnes qu'elle désigne pour exercer leur mission au sein des hôpitaux.
2. Les représentants de l'aumônerie orthodoxe, sont munis d'un badge des HUG qui permet aux patients et aux collaborateurs de les identifier.
3. Pour accomplir les différentes tâches relatives à leur mission, ces représentants pourront être assistés par des personnes bénévoles placées sous leur responsabilité et à qui on aura remis un badge d'identification.

Admissions

Art. 4 Procédure à l'admission

¹ Lors de son admission au sein des HUG, il est demandé au patient s'il appartient à une religion ou à une confession et, dans l'affirmative, à laquelle.

² Il est également demandé au patient si son appartenance à une religion ou à une confession entraîne, en ce qui le concerne personnellement, l'observance de certaines prescriptions que les HUG devraient connaître afin de les respecter dans toute la mesure du possible.

Art. 5 Communication d'informations

¹ Les HUG communiquent aux représentants de l'aumônerie orthodoxe les données socio-administratives des patients qui ont déclaré appartenir à la religion musulmane et qui ont donné leur accord à cette communication d'informations.

Art. 6 Secret et devoir de réserve

¹ Les représentants de l'aumônerie orthodoxe sont tenus à la confidentialité et au secret, eu égard à tous les évènements communiqués par les patients, ainsi qu'à un devoir de réserve. Ils s'abstiennent de tout ce qui pourrait être préjudiciable aux intérêts des patients et des HUG. A ce titre, ils sont tenus au secret de fonction pour tous les faits qui leur ont été communiqués dans l'exercice de leur activité au sein des HUG.

² Ces représentants veillent au respect de l'organisation et des structures propres aux HUG.

³ Les HUG veillent à ce que les aumôniers disposent d'un lieu pour des entretiens confidentiels.

⁴ L'aumônerie orthodoxe s'engage à ce que ses représentants respectent leurs devoirs et obligations tels qu'ils sont rappelés ci-dessus.

Art. 7 Formations

¹ L'aumônerie orthodoxe s'engage à ce que ses représentants bénéficient d'une formation spécifique les préparant à l'activité qu'ils déploieront dans les hôpitaux. Sur demande, les HUG peuvent y participer en mettant à disposition des collaborateurs chargés d'assurer une partie de la formation.

² Dans le respect des principes de la séparation de l'Eglise et de l'Etat, l'aumônerie orthodoxe peut être sollicitée pour mettre à disposition ses ressources pour la formation du personnel hospitalier à la sensibilité spirituelle des patients.

Art. 8 Durée – Résiliation

¹ Le présent accord est conclu pour une durée indéterminée. Il peut être dénoncé par l'une ou l'autre des parties moyennant un préavis de 6 mois donné pour la fin d'une année.

² En cas de faute grave d'un représentant de l'aumônerie orthodoxe, les HUG, dans le cadre de leurs compétences légales et réglementaires, peuvent prendre les dispositions nécessaires à la suspension immédiate de l'activité du représentant concerné et exiger des mesures efficaces de la part de l'aumônerie ou, à défaut, résilier la présente convention avec effet immédiat.

Art. 9 Directives d'application

¹ La présente convention est assortie de Directives d'application adoptées par les HUG qui en font partie intégrante.

² En cas de modification des directives d'application sans consultation de l'aumônerie orthodoxe, cette dernière est habilitée à mettre fin à la présente convention, moyennant un préavis d'un mois pour la fin d'un mois, ce délai courant dès la réception des nouvelles directives.

Art. 10   Droit applicable et for juridique

¹ Le droit applicable est le droit suisse. Le for juridique est à Genève.

[...]

DIRECTIVES D'APPLICATION

Ad art. 2

En cas de demande la possibilité de faire une célébration dans la chapelle œcuménique ou l'espace de recueillement du site peut être offerte.

Ad art. 3

Al. 1:

L'octroi du badge par les HUG aux aumôniers, aux auxiliaires d'aumôneries et aux bénévoles interviendra conformément à la procédure en vigueur «Procédure d'octroi d'un badge pour les personnes travaillant au sein des aumôneries HUG».

Ad art. 4

Cas échéant le personnel soignant transmet aux aumôniers les demandes d'accompagnement formulées par le patient.

L'accord du patient est noté dans son dossier.

Les collaborateurs des HUG chargés des admissions reçoivent l'information spécifique relative aux questions mentionnées afin de garantir le bon recueil des données.

Si le patient est dans l'impossibilité de répondre, l'avis des proches doit être demandé ou la question posée ultérieurement.

Al. 1:

La première question doit être formulée comme suit: «désirez-vous déclarer votre appartenance religieuse – Dans l'affirmative quelle est-elle?»

Le collaborateur des HUG aura à sa disposition une liste des principales religions présentes à Genève, à savoir:

Religion chrétienne:
- catholique romaine
- protestant
- catholique chrétienne
- orthodoxe
- adventiste
- anglican
- évangélique
- autre confession chrétienne

Religion israélite
Religion musulmane
Bouddhisme
Autre religion: ...
Sans religion
Refus de réponse

A compléter ultérieurement
Al. 2:
La deuxième question est formulée comme suit: «L'appartenance à cette religion entraîne-t-elle pour vous l'observance de certaines prescriptions (Prières, nourriture etc. ?)».

Ad art. 5
Les collaborateurs des HUG informent le patient que cette information est transmise au responsable de l'aumônerie et que ce dernier se tient à sa disposition.

Les programmes informatiques utilisés par les HUG permettent le tri des patients en fonction des lieux d'hospitalisation, des unités, de la religion et/ou de la confession ainsi que l'impression des listes correspondantes.

Les données socio-administratives, communiquées aux aumôniers par le collaborateur des HUG délégué à cette tâche, comprennent les éléments suivants liés à l'identité: nom, prénom, sexe, date de naissance, domicile, date d'entrée et de sortie et état civil.

Elles ne doivent en aucun cas faire l'objet de création d'une base de données. (ni manuelle ni informatique)

La liste des patients hospitalisés, ayant déclaré appartenir à la confession orthodoxe, est transmise quotidiennement par le collaborateur des HUG, délégué à cette tâche, à l'aumônier responsable.

Le collaborateur des HUG est habilité à mettre à jour les données, concernant l'appartenance religieuse, figurant sur ces listes.

Ad art. 9
Une évaluation des présentes dispositions sera effectuée au terme d'une première année d'expérience.
[...]

Convention de Partenariat entre les Hôpitaux Universitaires de Genève (ci-après désignés HUG) d'une part et la Communauté israélite de Genève, Av. Dumas 21, 1206 Genève d'autre part
du 25 octobre 2012 (état inconnu)
(Nr. syst. inconnu)

PRÉAMBULE

1. La loi sur la santé du 7 avril 2006 (K 1 03) prévoit que "le malade a le droit en tout temps aux visites de l'aumônier de l'établissement ainsi qu'à celle de son conseiller spirituel extérieur" (article 37, alinéa 4).
2. Dans les limites du principe de séparation de l'Eglise et de l'Etat et de la laïcité des hôpitaux publics, les HUG et les Eglises et communautés religieuses genevoises collaborent afin de répondre adéquatement aux besoins spirituels et religieux des personnes hospitalisées tout en respectant leur autonomie et leur libre arbitre.
3. Le présente convention a pour objectif d'établir le cadre de l'activité de l'aumônerie israélite au sein des HUG.
4. Au vu de ce qui précède, les parties conviennent de ce qui suit:

Principes généraux

Art. 1   Objet

1. En collaboration avec le personnel médical et soignant, et avec l'accord des patients, l'aumônerie israélite répond aux besoins spirituels et religieux des patients et de leur entourage. Elle les aide à puiser dans leurs ressources spirituelles les forces dont ils ont besoin (par les visites, sacrements, fêtes, par divers entretiens ou tout autre moyen jugé approprié). Elle ne cherche pas à pratiquer de prosélytisme.
2. La communication de données relevant de la sphère intime des patients aux représentants de l'aumônerie israélite, de même que la présence de ces représentants à des colloques, ne peuvent avoir lieu qu'avec l'accord exprès du patient considéré.

Fonctionnement

Art. 2   Mission des aumôneries

1. Les aumôneries des différentes communautés religieuses entretiennent entre elles et avec les HUG des relations régulières. Elles favorisent ainsi un esprit d'ouverture et de respect pour les convictions de chacun et chacune ainsi que pour les différentes pratiques et différents rituels religieux.

Art. 3   Dispositions particulières

1. L'aumônerie israélite communique aux HUG le nom des personnes qu'elle désigne pour exercer leur mission au sein des hôpitaux.
2. Les représentants de l'aumônerie israélite, sont munis d'un badge des HUG qui permet aux patients et aux collaborateurs de les identifier.
3. Pour accomplir les différentes tâches relatives à leur mission, ces représentants pourront être assistés par des personnes bénévoles placées sous leur responsabilité et à qui on aura remis un badge d'identification.

Admissions

Art. 4 Procédure à l'admission

[1] Lors de son admission au sein des HUG, il est demandé au patient s'il appartient à une religion ou à une confession et, dans l'affirmative, à laquelle.

[2] Il est également demandé au patient si son appartenance à une religion ou à une confession entraîne, en ce qui le concerne personnellement, l'observance de certaines prescriptions que les HUG devraient connaître afin de les respecter dans toute la mesure du possible.

Art. 5 Communication d'informations

[1] Les HUG communiquent aux représentants de l'aumônerie israélite les données socio-administratives des patients qui ont déclaré appartenir à la religion musulmane et qui ont donné leur accord à cette communication d'informations.

Art. 6 Secret et devoir de réserve

[1] Les représentants de l'aumônerie israélite sont tenus à la confidentialité et au secret, eu égard à tous les évènements communiqués par les patients, ainsi qu'à un devoir de réserve. Ils s'abstiennent de tout ce qui pourrait être préjudiciable aux intérêts des patients et des HUG. A ce titre, ils sont tenus au secret de fonction pour tous les faits qui leur ont été communiqués dans l'exercice de leur activité au sein des HUG.

[2] Ces représentants veillent au respect de l'organisation et des structures propres aux HUG.

[3] Les HUG veillent à ce que les aumôniers disposent d'un lieu pour des entretiens confidentiels.

[4] L'aumônerie israélite s'engage à ce que ses représentants respectent leurs devoirs et obligations tels qu'ils sont rappelés ci-dessus.

Art. 7 Formations

[1] L'aumônerie israélite s'engage à ce que ses représentants bénéficient d'une formation spécifique les préparant à l'activité qu'ils déploieront dans les hôpitaux. Sur demande, les HUG peuvent y participer en mettant à disposition des collaborateurs chargés d'assurer une partie de la formation.

[2] Dans le respect des principes de la séparation de l'Eglise et de l'Etat, l'aumônerie israélite peut être sollicitée pour mettre à disposition ses ressources pour la formation du personnel hospitalier à la sensibilité spirituelle des patients.

Art. 8 Durée – Résiliation

[1] Le présent accord est conclu pour une durée indéterminée. Il peut être dénoncé par l'une ou l'autre des parties moyennant un préavis de 6 mois donné pour la fin d'une année.

[2] En cas de faute grave d'un représentant de l'aumônerie orthodoxe, les HUG, dans le cadre de leurs compétences légales et réglementaires, peuvent prendre les dispositions nécessaires à la suspension immédiate de l'activité du représentant concerné et exiger des mesures efficaces de la part de l'aumônerie ou, à défaut, résilier la présente convention avec effet immédiat.

Art. 9 Directives d'application

[1] La présente convention est assortie de Directives d'application adoptées par les HUG qui en font partie intégrante.

² En cas de modification des directives d'application sans consultation de l'aumônerie israélite, cette dernière est habilitée à mettre fin à la présente convention, moyennant un préavis d'un mois pour la fin d'un mois, ce délai courant dès la réception des nouvelles directives.

Art. 10 Droit applicable et for juridique

¹ Le droit applicable est le droit suisse. Le for juridique est à Genève.

[...]

DIRECTIVES D'APPLICATION

Ad art. 2

En cas de demande la possibilité de faire une célébration dans la chapelle œcuménique ou l'espace de recueillement du site peut être offerte.

Ad art. 3

Al. 1:

L'octroi du badge par les HUG aux aumôniers, aux auxiliaires d'aumôneries et aux bénévoles interviendra conformément à la procédure en vigueur «Procédure d'octroi d'un badge pour les personnes travaillant au sein des aumôneries HUG».

Ad art. 4

Cas échéant le personnel soignant transmet aux aumôniers les demandes d'accompagnement formulées par le patient.

L'accord du patient est noté dans son dossier.

Les collaborateurs des HUG chargés des admissions reçoivent l'information spécifique relative aux questions mentionnées afin de garantir le bon recueil des données.

Si le patient est dans l'impossibilité de répondre, l'avis des proches doit être demandé ou la question posée ultérieurement.

Al. 1:

La première question doit être formulée comme suit: «Désirez-vous déclarer votre appartenance religieuse – Dans l'affirmative quelle est-elle?»

Le collaborateur des HUG aura à sa disposition une liste des principales religions présentes à Genève, à savoir:

Religion chrétienne:
- catholique romaine
- protestant
- catholique chrétienne
- orthodoxe
- adventiste
- anglican
- évangélique
- autre confession chrétienne

Religion israélite
Religion musulmane
Bouddhisme
Autre religion: ...
Sans religion
Refus de réponse
A compléter ultérieurement

Al. 2:
La deuxième question est formulée comme suit: «L'appartenance à cette religion entraîne-t-elle pour vous l'observance de certaines prescriptions (Prières, nourriture etc. ?)».

Ad art. 5
Les collaborateurs des HUG informent le patient que cette information est transmise au responsable de l'aumônerie et que ce dernier se tient à sa disposition.

Les programmes informatiques utilisés par les HUG permettent le tri des patients en fonction des lieux d'hospitalisation, des unités, de la religion et/ou de la confession ainsi que l'impression des listes correspondantes.

Les données socio-administratives, communiquées aux aumôniers par le collaborateur des HUG délégué à cette tâche, comprennent les éléments suivants liés à l'identité: nom, prénom, sexe, date de naissance, domicile, date d'entrée et de sortie et état civil.

Elles ne doivent en aucun cas faire l'objet de création d'une base de données. (ni manuelle ni informatique)

La liste des patients hospitalisés, ayant déclaré appartenir à la religion israélite, est transmise quotidiennement par le collaborateur des HUG, délégué à cette tâche, à l'aumônier responsable.

Le collaborateur des HUG est habilité à mettre à jour les données, concernant l'appartenance religieuse, figurant sur ces listes.

Ad art. 9
Une évaluation des présentes dispositions sera effectuée au terme d'une première année d'expérience.

[...]

KANTON GLARUS (GLARIS)

*Verordnung über das Kantonsspital Glarus (Spitalverordnung)
vom 18. August 2010 (Stand 1. Januar 2012)
(Syst. Nr. VIII A/211/1)*

3. Leistungen des Kantonsspitals

3.1. Leistungsauftrag

Art. 7   Grundsätze

[1] Bei der Patientenbehandlung und -betreuung trägt das Kantonsspital den psychischen, physischen und sozialen Bedürfnissen der Patientinnen und Patienten im Sinne einer ganzheitlichen Betrachtungsweise bei möglichst wirtschaftlichem Ressourceneinsatz Rechnung.

[2] Patientenbehandlung und -betreuung beinhaltet je nach den Bedürfnissen der Patientinnen und Patienten und den zur Verfügung stehenden Mitteln ein Optimum an Erhaltung bzw. Wiederherstellung der körperlichen Funktionen und der seelisch-geistigen, sozialen und kognitiven Fähigkeiten des Menschen.

Art. 8   Versorgungsauftrag

[1] Zur Grundversorgung, die das Kantonsspital zu erbringen hat, zählen medizinische Behandlungen, welche von den Einwohnern des Kantons in bedeutendem Umfang benötigt werden und die einer Spitalinfrastruktur bedürfen.

[2] Das Kantonsspital stellt eine ständige Notfallversorgung sicher. Zur Notfallversorgung gehören eine Erstbeurteilung und die Sicherstellung einer fachgerechten Weiterbetreuung.

[3] Im Auftrag mit eingeschlossen sind Begleitung und Betreuung sterbender Patientinnen und Patienten und ihrer Bezugspersonen.

[4] [...]

*Kirchenordnung für die Evangelisch-Reformierte Landeskirche des Kantons Glarus
vom 24. Januar 1991 (Stand 17. November 2016)
(Syst. Nr. IV A/21/1)*

Art. 16   Weitere Gottesdienste

[1] Im Kantonsspital Glarus und in der Höhenklinik Braunwald sowie in den örtlichen Alters- und Pflegeheimen werden regelmässig Gottesdienste oder Besinnungsfeiern durchgeführt.

[2] Im Rahmen regionaler Dienste und ständiger Aufträge können weitere Gottesdienste gestaltet werden.

Verfassung des Verbandes der römisch-katholischen Kirchgemeinden des Kantons Glarus (römisch-katholische Landeskirche)
vom 27. Juni 1990 (Stand 1. Januar 2003)
(Syst. Nr. IV A/1/6)

2. Die Landeskirche

2.1. Allgemeine Vorschriften

Art. 4   Aufgaben

[1] Die Landeskirche bezweckt die interne Organisation des römisch-katholischen Bevölkerungsteils des Kantons Glarus und vertritt ihn nach aussen.

[2] Sie setzt sich ein für die Wahrung des konfessionellen Friedens sowie für Verständnis und Zusammenarbeit unter den verschiedenen religiösen Bekenntnissen.

[3] Sie ordnet den Finanzausgleich unter den Kirchgemeinden des Kantons nach Massgabe der ihr zur Verfügung stehenden Mittel.

[4] Sie unterstützt kantonale Seelsorganliegen.

KANTON GRAUBÜNDEN (GRIGIONI, GRISCHUN, GRISONS)

Gesetz über die Förderung der Krankenpflege und der Betreuung von betagten und pflegebedürftigen Personen (Krankenpflegegesetz)
vom 2. Dezember 1979 (Stand 1. Januar 2017)
(Syst. Nr. 506.000)

4. Beiträge an Spitäler und Geburtshäuser

Art. 18e*Gemeinwirtschaftliche Leistungen

[1] Die Regierung teilt den Gesamtkredit für den Anteil des Kantons an den Beiträgen des Kantons und der Gemeinden für gemeinwirtschaftliche Leistungen unter Berücksichtigung der Leistungsvereinbarungen, der bei wirtschaftlicher Führung ungedeckten Kosten der gemeinwirtschaftlichen Leistungen sowie der Einnahmen aus der Behandlung von Halbprivat- und Privatpatienten und von Selbstzahlern auf die einzelnen Spitäler auf.

[2] Als gemeinwirtschaftliche Leistungen gelten insbesondere die Aufwendungen für:
  a. Vorhalteleistungen;
  b. Palliativpflege;
  c. Prävention;
  d. Sozialdienst;
  e. Spitalseelsorge;
  f. Epidemievorsorge;
  g. Rechtsmedizin;
  h. Betrieb eines geschützten Spitals;
  [...]

Gesetz über das Gesundheitswesen des Kantons Graubünden (Gesundheitsgesetz)
vom 2. Dezember 1984 (Stand 1. Januar 2017)
(Syst. Nr. 500.000)

4. Einrichtungen der Gesundheitspflege

Art. 20   Patientenrechte

[1] Die Patienten haben ein Recht auf ärztliche und pflegerische Betreuung. Das Recht auf Schutz ihrer Persönlichkeit ist gewährleistet.

[2] Sie haben Anspruch darauf, vom behandelnden Arzt in geeigneter und angemessener Form über den Krankheitszustand, die therapeutische Bedeutung der vorgesehenen Massnahmen und die Heilungsaussichten informiert zu werden.

[3] Sie haben Anrecht auf eine angemessene Spitalseelsorge.

[4] Unheilbar kranke und sterbende Menschen haben Anrecht auf angemessene Pflege und Begleitung.

RÉPUBLIQUE ET CANTON DU JURA

Bemerkung: Keine spezifische Gesetzesgrundlage für die Spitalseelsorge im kantonalen Recht. Es wird darauf hingewiesen, dass im Kantonsspital Jura (H-JU) sowie im Spital des bernischen Jura ein ökumenischer Seelsorgedienst besteht.

KANTON LUZERN (LUCERNE)

Reglement über die Rechte und Pflichten der Patientinnen und Patienten des Luzerner Kantonsspitals (Patientenreglement LUKS)
vom 20. November 2007 (Stand 1. Januar 2013)
(Syst. Nr. 820b)

4 Allgemeine Rechte und Pflichten bei der Untersuchung, Behandlung und Pflege

§ 20　Seelsorge

[1] Der Patient oder die Patientin hat das Recht, sich durch die eigene Seelsorgerin oder den eigenen Seelsorger oder die Spitalseelsorgerin oder den Spitalseelsorger betreuen zu lassen.

[2] Die Seelsorgerin oder der Seelsorger darf den Patienten oder die Patientin nicht betreuen, wenn die Patientin oder der Patient dies ausdrücklich ablehnt. Die Seelsorgerin oder der Seelsorger hat den Spitalbetrieb zu berücksichtigen.

CANTON DE NEUCHÂTEL (NEUENBURG)

Concordat entre l'Etat de Neuchâtel et l'Eglise réformée évangélique du canton de Neuchâtel, l'Eglise catholique romaine, l'Eglise catholique chrétienne
du 1er janvier 2001 (état 1er janvier 2002)
(Nr. syst. 181.10)

Art. 2 Travail d'intérêt général

[1] L'Etat reconnaît le travail d'intérêt général des Eglises reconnues (ci-après: les Eglises) dans les domaines du service social, des aumôneries et de la formation des enfants, des adolescents et des adultes.

KANTON NIDWALDEN (NIDWALD)

Bemerkung: Keine spezifische Gesetzesgrundlage für die Spitalseelsorge im kantonalen Recht. Es wird darauf hingewiesen, dass die „Vollziehungsverordnung zum Gesetz über das Kantonsspital (Spitalverordnung)" ausser Kraft ist. Gemäss telefonischer Auskunft des zuständigen Spitalseelsorgers, der kantonalen Gesundheitsdirektion und der Spitaldirektion ist erläutert worden, dass die Seelsorger vom Spital entlöhnt werden. Die Entlöhnung der Spitalseelsorger wird dabei innerhalb der Leistungsvereinbarung zwischen der Gesundheits- und Sozialdirektion des Kantons Nidwalden und dem Kantonsspital Nidwalden mit einem Pauschalbetrag geregelt.

KANTON OBWALDEN (OBWALD)

Gesundheitsgesetz
vom 3. Dezember 2015 (Stand 1. Februar 2016)
(Syst. Nr. 810.1)

6. Rechte und Pflichten der Patienten und Patientinnen

6.1 Allgemeines

Art. 47 **Grundsätze**
[1] [...]
[2] [...]
[3] [...]
[4] [...]
[5] Im Rahmen der stationären Untersuchung, Behandlung und Pflege verfügen sowohl die Angehörigen der öffentlich-rechtlich anerkannten Kirchen als auch die Angehörigen anderer Glaubensgemeinschaften über das Recht, den Besuch des eigenen Seelsorgers bzw. der eigenen Seelsorgerin oder, falls vorhanden, des Seelsorgers bzw. der Seelsorgerin der betreffenden stationären Einrichtung zu verlangen.

KANTON SCHAFFHAUSEN (SCHAFFHOUSE)

*Gesetz über die Ausrichtung von Beiträgen an die Landeskirchen
vom 22. November 1982 (Stand 1. Januar 2015)
(Syst. Nr. 130.100)*

Art. 3   Seelsorge an kantonalen Anstalten

Die Seelsorge im Kantonsspital, in der kantonalen psychiatrischen Klinik Breitenau und im Pflegeheim für Chronischkranke sowie die Gefängnisseelsorge ist Sache der Landeskirchen. Die Kosten werden durch die Landeskirchen getragen.

KANTON SCHWYZ (SCHWYTZ)

Bemerkung: Keine spezifische Gesetzesgrundlage für die Spitalseelsorge im kantonalen Recht. Es wird darauf hingewiesen, dass auf telefonische Anfrage an die zuständigen Spitalseelsorger erläutert wurde, dass die Seelsorge von der jeweiligen Kirchgemeinde organisiert und finanziert wird. Sie fällt in den Rahmen der übrigen Seelsorge.

KANTON SOLOTHURN (SOLEURE)

Gesundheitsgesetz
vom 27. Januar 1999 (Stand 1. Januar 2014)
(Syst. Nr. 811.11)

§ 50 b) Grundsätzliche Patientenrechte und -pflichten

[1] Folgende Bereiche sind in einer Verordnung zu regeln: Besuchsrechte, die Beanspruchung seelsorgerischer und fürsorgerischer Betreuung, allgemeine Pflichten, sowie die Eintrittsinformation.

Vollzugsverordnung zum Gesundheitsgesetz
vom 8. Juni 1999 (Stand 1. Januar 2014)
(Syst. Nr. 811.12)

§ 81 2. Seelsorgerische und fürsorgerische Betreuung

[1] Jeder Patient und jede Patientin kann im Rahmen der Hausordnung seelsorgerische Betreuung beanspruchen.

[2] Die Fürsorge für Sozial- und Härtefälle ist in Zusammenarbeit mit den bestehenden Fürsorgeeinrichtungen zu gewährleisten.

Anhang: Kantonale Rechtsgrundlagen / bases légales cantonales   255

KANTON ST. GALLEN (SAINT-GALL)

Verordnung über die medizinische und betriebliche Organisation der kantonalen Spitäler, psychiatrischen Kliniken und des Zentrums für Labormedizin (Spitalorganisationsverordnung)
vom 17. Juni 1980 (Stand 1. Januar 2013)
(Syst. Nr. 321.11)

Art. 64   b) Seelsorge

[1] Im Einvernehmen mit den Konfessionsteilen werden eine katholische und eine evangelische Patientenseelsorge bestellt.
[2] Andere Glaubensgemeinschaften können für ihre Mitglieder eine eigene Seelsorge bestellen. Diese ist im Rahmen eines geordneten Spital- und Klinikbetriebes gewährleistet.

Dekret über die Ausgleichsbeiträge an die katholischen Kirchgemeinden (Ausgleichsdekret)
vom 22. Juni 1982 (Stand 14. Juni 2011)
(Syst. Nr. 813.51)

Art. 2bis   Finanzierung gemeindeübergreifender Aufgaben

[1] Aus Mitteln des Finanzausgleichs können zur Entlastung der Kirchgemeinden folgende regionalen und überregionalen Kirchgemeindeaufgaben finanziert oder mitfinanziert werden:
a)   Anteile des Katholischen Konfessionsteils an die Spitalseelsorge;
b)   [...];
c)   [...];
d)   [...].

Reglement über den Finanzausgleich
vom 05. Dezember 2005 (Stand 24. Juni 2013)
(Syst. Nr. 813.52)

Art. 19   Übernahme von gemeindeübergreifenden Aufgaben

[1] Folgende gemeindeübergreifende Aufgaben im Sinne von Sonderlasten können zur Entlastung der Kirchgemeinden vom Finanzausgleichsfonds übernommen werden:
1.   Anteile der Kantonalkirche an die Spitalseelsorge;
2.   [...];
3.   [...];
4.   [...];
5.   [...].

REPUBBLICA E CANTONE TICINO (TESSIN)

Legge sulla promozione della salute e il coordinamento sanitario (Legge sanitaria)
del 18 aprile 1989 (versione del 1 maggio 2015)
(No. syst. 321.11)

Art. 19   Strutture sanitarie stazionarie

[1] I diritti e le libertà individuali dei pazienti delle strutture sanitarie stazionarie possono essere limitati solo per motivi di ordine medico o organizzativo prevalenti. In particolare i pazienti hanno diritto all'assistenza spirituale, all'accompagnamento alla morte e alla presenza delle persone prossime. La degenza non deve privare il paziente di alcun diritto civile e costituzionale.

[2] In particolare restrizioni concernenti le visite devono essere fondate unicamente su motivi sanitari e/o organizzativi prevalenti.

KANTON THURGAU (THURGOVIE)

Verordnung des Regierungsrates über die Rechtsstellung der Patienten und Patientinnen
vom 25. August 2015 (Stand 1. September 2015)
(Syst. Nr. 811.314)

§ 7　　Sozialberatung und Seelsorge

[1] Die Patienten und Patientinnen haben während ihrem Aufenthalt in einer stationären Einrichtung das Recht, sich bei sozialen Problemen beraten zu lassen. Sie haben zudem das Recht, einen Seelsorger oder eine Seelsorgerin beizuziehen. Während des Aufenthalts sind Beratung und Seelsorge, welche durch die Einrichtung erbracht werden, kostenlos.

KANTON URI

Bemerkung: Keine spezifische Gesetzesgrundlage für die Spitalseelsorge im kantonalen Recht. Es wird darauf hingewiesen, dass die Spitalseelsorger vom jeweiligen Spital per Arbeitsvertrag angestellt sind.

CANTON DU VALAIS (WALLIS)

Gesundheitsgesetz
vom 14. Februar 2008 (Stand 1. Mai 2015)
(Syst. Nr. 800.1)

3. Titel: Beziehungen zwischen den Patienten und den Gesundheitsfachpersonen sowie den Krankenanstalten und -institutionen

Art. 17   Recht auf Behandlung

[1] Jeder hat, ungeachtet seiner wirtschaftlichen und sozialen Situation und unter Wahrung seiner Würde, Anspruch auf die seinem Gesundheitszustand entsprechende Pflege.

[2] Menschen in ihrer letzten Lebensphase haben ein Anrecht auf ihren Bedürfnissen entsprechende Pflege, namentlich palliative Pflege, Linderung, Unterstützung und Trost, wenn möglich im Rahmen ihres üblichen Lebensumfelds.

[3] [...]

4. Kapitel: Beziehungen zwischen Patienten und Krankenanstalten

Art. 36   Geistlicher Beistand und soziale Unterstützung

[1] Der Patient hat das Recht auf einen geistlichen Beistand sowie auf Achtung seiner Glaubens- und Gewissensfreiheit.

[2] Der Patient hat das Recht auf Unterstützung und Beratung durch die Sozialdienste.

Art. 37   Kontaktpflege nach aussen

[1] Der Patient hat das Recht, in grösstmöglichem Masse Kontakte zur Aussenwelt zu pflegen. Dabei sind die Erfordernisse der jeweiligen Behandlung sowie die Betriebsweise der Krankenanstalt zu berücksichtigen.

[2] Wird ein Kind in eine Krankenanstalt eingewiesen, hat es das Recht, ohne zeitliche Einschränkungen und in einer angemessenen Umgebung Kontakt zu seinen Eltern zu pflegen.

[3] Ein Patient in einer Sterbe- oder sonstigen Krisensituation hat das Recht, durch die ihm nahe stehenden Personen in einer angemessenen Umgebung und ohne zeitliche Einschränkungen Beistand zu erhalten.

[4] Der Zugang Dritter zur Krankenanstalt kann eingeschränkt oder verboten werden, wenn sie die Behandlung des Patienten ungehörig behindern oder den guten Betrieb auf unzumutbare Weise behindern.

Gesetz über die Krankenanstalten und -institutionen (GKAI)
vom 13. März 2014 (Stand 1. Januar 2015)
(Syst. Nr. 800.10)

Art. 21   Gemeinwirtschaftliche Leistungen

[1] Der Staatsrat kann, vorübergehend oder dauerhaft, im Rahmen seiner finanziellen Zuständigkeiten und des Voranschlags die gemeinwirtschaftlichen Leistungen subventionieren, insbesondere in folgenden Bereichen:

a. Aufrechterhaltung von Spitalkapazitäten aus regionalpolitischen Gründen;
b. Forschung und universitäre Lehre im Sinne von Artikel 49 Absatz 3 Buchstabe b KVG;
c. punktuelle Massnahmen, die zur Verhinderung eines Personalmangels beitragen;
d. Seelsorge;
e. Vorbereitung und Prävention für den Fall ausserordentlicher Situationen im Gesundheitsbereich;
f. Gemeinnützigkeit gewisser Leistungen, die zur Gesundheitsplanung gehören und deren Finanzierung trotz einer rationellen und effizienten Geschäftsführung nicht sichergestellt werden kann, insbesondere die Organisation eines Bereitschaftsdienstes, eines 24-Stunden-Pikettdienstes und eines 24-Stunden-Notfalldienstes in Zusammenarbeit mit den frei praktizierenden Ärzten und des Walliser Ärzteverbands;
g. gefängnismedizinischer Dienst.

[2] [...]
[3] [...]

CANTON DU VAUD (WAADT)

Loi sur la reconnaissance des communautés religieuses et sur les relations entre l'Etat et les communautés religieuses reconnues d'intérêt public (LRCR)
du 9 janvier 2007 (état au 1ᵉʳ janvier 2011)
(Nr. syst. 180.51)

Chapitre III Prérogatives liées à la reconnaissance

Art. 11 Mission d'aumônerie

[1] Une communauté reconnue peut exercer l'aumônerie dans les établissements hospitaliers et pénitentiaires, auprès de toute personne donnant son consentement et se déclarant de la religion de la communauté concernée, ou de toute personne qui l'accepte.

Loi sur la Communauté israélite de Lausanne et du Canton de Vaud (LCILV)
du 9 janvier 2007 (état au 1ᵉʳ mai 2010)
(Nr. syst. 180.41)

Chapitre II   Prérogatives liées à la reconnaissance

Art. 3   Mission d'aumônerie

[1] La CILV peut exercer l'aumônerie dans les établissements hospitaliers et pénitentiaires, auprès de toute personne donnant son consentement et se déclarant de la religion israélite ou de toute personne qui l'accepte.

KANTON ZUG (ZOUG)

Gesetz über die Organisation und die Verwaltung der Gemeinden (Gemeindegesetz)
vom 4. September 1980 (Stand 10. Dezember 2016)
(Syst. Nr. 171.1)

1. Gemeinsame Bestimmungen

1.1. Die Gemeinden

§ 1   Geltungsbereich
[1] Gemeinden im Sinne dieses Gesetzes sind:
   a. die Einwohnergemeinden;
   b. die Bürgergemeinden;
   c. die Kirchgemeinden;
   d. die Korporationsgemeinden.

4. Die Kirchgemeinden

§ 129   Aufgaben
[1] Die Kirchgemeinde hat folgende Aufgaben:
   1. Verwaltung des Kirchen- und Pfrundgutes;
   2. Bau und Unterhalt von Gebäuden und Anlagen;
   3. Bereitstellung der für die Seelsorge und für die kirchlichen Aufgaben der Gemeinde und ihrer Religionsgemeinschaft erforderlichen Mittel.

[2] Sie können weitere Aufgaben im Gemeinwohl erfüllen.

[3] Die evangelisch-reformierte Kirchgemeinde organisiert zudem ihre kirchliche Tätigkeit.

KANTON ZÜRICH (ZURICH)

*Patientinnen- und Patientengesetz
vom 5. April 2004 (Stand 15. Januar 2014)
(Syst. Nr. 813.13)*

2. Abschnitt: Behandlungsverhältnis im Allgemeinen

A. *Aufnahme, Verlegung und Entlassung*

§ 9   Seelsorge

[1] Die Patientinnen und Patienten haben das Recht, sich durch die eigene Seelsorgerin oder den eigenen Seelsorger betreuen zu lassen. Die Spitalseelsorge kann die Patientinnen und Patienten unaufgefordert besuchen.

[2] Die Seelsorgerinnen und Seelsorger achten den Willen der Patientinnen und Patienten und nehmen auf den Betrieb der Institution Rücksicht

B. *Aufklärung und Information*

§ 15   Informationen an Dritte

[1] Informationen an Dritte über Patientinnen und Patienten dürfen nur mit deren Einverständnis erteilt werden.

[2] Das Einverständnis für Informationen über den Gesundheitszustand an die gesetzliche Vertretung, die Bezugspersonen sowie die vorbehandelnde Ärztin oder den vorbehandelnden Arzt wird vermutet, soweit die Patientin oder der Patient sich nicht dagegen ausgesprochen hat.

[3] [...]

*Kirchengesetz (KiG)
vom 9. Juli 2007 (Stand 1. Juli 2010)
(Syst. Nr. 180.1)*

1. Abschnitt: Allgemeines

§ 1   Gegenstand

Dieses Gesetz regelt die Rechtsstellung sowie die Grundzüge der Organisation der Evangelisch-reformierten Landeskirche und ihrer Kirchgemeinden, der Römisch-katholischen Körperschaft und ihrer Kirchgemeinden sowie der Christkatholischen Kirchgemeinde als Körperschaften des öffentlichen Rechts.

2. Abschnitt: Grundzüge der Organisation

B. Kirchgemeinden

§ 16   Zulassung zur seelsorgerischen Tätigkeit

Die Pfarrerinnen und Pfarrer der anerkannten kirchlichen Körperschaften haben Anspruch auf Zulassung zur Seelsorge in Einrichtungen des Kantons und der Gemeinden wie in Spitälern, Pflegeheimen oder Gefängnissen.

Gesetz über die anerkannten jüdischen Gemeinden (GjG)
vom 9. Juli 2007 (Stand 1. Januar 2008)
(Syst. Nr. 184.1)

§ 10.   Zulassung zur seelsorgerischen Tätigkeit

Die geistlichen Amtsträgerinnen und Amtsträger der anerkannten jüdischen Gemeinden haben Anspruch auf Zulassung zur Seelsorge in Einrichtungen des Kantons und der Gemeinden wie in Spitälern, Pflegeheimen oder Gefängnissen.

Verordnung zum Kirchengesetz und zum Gesetz über die anerkannten jüdischen Gemeinden
vom 8. Juli 2009 (Stand 1. Juli 2012)
(Syst. Nr. 180.11)

I. Grundlagen

§ 6   Zulassung zur seelsorgerischen Tätigkeit (§ 16 KiG, §10 GjG)

[1] Anspruch auf Zulassung zur seelsorgerischen Tätigkeit in Einrichtungen des Kantons und der Gemeinden haben alle in ihrer kantonalen kirchlichen Körperschaft oder anerkannten jüdischen Gemeinde zur seelsorgerischen Tätigkeit zugelassenen Amtsträgerinnen und Amtsträger.

[2] Für die Zulassung zur seelsorgerischen Tätigkeit in einem Gefängnis bedürfen sie zudem einer ausdrücklichen Empfehlung durch die betreffende kantonale kirchliche Körperschaft oder anerkannte jüdische Gemeinde.

[3] Weist eine Einrichtung das Begehren um Zulassung zur seelsorgerischen Tätigkeit ab, erlässt sie eine Verfügung.

Verordnung über die Ergänzungspfarrstellen
vom 16. Dezember 2009 (Stand 1. April 2014)
(Syst. Nr. 181.421)

B. Errichtung

§ 6   b. Besondere Verhältnisse

Als besondere Verhältnisse für die pfarramtliche Tätigkeit gelten:
a. [...],
b. [...],

c. [...],
d. Spitäler, Pflegezentren und Kliniken ohne Reformierte Spitalseelsorge, soweit die Betreuung vom Pfarramt der gesuchstellenden Kirchgemeinde aus zu geschehen hat,
e. [...],
f. [...],
g. [...].

Verordnung über die Seelsorge in Institutionen (SIVO)
vom 5. April 2016 (Stand 1. September 2016)
(Syst. Nr. 181.50)

1. Abschnitt: Allgemeine Bestimmungen

§ 2   Begriffe

^{1} In dieser Verordnung bedeuten:
[...]
^{2} Spitäler:
Spitäler und psychiatrische Kliniken im Kanton Zürich, in denen der Kirchenrat ein Pfarramt errichtet hat;
^{3} [...]
^{4} [...]
^{5} [...]
^{6} [...]

§ 5   Zuständigkeit

^{1} Die Seelsorge obliegt:
a. in den Institutionen und im Bereich der Pfarrämter mit gemischter Trägerschaft den vom Kirchenrat angestellten Pfarrerinnen und Pfarrern,
b. in Spitälern, Kliniken, Pflegeeinrichtungen sowie Einrichtungen fürBetagte und Menschen mit einer Behinderung, in denen kein vom Kirchenrat errichtetes Pfarramt besteht, den Pfarrerinnen und Pfarrern, die im Pfarramt der Kirchgemeinde am Ort der betreffenden Einrichtung tätig sind.
^{2} [...]
^{3} [...]

4. Abschnitt: Organisation

§ 16   Kirchenrat

^{1} [...]
^{2} Soweit der Kirchenrat nicht eine andere Stelle als zuständig bezeichnet, obliegen ihm namentlich:
a. [...],
b. [...],
c. [...],
d. [...],
e. [...],

f. [...],

g. Koordination der Seelsorge, in Bezug auf Pfarrämter in Spitälern und Pflegezentren sowie Pfarrämter mit gemischter Trägerschaft mit den Pfarrämtern in den Kirchgemeinden im Einzugsgebiet der betreffenden Institution oder des betreffenden Pfarramts,

h. Sicherstellen der Zusammenarbeit der Pfarrämter in Institutionen mit den betreffenden Institutionen und ihren Mitarbeitenden,

i. [...].

³ Für Pfarrämter mit gemischter Trägerschaft bleiben die Vereinbarungen mit den weiteren Trägerinnen und Trägern vorbehalten.

§ 19 Beirat

¹ Für Pfarrämter in Spitälern und Pflegezentren können Beiräte gebildet werden.

² Der Beirat setzt sich in der Regel zusammen aus: Soweit der Kirchenrat nicht eine andere Stelle als zuständig bezeichnet, obliegen ihm namentlich:

a. einer Pfarrerin oder einem Pfarrer des betreffenden Pfarramts,

b. einer Vertretung des Spitals oder des Pflegezentrums,

c. weiteren geeigneten Personen.

³ [...].

Kirchenordnung der Römisch-katholischen Körperschaft des Kantons Zürich
vom 29. Januar 2009 (Stand 1. Januar 2017)
(Syst. Nr. 182.10)

VI. Die Kirchgemeinden

Art. 60 Zusammenwirken mit der Pfarrei

¹ Die Kirchenpflege unterstützt die Seelsorgerinnen und Seelsorger und deren Mitarbeiterteam in der Erfüllung ihrer Aufgaben.

² Sie arbeitet mit dem Pfarreirat oder mit der entsprechenden Organisation zusammen und lässt sich in seelsorglichen Angelegenheiten von diesem Gremium beraten.

Kirchenordnung der Christkatholischen Kirchgemeinde Zürich
vom 30. Juni 2009 (Stand 1. Januar 2010)
(Syst. Nr. 183.10)

Art. 2 Aufgaben

¹ Die Christkatholische Kirchgemeinde ist auf ihrem Gebiet verantwortlich für das kirchliche Leben und den Aufbau von Gemeinschaft sowie für die Wahrnehmung ihrer öffentlichen und sozialen Verpflichtungen.

² Sie sorgt insbesondere für Gottesdienst, Religionsunterricht und Seelsorge. Sie errichtet und unterhält die notwendigen Gebäulichkeiten und finanziert ihre Verwaltung, Institutionen und Vorhaben. Sie unterstützt die Diaspora und gesamtschweizerische kirchliche Tätigkeiten und finanziert sie mit.

³ Sie gewährt finanzielle Beiträge namentlich für: Spezialseelsorge, Jugend- und Erwachsenenbildung, Aus- und Weiterbildung der in der Kirche Mitarbeitenden, soziale Institutionen, kulturelle Vorhaben, Medien sowie kirchliche Hilfen im In- und Ausland.

⁴ Sie stärkt die Einheit im Bistum durch regelmässige Kontakte mit dem Bischof.

Art. 45 Aufgaben der Pfarrerinnen und Pfarrer

¹ Die Aufgaben der Pfarrerinnen und Pfarrer sind namentlich:
a. Gestaltung von Gottesdienst und Predigt,
b. Katechese,
c. Seelsorge,
d. Pflege der ökumenischen Beziehungen,
e. Betreuung der Mitglieder der Kirchgemeinde in den ihnen zugewiesenen Gebieten,
f. Verwaltungsaufgaben.

² Die Pfarrerinnen und Pfarrer üben ihre Tätigkeit im Zusammenwirken mit der Kirchenpflege aus, an deren Sitzungen sie mit beratender Stimme teilnehmen.

Kirchliches Datenschutz-Reglement
15./6. Dezember 1999 und 23. Mai 2000 (Stand 1. Juli 2000)
(Syst. Nr. 180.7)

§ 4 Weitere Datenbeschaffung

¹ Die im Pfarrdienst Tätigen können im Einzelfall weitere zur Erfüllung ihrer Aufgaben notwendige Personendaten bei der Einwohnerkontrolle, bei der Schulverwaltung, bei Spitalverwaltungen oder anderen amtlichen Stellen persönlich oder durch die von ihnen ausdrücklich bezeichneten Hilfspersonen (z. B. Personal im administrativen, diakonischen oder katechetischen Dienst) beziehen. Sie haben die Behandlung dieser Daten unter dem Schutz des Berufs- bzw. Seelsorgegeheimnisses zu gewährleisten.

² Im Übrigen sind Daten, wo immer möglich, bei der betroffenen Person direkt zu erheben.

§ 10 Zuständigkeit von Kirchenpflege und Pfarramt

¹ [...]
² [...]
³ [...]
⁴ Das Pfarramt trägt die Verantwortung für zusätzliche, auf die seelsorgerliche Tätigkeit bezogene Personendaten. In Zweifelsfällen holen Kirchenpflege und Pfarramt den Rat des kantonalen Datenschutzbeauftragten ein.